INDEX VERBORUM TERENTIANUS

INDEX VERBORUM TERENTIANUS

BY

EDGAR B. JENKINS, Ph.D.
Assistant Professor of Classics
Western Maryland College

CHAPEL HILL
THE UNIVERSITY OF NORTH CAROLINA PRESS
1932

COPYRIGHT, 1932, BY
THE UNIVERSITY OF NORTH CAROLINA PRESS

PREFACE

No COMPLETELY satisfactory index of the vocabulary of Terence seems ever to have been published. An index of words was made "in usum Delphinum" (1675) and reprinted in the edition of Valpy (1824, "ex editione Westerhoviana") with the title "Index Locupletissimus", which gives references by acts and scenes. Both this and the "Index Absolutissimus" accompanying the Lemaire edition (1828) are semiconcordant in nature, give no variants, and are not altogether complete notwithstanding the titles. Indexes are to be found also in the editions of Pareus (Neustadt, 1619), Huygens (Amsterdam, 1710), Hoogstraten (Amsterdam, 1718), Hare (London, 1725), Westerhovius (Hague, 1726), Bentley (Amsterdam, 1727), and Zeune (Leipsig, 1774), but, due to the fact that they are incomplete, out of date, and often inaccessible, they are by no means adequate for present-day requirements. In addition, several lists of classes of words taken from the plays have been made from time to time. There is evident need for a complete up-to-date index of the vocabulary of the Roman dramatist embracing the findings of scholars since 1870.

This Index is a complete alphabetical list of all references to every word (including enclitics) in the six plays of Terence. The basic text is the edition of Kauer and Lindsay (Oxford, 1926). Variants from the texts of Umpfenbach (Berlin, 1870), Dziatzko (Berlin, 1884), Fleckeisen (Leipsig, 1897;

reprint of 1916), and Tyrrell (Oxford, 1902) are added,[1] but no manuscript variants are included.

No attempt is made here to perform the function of a grammatical treatise on the forms and constructions of Terence. Although (1) there is sometimes divergence of opinion about syntax, (2) constructions sometimes merge, and (3) the use of words like *id, quid,* and *nil* (and occasionally a verb form) depends on the interpretation of meaning or of words to be supplied, careful effort has been made to list such forms according to the more probable meaning.

The following arrangement is made to secure easy alphabetical reference:

1. The words are listed and divided as those in *Harper's Latin Dictionary,* except that (1) words (including participial adjectives) in bold-face type in that lexicon are here placed under their own headings, and (2) monosyllables also are divided.

2. Grammatical forms of each word are listed under that word.

3. Comparatives and superlatives are placed under positives.

4. After the initial word, the first part of that word is represented by a dash, and the endings are added beneath in alphabetical order; when grammatical forms cannot conveniently be so divided, they are written in full.

5. Words listed only in the dictionary form are nominative unless otherwise indicated.

6. Auxiliaries are given in parentheses—with *sc* preceding when they are to be supplied.

7. The plays are listed alphabetically except that *Hecyra* comes before *Heauton Timorumenos* be-

---

[1] Ashmore's edition (1910) is not used for variants, because it is based on Tyrrell.

cause the abbreviations used (*Hc* and *Ht*) come naturally in that order.

8. When different forms with the same spelling occur, for the same alphabetical reason they come in the following order in each classification:

    a. Parts of speech: adjective, adverb, conjunction, interjection, preposition, pronoun, substantive, verb.

    b. Cases: ablative, accusative, dative, genitive, locative, nominative, vocative.

    c. Numbers: plural, singular.

    d. Moods: imperative, indicative, infinitive, participle, subjunctive.

    e. Tenses: future perfect, perfect, present.

    f. Enclitics follow the same words used separately, e.g. *-cum* follows *cum*.

9. The adjectival use is distinguished from the substantival, but not from the pronominal.

10. The forms of words (except the dative and the present active infinitive) are labeled when the spelling does not identify them.

11. When variant forms are not identified, they are the same in construction as the forms in Kauer and Lindsay.

12. Numerous cross references facilitate the search for words.

Variants are noted both with the form from which they differ and under their own dictionary forms. The following types of minor differences between texts are not noted: (1) changes in position of words or lines, (2) employment of apocope to indicate elision, (3) footnote lines in Fleckeisen,[2] (4) use of punctuation, including parentheses and

---

[2] Absence of an alternate ending to the *Andria* in Fleckeisen is not indicated under the individual words.

brackets, (5) transfer of words to different characters, and (6) unimportant variations in spelling. Attention is often called, however, to unusual spellings and especially to variants of the same form.

This Index contains a total of 3439 different words, 51,081 occurrences (49,591 words and 1490 enclitics), and approximately 2000 variants (including omissions, additions, and compounds used separately).

Fourteen words (including all their forms) are used more than 500 times, as follows: *sum* (2741), *ego* (1932), *tu* (1365), *hic* (adjective and pronoun, 1279), *qui* (relative, 989), *quis* (interrogative pronoun, 876), *is* (851), *ille* (617), *et* (538), *facio* (not including *fio*) (531), *in* (509). Other words of interest are *dico* (443), *si* (425), *res* (377), *nunc* (349), *video* (325), *do* (327), *volo* (wish, 300), *fio* (286), *scio* (276), *omnis* (258), *ago* (246), *possum* (218), *pater* (197), *habeo* (196), *animus* (192), *homo* (177), and *credo* (167). On the other hand, the infrequent recurrence of the great majority of words is indicated thus: 1303 (1), 519 (2), 297 (3), 169 (4), 158 (5). The average number of occurrences for each word is highest under the letter *q* (54) and lowest under *p* (7). The average for all is 11.5.

A count of the separate words in each part of speech gives the following approximate numbers: adjectives (570), adverbs (445), conjunctions (35), interjections (45), nouns (1110), prepositions (30), pronouns (35), and verbs (1160). In respect to occurrences of individual words, however, pronouns, adverbs, and conjunctions, respectively, are found most frequently, while numerous verbs are used quite often.

The greatest number of individual words begins with the letter p (437), followed by a (345), c (344), i (316), and s (308). B has the smallest number (31), followed by u (44), and g (56), while q has only 69.

The approximate number of words (dictionary forms) of different syllables runs thus: 1 (140), 2 (1050), 3 (1340), 4 (780), 5 (110), 6 (15), and 7 (1). So far as length of words and employment of compounds are concerned, the language is already well developed.

I wish to express my deep appreciation to Dr. George Howe and to Dr. G. A. Harrer of the University of North Carolina for their many valuable suggestions during the compilation of this Index.

EDGAR B. JENKINS.

Westminster, Md.
August 27, 1931.

INDEX VERBORUM TERENTIANUS

ABBREVIATIONS[1]

ab	= ablative	perh	= perhaps
ac	= accusative	pres	= present
Ad	= *Adelphoe*	prep	= preposition
adj	= adjective, adjectivally	s	= singular
adv	= adverb, adverbially	sc	= supply
ae	= alternate ending of the *Andria*	sep	= separate
		sp	= spelling
An	= *Andria*	subj	= subjunctive
cap	= capital letter	subs	= substantive
conj	= conjunction	sup	= superlative, supine
d	= dative	T	= edition of Tyrrell (Oxford, 1902)
D	= edition of Dziatzko (Leipzig, 884)	U	= edition of Umpfenbach (Berlin, 1870)
E	= *Eunuchus*	v	= vocative
enc	= enclitic	var	= variant
F	= edition of Fleckeisen (Leipzig, 1898)	vp	= verb phrase(s)
		vs	= vocative singular
fp	= future perfect	w	= with
fut	= future	=	= variant given is to be found in edition following
g	= genitive, gerund		
gp	= genitive plural	*	= explanation at beginning of word form applies here
gs	= genitive singular		
gv	= gerundive	2	= (after verb form) second future imperative
Hc	= *Hecyra*		
Ht	= *Heauton Timorumenos*	3	= (after verb form) third future imperative
imp	= imperative		
ind	= indicative	4	= (when referring to variants—always in parentheses) DFTU (i.e., the editions, D, F, T, and U, above)
indef	= indefinite		
inf	= infinitive		
interj	= interjection		
KL	= edition of Kauer and Lindsay (Oxford, 1926)		
loc	= locative		
n	= nominative		
np	= nominative plural		
ns	= nominative singular		
om	= omit		
p	= participle, plural, pronoun		
P	= *Phormio*		
perf	= perfect		

Roman numerals indicate number of conjugation.
Arabic numerals after dictionary form indicate number of occurrences in Kauer and Lindsay. When a word is used only once by those editors, no number is given, nor are the variants ever numbered.

[1] Periods after abbreviations are omitted for the sake of brevity.

A

a (interj): see **ah**
a (prep; 87):
  a (by; 11): Ad 118 596 662 787 879; An 899 ae8; E 386; Hc 383(ab=DFU) 471; Ht 249
  a (from; 76): Ad 26 48 170 189 328(4) 338 348 440 494 541 593 645 788 944 962 977; An 35 48 106 243 510 539 544 681(DTU) 682 724 754 785; E 180 287 293 (DT) 465 519 520 545(F) 733 [739] 751 752 927 1057; Hc 91 150(4) 253 381(F) 480 492 632 640 658 667 714 736 752 789 853; Ht 13 77 158 174 183 214 235 510 561 613 668 696 823 835 980; P 2 18 175(F) 507 604 642 650 664 714 732 741 955
ab (70):
  ab (by; 13): Ad 2; An 471 902; E 385 509; Hc 383(DFU) 832; Ht 394 536; P 21 337 513 605 854
  ab (from; 57): Ad 41 125 326 328(a=4) 669 830 870; An 78 148 156 226 299 307 (FT) 386 461 519 734 756 759 829; E 33 (D) 215 545(a=F) 557 883 1029; Hc 18 19 23 23 145 150 (a=4) 158 161 200 298 545 (a=F) 554 781 796 807 852 875; Ht 75 261 386 572 756; P 149 340 395 484 548 657 769 832 918 920 1038
abalien-o:
  -avit: Ht 979(F)
abd-o:
  -idit: Hc 175
abduc-o (28):
  -: E 377; P 410(DTU)
  -at: Ad 662
  -e: Ad 482; P 410(-=DTU)
  -ebat: E 407
  -ere: E 145 157 172; P 437
  -erem: Hc 19
  -eres: Hc 545
  -et: Ad 661; P 548
  -etur: Ht 335
  -i: Ad 669; P 799
  -imus: P 798(F)
  -it: E 576 581
  -ta (est): Ad 628
  -ta (fuerat): Hc 640
  -ta (sit): E 350
  -tum (sc esse): Ad 359

abduxeris (ind): Ht 698
abduxi: Ht 183; P 829
abduxit: Ad 198 645; Hc 748
ab-eo (134):
  -eam: Ad 247 786; E 716 791; Ht 586
  -eamus: Ad 678; E 906
  -eas: Ad 882; Ht 212 379
  -eat: Ht 544 756 928; P 779
  -eo: Ad 246 435; E 342 494 725 970 1023; P 209
  -eundi (g): Hc 91
  -eunt: E 600
  -euntem: E 661
  -euntes (n): P 71
  -euntis (ac): An 84
  -i: Ad 167 220 351 564 620 620 699 699 703 765 776 917; An 255 255 317 523 978 aell(U); E 221 499 538 651(F) 753 763; Hc 314 557 610 726; Ht 249 587 588 618 804 871; P 59 309 445 563 712 777 819 994(adi=F)
  -ibo: Ad 590; Hc 703
  -iens (n): An 368; E 735, 830; Hc 574; P 288
  -ieram: E 633
  -iere: Ht 906
  -ieris (subj): P 471
  -ierit (subj): E 290; Hc 382
  -iero: Ad 127; P 143
  -ierunt: Ad 691; E 702
  -ii: E 120; Hc 224 806; Ht 111 966; P 617
  -iisse: P 315
  -i(i)sti: Ht 818(adisti=FT)
  -iit: Ad 436 703; An 744; E 341 733 818 821; Hc 444 510; Ht 117 904 978; P 781 1019
  -ire: E 662; Hc 613 853; Ht 586
  -iret: An 175; Hc 696
  -is: Ad 780; An 299; E 799 803 861; Hc 495 496; Ht 696; P 216 368(F) 489 542
  -isse: Ad 517; E 724; Hc 578; P 466
  -isti: Ad (169)
  -it (perf): Ad 782
  -it (pres): Hc 184; P 719
  -ite: An 28
  -ituram (sc esse): Hc 156 586 (esse expressed)
  -iturum (esse): Ht 489
abhinc (3): An 69; Hc 822; P 1017

(3)

abhorr-eo (2):
  -enti: An 829
  -ere: Hc 714
abic-io:
  -iunda (est): Ad 744
abig-o:
  -am (ind): Ad (401)
abitio: Ht 190
abit-us (2):
  -u: Ht 402(F) 414 746
ableg-o:
  -andus (est): Hc 414
abligurr-io:
  -ierat: E 235
abort-us:
  -um: Hc 398(amabo=F)
abrad-o:
  -i: P 333
abrip-io (6):
  abrepta (est): E 156
  abreptam: E 110
  abreptam (sc esse): E 115
  -i: An 786; Ht 1001(DT)
  -iere: Ad 181
  -iet: P 45
abs (35):
  abs (by; 11): An 492; E 94 170 171 393; Hc 208 624; Ht 638 639 859; P 1001
  abs (from; 24): Ad 254; An 291 489 551 582 823 ae15(om=U); E 181 749 791(ad=F); Hc 68 223 382 694 696; Ht 399 480 489 850 926; P 201 378 617 795(4) 840
absced-o (3):
  -am (subj): E 578
  -ere: Ht 672
  -et: Hc 781
abs-ens (pa; 15):
  -ens (n): Ad 73; E 192; Ht 164
  -ente: E 649 1059; Hc 269; Ht 231 280; P 258 450 577
  -entem: P 118 471
  -enti: P 372 375
absolv-o (2):
  -am (subj): Ad 277
  -itote: Ad 282
absque (2): Hc 601; P 188
absterg-eo:
  -erem: E 779
absterr-eo:
  -eant: An 472
abstin-eo (5):
  -e: Ht 373

  -eas: Ht 565
  -ere: Hc 139
  -es: Ad 781
  -uisse: Hc 411
abstrah-o (5):
  -am (ind): Ad 843
  -at: An 243; Hc 298
  abstraxi: Hc 297
  abstraxit: An 519
ab-sum (11):
  -erit: Hc 619; Ht 668 984
  -esset: Ad 524(esset=U)
  -est: An 848; Ht 118 425 1039
  -sis: Ad 28(sp=U)
  -sum: Ht 399
  -sunt: E 600
absum-o (3):
  -ere: P 834
  -itur: P 340
  -sit: Ht 458
absurd-us (2):
  -a (ns): Ad 376
  -um (n): Ad 944
abund-o (2):
  -as: P 163
  -et: Ht 528
abut-or (2):
  abusus (sis): P 413
  -itur: An 5
ac (77): Ad 37(DF) 45 76 95 167 209(FT) 232(4) 280 335 392(om=4) 442 510 602 624 626(age=F) 699 756 771 846 916; An 12 62 74 75 123 255 337 370 [381](om=F) 841 873 913 ae4 10; E 92 140 147 175 362(om=4) 451(at=F) 591 682(F) 722(F) 746 915 1011(F) 1086; Hc 152 279 288(at=DFT) 314 366 375 552 654; Ht 144 226(F) 265 344 500 633 728 [760](om=FT) 763 831 839 845(et=4) 855 927 948 952 957 999(at=DT); P 93 168(F) 232 275 530 648(om=FT) 684 782 786 787(at=F) 791 808
acced-o (30):
  -am (ind): Ad 632; Ht 583
  -am (subj): Ht 809
  -amus: Ad 309; Hc 622
  -e: Ad 168 970; E 85 472 1088; Hc 316(F); Ht 762
  -ebam: Hc 803
  -ere: P 864
  -it: An 215
  -o: Ad 619; An 123; E 791; Hc

316(-e=F)
-undi (g): Ht 583
accesserat: Hc 181
accesserit (ind): P 29
accesserit (subj): Ad 816
accessi: An 285 365; P 867
accessit: An 76 130; Hc 34 482
(accidit=F) 506
accers-o (25):
-ant: Ad 890
-as: Ad 699
-at: Ad 292 620; Ht 948
-e: Ad 354; An 848 979; E 625
-i: An 546 741; E 100; Hc 184 185 466; Ht 1047
-ier: E 510
-is: Ad 904
-itum (sup): An 515; E 892
-itur: An 581; E 592
-o: An 299
-or: An 690; E 47
-unt: Hc 187
accid-o (fall; 6):
-at: An 264; P 245(F)
-erit (ind): An 398
-et: P 250
-it (perf): An 885; Hc 378 482(F)
-unt: Hc 362
accing-o (2):
-ar (ind; adc-=KL); E 1060
-ere (imp): P 318
accip-io (43):
acceperim: E 140
acceperit (ind): P 699
acceperit (subj): E 82
accepi: An 298; Hc 150 363 (percepi=DFT) 607; P 829
accepisti: An 681
accepit: An 79; E 116 576
accepta (ab): E 762
acceptam: An 298
acceptus (sim): Ad 166
-e: An 724; P 52 410 858
-ere: Ad 195 254; E 1075; Ht 337; P 769
-iam (subj): E 771
-ias: E 751; Hc 638 699
-iat: Ad 209; P 677
-ies: Ht 932(DFU)
-iet: An 397; P 693
-io: An 951; E 596 876; P 657
-is: An 367; Ht 264 832
-it: E 1082
-ite: Hc 55
-iunda (est): Ad 207

-iunt: Ad 606
accipit-er:
-ri: P 330
accresco: see adcresco
accub-o:
-abam: E 728
accumb-o:
-ere: E 515
accurate: An 494
accuro: see adcuro
accurro: see adcurro
accus-o (16):
-abam: Ht 102
-abit: E 69
-andi (sc sunt): Ht 119
-ando (g ab): P 1034
-andus (sis): Ht 352
-ant: Ad 596; An 18 19
-are: P 289
-at: Hc 267 276; Ht 975
-atam (esse): Hc 208
-atum (sup): P 360
-emus: Hc 717
-er: Hc 205
ac-er (2):
-errima (ns): P 346
-errimum (ac): P 262
acerb-um:
-a (ac): Hc 281
acr-iter:
-ius: Hc 120
act-or (4):
-or: Ht 13
-orem: Ht 12
-oris: P 10 33
act-us (subs):
-u: Hc 39
actutum (2): Ad 634; P 852
acu-o:
-et: Ad 835
ad (310): Ad 25 60 71 90 111 134 182 185 186 231 236 277 277 283 292(om=F) 296 335 358 424 436 471 506 576 582 582 583 583 586 598 606 618 628 632 632 715 715 721 794 832 834 855 889 910 954 970; An 1 32 56 57 57 78 90 100 123 128 130 138 144 150 182 184 187 188 192 193 199 215 226 251 288 288 300 315 319 320 355 355 361 378 417 446 453 482 515 559 580 599 622 639 672 683 687 706 706 712 723 728 740 751 768 799 818 923 925 951 ae16 (U); E 53 85 123 131 143 205

(5)

255 259 266 266 278 282 287
310 335 342 352 361 364 424 459
503 510 538 570 576 578 580
612 621 626 635 663 677 680
681 686 692 742 744 745 755
763 791(F) 807 826 835 991
1003 1076(om=4); Hc 9 29 47
67 77 113 135 141 157 163 172
181 184 184 189 203 237 238
265 273 315 339 378 394 407
442 466 482 514 518 521 522
551 588 676 689 693 719 743
754 808 809 809 822 836; Ht
23 44 45 76 117 133 145 165 170
183 191 207 275 278 301 305
312 313 313 319 335 364 370
393 420 432 444 450 474 481
487 545 567 583 608 657 678
719 732 739 744 750 777 799
807 809 822 929 931 966 979
995 1001 1010(om=DFT; de=U)
1044 1056; P 18 29 36 67 105
112 129 140 150 184 225 240
266 282 310 312 313 317 327
423(4) 462 481 524 533 560 562
572 592 598(apud=F) 648 653
666 686 689(4) 718 719 740 809
818 832 838 847 860 861 862
864 866 893 899 901 906(adeo
(adv)=4) 917 921 964 1010
1030(ob=F) 1053
adaugeo (2):
  adaucta (sit): Ht 435
  adauctam: An ae9
adbib-o:
  -it: Ht 220
adcingo: see accingo
adcresco:
  adcrevit: An 539
adcuro: Hc 738
adcurr-o (4):
  -e: P 983(acc-=KL)
  -it (perf): E335(4)
  -it (pres): An 133; P 862
  -unt: Ht 124
add-o (10):
  -am (subj): P 168
  -ant: P 42
  -as: E 78
  -ebat: E 114
  -ideris (ind): An 860
  -idi: Ad (884)
  -it: Ht 542; P 143
  -o: An 710
  -unt: P 277
adduc-o (35):

-am (ind): An 231; Hc 836
-am (subj): An 900; E 808;
 P 776
-antur: E 189
-as: An 900
-e: P 309(sp=TU)
-ere: Ad 358 965; E 755 Ht
 1041
-erem: P 881
-es: Ht 995
-et: Ad (913)
-i: An 228
-imus: Ht 311
-it: Hc 770
-ito (2): E 503
-ti (sc sunt): An 892
-tum (ac): An 684
-tum (sc esse): E 623
-turum (esse): P 599
-tus (est): E 826
adduxisse: Ht 769
adduxit: E 694 944; Hc 323;
 Ht 451 604 654
adduxti: E 794 949; Hc 689
 (T); Ht 819; P 568
Adelph-i:
  -os: Ad 11
adeo (adv; 82): Ad 40(meo
 (ab)=4) 221 629 710 (797) 987
 989; An 120 120 162 245 277
 278 415 440 469 532 579 585
 662 757 759 775 879 977; E 204
 225 233 247 303 312 545 741
 744 806 880 964; Hc 201 220
 221 240 248 259 261 397 457
 499 524 529 532 547 690 695
 821 848 858 866; Ht (54) 109
 113 173 245 386 565 804 885
 950 951 980 1004 1054; P 55
 153 389 497 499 589 645 679
 906(4) 932 944 1040
ad-eo (verb; 26):
  -eam: An 639(DFT); P 140
  -eamus: E 850
  -eat: E 578
  -eo: An 315 639(-eam=DFT);
   P 737
  -eundam (sc esse): Hc 716
  -i: An ae11(abi=U); P 403
   994(F)
  -ibo: Ad 460; E 461 557 650
   947 1006; Hc 429 855; Ht 179;
   P 609
  -ierunt: An 534
  -ii: Hc 251
  -ire: An 677 821; P 252 285

-isti: Ht 818(FT)
-ito (2): P 229
adfabilis: Ad (896)
adfatus: Hc 859(DF)
adfect-o (2):
-ant: Ht 301; P 964
adfer-o (25):
-: Ht 223
-am (ind): Ht 701
-ant: Ad 300
-at: An 235; Ht 680
-o: P 38
-re: P 553
-res: P 490
-ret: An 515; P 655
-ri: An 768
-s: P 1025
-t: Ad 833; An 189(DFU); Hc 344
-tur: An 471
adlatum (esse): P 149
adlatum (est): P 21
attuleris (ind): P 532
attuleris (subj): Hc 841
attulerunt: Ht 745
attuli: An 807(DFT); Hc 817; P 679
attulisti: Hc 462
attulit: An 748; E 123
adfic-io (5):
adfectam: Hc 325 366
adfectum (ac): P 977
-iatur: P 730
-it: P 441
adfin-is (subs; 7):
-e: Hc 807
-em: An ae7; P 582
-es (n): Hc 211; Ht 936
-is (ac): Ht 215
-is (ns): Ad 948
adfinit-as (4):
-atem: An 247; Hc 252 636 723
adflict-o:
-es: E 76
adgravesc-o:
-at: Hc 337
adgred-ior (2):
-iar (ind): Hc 731
-iemur: An 670(4)
-imini: P 968
adhib-eo (2):
-eam: P 714
-endae (g): P 880(habendae=F)
adhort-or (3):
-andus (sc est): Ht 509
-atur: Ht 60

-or: E 583
adhuc (13): Ad 122 621 631 859; An 262 481; Hc 176 544; Ht 175 698 1000; P 479 904
adicio: see **adiicio**
adig-o (2):
-ent: E 219(U)
-et: E 219(–ent=U)
-is: Ad 111
adiicio:
adiecit: E 143
adim-o (11):
ademi: Hc 817
adempta (erit): An 837
adempta (est): An 304
ademptam (sc esse): Hc 680
ademptum (ac): Ht 341
-am (subj): An 339
-at: P 161
-ere: Ht 422; P 886
-et: An 697
-unt: P 276
adipisc-or (3):
-ar (ind): P 412
-ier: An 332(apiscier=DFT); P 406(apiscier=4)
adiument-um:
-i: P 105
adiung-o (5):
-ant: An 56
-as: Ad 72; Hc 683
-ere: Ad 927
-itur: Ad 67
adiunxti: Hc 689(F)
adiur-o (2):
-at: Hc 268
-o: An 694
adiut-o (8):
-a: E 150; Hc 359
-abo: Ht 416
-ans (n): P 34
-are: Ad 16; Ht 546
-aret: P 99
-em: An 209
adiut-or (subs; 5):
-or: Ad 146 967; Hc 721; Ht 875
-orem: P 560
adiutr-ix (5):
-ices (n): Ht 992
-ix: E 885; Hc 32 48 705
adiuv-o (8):
adiuerit (subj): P 537(sp=T)
adiuturos (sc esse): An 522
-abo: E 363
-are: Ad 927

(7)

-as: Ht 982
-at: P 203
-es: An 542; P 786
adleg-o (despatch):
-atum (sc esse): An 899
adlig-o (2):
-aris (fp): Ad 844
-at: E 809
adloqu-or (3):
-ar (ind): Ht 426
-i: An 343(4) 845; P 252
adlud-o:
-ere: E 424
administr-o:
-asti: Ad 764
admir-or (2):
-atus (sis): Ht 826
-or: E 250
admisc-eo (2):
-e: Ht 975
-eas: Ht 783
admitt-o (13):
admiserit (subj): P 270
admisero: E 853
admisi: Ht 956
admisit: Hc 189
admissa (sum): Hc 238
admississe: Ad 682
-ar (subj): E 281
-ere: Ad 408; E 761; Hc 237 329
-eret: P 415
-i: E 618
admodum (5): Ad 403; Hc 458; Ht 53; P 315 477
admon-eo (2):
-ere: Ht 353
-es: An 953
admov-eo:
-i: P 868
adnumer-o:
-avit: Ad 369
adnuo: E 579
adopt-o (3):
-andum (gv ac): Ad 114 463
-avi: Ad 47
ador-ior (5):
-iar (ind): P 605
-iemur: An 670(adgrediemur=4)
-iri: Ht 757
adortus (esset): An 479
adortus (est): Ad 404
adorn-o:
-ant: E 582
-arat: E 673(4)
adpar-eo (4):

-eant: E 311
-et: Ad 964(app-=KL); E 486 660(app-=KL)
adpar-o (10):
-abantur: An 656
-andi (g): P 701(app-=KL)
-ando (g ab): Ad 900
-are: Ad 965; Ht 126
-ari: An 514 690
-ata (sunt): An 847
-atur: E 583
-etur: An 594
adpello: see appello
adplic-o (5):
-ant: Ht 393
-asse: Ht 23
-at: An 193 924
-averis (ind): An ae16
adpon-o (6):
-e: An 725; Ht 89
-i: An 331
-itur: P 342(app-=KL)
adposisse: An 729
adposisti: An 742(4) 763
adpositum (ac): An 773(FU)
adport-o (6):
-as: An 858(4)
-at: An 858(-as=4)
-et: Ad 856; An 73; Ht 747
-o: Ht 427; P 24
adposc-o:
-unt: Ht 838
adprehend-o:
-it: P 863(U)
adprime (3): An 61; E 952; Hc 247
adprob-o:
-at: P 724
adproper-o:
-at: An 475
adrid-eo (2):
-eo: E 250
-ere: Ad 864
adripio: see arripio
adsent-or (4):
-andi (g): Ad 270
-ando (g ab): Ad 988
-ari: E 253 490
adsequ-or:
-ere (imp): P 982
adsero: Ad 194
adserv-o (3):
-andum (gv ac): An 865
-andus (est): Ht 593
-ari: Ht 734
adsido: Ht 124

adsidue (4): Ad 16; Hc 217; Ht 39 462
adsimul-o (12):
-abimus: Ht 332
-abo: An 735; E 461; P 128
-aram: P 893
-arier: An 500(sp=4); Ht 716
-at: Ht 888
-averit (subj): Hc 235
-es: An 168
-et: Ht 358
-o: P 210
adsist-o:
-e: Ad 169
adsol-eo:
-ent: An 481
adspect-o:
-as: E 559
adstringo: E 102
ad-sum (80):
-eram: Hc 561; P 858
-erant: An 118; E 432
-eras: P 858
-erat: An 107; P 99 105
-eris: E 893
-erit: Ad 293; E 367 725 811 891; Hc 543 813; P 133 308 1055
-ero: Ad 157; An 715; E 765; Ht 502(-sum=4)
-erunt: Ht 238
-es (imp): An 29 344; Hc 495 (DTU) 510
-es (ind): Ad (393)
-esse: An 416 839; E 764; Hc 410 725; P 216
-essent: Ht 238(-esset=U)
-esset: Ad 453; E 22; Hc 129; Ht 238(U)
-est: Ad (291) 767 792; An 152 403 630; E 776 905 1050; Hc 409 783; Ht 179 243 804; P 184 266 346 484 541
-este: An 24; Ht 35; P 30 350
-fuerim: Ht 684
-fueris (subj): Ad 290
-fuerunt: An 771
-fui: E 818
-fuisse: Ad 356(F)
-fuit: E 134
-futuram (sc esse): Ht 176
-futurum (esse): E 739; Ht 160
-sient: P 313
-siet: Ad 619
-sis: E 373
-sitis: E 506

-sum: E 743; Ht 349 502(4); P 541 549
-sunt: E 464 767; Ht 241
adt-: see **att-**
adulesc-ens (pa; 4):
-ens (n): Hc 661; P 794 1041
-entior: Hc 11
adulesc-ens (subs; 34):
-ens (n): Ad 8 760; E 617 1014; Hc 138; Ht 403 997a (om=4); P 92 294
-ens (v): Hc 803; P 378
-entem: Ad 61; E 204 478; Hc 556; Ht 412
-entes (ac): Ht 474(sp=DT)
-enti: Ad 214 218 318; An 488; E 430; Ht 534; P 361 752
-entis (ac): Ht 213
-entis (g): Ad 722; An 466; Ht 515(DT) 531; P 731 762
-entium: Ad 188 207; Ht 2
adulescenti-a (9):
-a (ab): Ad 41
-a (n): Ad 53 470; Ht 215
-ae (d): P 274
-ae (g): Hc 542
-am: Ad 152 992; E 383
adulescentul-a (3):
-am: An 118; Ht 602 654
adulescentul-us (23):
-i (g): Ht 100 546; P 281
-i (n): An 55; E 539; Ht 51
-is (d): E 940; Hc 619
-o (d): An 828; Ht 477
-os: An 910
-um: Ad 101 112; E 943 949 1021; Ht 93 1045; P 6
-us: E 423 686 931; Ht 113
adunc-us:
-o (ab): Ht 1062
aduro:
adustum (est): Ad 425
adveho:
advecta (est): E 161
advena: Ht 96
adven-io (38):
-eris (subj): Hc 790 859
-erit (subj): E 501
-i: Hc 373
-iat: P 480
-iens (n): E 234 323 458; Hc 468; P 758
-ientem: Ht 182
-ienti: Ad 92; P 611
-iet: P 314(F)

-imus (pres): E 255(adventa-mus=DTU)
-io: An 319 362; E 345
-ire: Ad 80; E 289 976; P 177
-is: An 533 783 909(venis=F) 974; Hc 458; Ht 179 883; P 388
-isse: Hc 367 456; Ht 407(F); P 286
-issem: P 396
-it (perf): Hc 190
-it (pres): E 617 860; Hc 81; P 360
advent-o:
-amus: E 255(DTU)
advent-us (10):
-i (g): P 154
-u: Hc 816
-um: An 844; E 259; Hc 77 290 370; P 315(conspectum=T)
-us (ns): Hc 859(adfatus=DF); P 608
adver-: see advor-
advesperascit: An 581
advigil-o (2):
-are: P 203
-averis (ind): An 673
advocat-us (4):
-os: E 764
-um: Ad 646
-us: Ad 677; E 340
advoc-o:
-abo: P 313
advorsar-ius (subs; 4):
-iis (d): P 237
-ios: Ad 2; Hc 72
-ium (g): Hc 22
advorsatrix: Ht 1007
advors-or (6):
-abor: Hc 245
-ari: Hc 271 654; P 75
-er: An 263
-or: Ad 144
advorsum (9):
advorsum (adv): Ad 27
advorsum (prep; 8): Ad 676; An 42 265; Hc 534(advorsus= DFT); Ht 623; P 78 427 520
advors-um (subs; 2):
-a (n): Hc 388
-i: Ht 355
advors-us (pa; 7):
-a (ab): Hc 423
-ae (n): E 325(avorsae=FTU); P 822
-am: P 242

-as: Hc 202
-um (n): Ht 699
-us: An 64(adversus=KL)
advorsus (prep): see advorsum
advort-o (7):
advorsuros (sc esse): P 467 (animadversuros=U)
-enda (est): An 156(animadver-tenda=U)
-endum (gv ac): An 767(4)
-eram: P 909(animadverteram =U)
-erat: E 343
-i (perf): E 397; Ht 656
-unt: Ht 570
aed-es (19):
-es (np): Ad (912); Ht 254
-ibus (ab): An 364; E 367 784; Hc 679; Ht 140 902
-is (ac): Ad 88 180(sp=FU) 581; An 773; E 773 897; Hc 563; Ht 145 275; P 706
-ium: P 753
aedicul-a:
-ae (n): P 663
aedil-is:
-es (n): E 20
aeg-er (4):
-ra (ns): Hc 256 341
-ram: Hc 188
-rum (ac): E 236
aegre (17): Ad 137 143 547; An 137 178; E 624; Hc 128 227 497 515 709 765; Ht 860 861 958; P 159 162
aegritud-o (11):
-ine: E 552; Ht 123 506; P 750
-inem: Ht 422 680
-inum: Ht 539
-o: Ad 312; An 961; Hc 223; Ht 424
aegrot-us (5):
-am: Ad 922
-is (d): An 309
-um (ac): An 193; Ht 100
-um (n): An 559
aemul-or:
-ari: An 20
aemul-us (subs; 2):
-um: E 214 623
aequal-is (subs; 5):
-em: Ad 466; E 327
-i: Ht 417
-ium: An 453; P 887
aequanimitas (2): Ad 24; P 34
aeque (12): Ad 702; An 434

(nequeo=F) 702; E 722(F);
Hc 199 202 274 293; Ht 685; P
93 565 581 1032
aequ-om (13):
-a (ac): Ad 503; Hc 475
-i: Ad 187; Ht 788; P 637
-o (ab): Ad 987
-om (ac): Ad 64 803; An 901;
Hc 226; Ht 91 642; P 114
aequ-os (adj; 52):
-a (ns): E 92
-am: Ad 130 183
-i (n): Ht 28
-ior: An 429
-issime: An ae13(DT)
-o (ab): Ad 503 738; An 24
397 921; Hc 28 685; Ht 35; P
30 138 1020 1021
-om (ac): Ad 601 960; Ht 214
1055; P 539
-om (n): Ad 255 454 505 675
801 933 968 976; An 190; E 42
386 478 870; Hc 527 620 737
759 840 868; Ht 156 203 419
949 977; P 203 451 651 673
927
-os (n): Ad 837
aequ-os (subs):
-om (g): Ht 7
aerumn-a (4):
-a (ab): Hc 876
-am: P 242
-as: An 655
-is (ab): Hc 288
ae-s:
-re: P 511
Aeschin-us (26):
-e: Ad 160 175 190 268 407 449
620 631 637 677 679 901 989
-o (ab): Ad 356
-um: Ad 237 292 330 636
-us: Ad 26 82 147 260 326 462
588 634
Aesculap-ius:
-i (voc): Hc 338
aet-as (41):
-as: Ad 835 856; An (54) 443;
E 375; Hc 75 619 747(DFT);
Ht 133 233 555; P 423 570 1024
-ate: Ad 110 832 870; An 72
539; E 473; Hc 737 747(-as=
DFT); Ht 115; P 1022
-atem: Ad 108 869; An 286; E
113 734; Hc 207 226 284 747;
Ht 59 392 716; P 417 434
-ati: Hc 334

-atis: Hc 594 596; Ht 110
aetern-us:
-am: E 872
Aethiopia (ab; 2): E 165 471
aff-: see **adf-**
agell-us:
-i (g): Ad 949
ag-er: (6):
-er: Ad 956(F); P 661
-ri (g): E 972
-rum: Ht (54) 63 64(D) 146;
P 364
agg-: see **adg-**
agissime: see **amicus** (adj)
agit-o (4):
-abo: P 351
-ans (n): P 615
-arem: Hc 93
-at: Ht 225(4) 733
agmen (ac): E 774
ag-o (246):
acta (ab): Ht 798(aucta=DTU;
om=F)
acta (est): Ht 564 851a(om=4)
acta (sint): P 463
acta (sunt): Ad 248(facta=F)
636; An 104
actum (ac): Ad 232(used subs
=KL; sep=4); P 419(used subs)
actum (esse): Ad 210
actum (est): Ad 325; An 465;
E 54 607 717 985; Ht 584; P
1009
actum (siet): Ht 456
actum (sit): An 791
actura (es): E 896
acturi (sumus): Ad 3 12; E 19
acturus (est): P 835
acturus (sum): Ht 5
-am (ind): Ad 232; An 335
415; Hc 516; Ht 694
-am (subj): Ad 485 516 542
611 784 786 789; An 209 264
358 498 639 731 846; E 73 711;
Hc 444 701 715; Ht 674 720; P
199 239 419 728 980
-ant: An 404
-as: Ad 343(DFU) 433; An
737; E 62 74 224 795(-is=F)
965; Hc 197 716; Ht 74 642;
P 346 419 552
-at: Ad 619; An 170 957; Hc
345
-atur: Ad 374; Ht 354
-e: Ad 202 215 223(om=F) 271
553 626(F) 877 877 937 941

(11)

943 982; An 310 310 598 692
713 866 871 895 955 975 aell;
E 99 282 311 377 694 704; Hc
315; Ht 310 332 332 344 558
688 722 722 1052 1052; P 230
350 435 539 559 559 662 662
739(F) 784 811 1027
-ebam: Ad 78; Hc 455; P 355
614
-ebat: An 75; E 398; P 596
-endi (g): Hc 44
-endi (sint): Ht 39
-endo (g ab): Ad 24
-endum (g): An 706
-ere: Ad 45 52 401 725; An
253 ael; E 391 514; Hc 18 30
33 207 284 826; Ht 36 392 472
-erem: Ad 214(facerem=DFT)
319
-eres: P 836
-eret: An 413; P 117
-es: Ad 226 343; Ht 611(-is=
DTU) 694 (-is=4) P 322
-et: P 27
-i: E 22
-imus: Ad 538; E 811 1081
1088; P 1007
-is: Ad 60 128 343(-as=DFU)
596 680 780 935; An 134 186
708; E 99 348 378 795(F) 797
804; Ht 89 611(DTU) 694(4)
740 942 947 976; P 216
-it: Ad 932; An 267 311; E
783; Ht 900
-ite: E 130
-itis: Ad 501; Hc 874; P 968
985
-ito (2): P 984
-itur: Ad 373 883 (885) 901;
E 271 456; Hc 394 774; Ht 476
851; P 610 631
-o: Ad 916(ego=U); An 614
679; E 349 1066; Ht 343 346;
P 447 736 739(F) 894
egerim: E 690
egerint: Hc 192; P 876
egeris (ind): P 718
egero: Ht 676 873
egi: E 378; Hc 132 686; Ht
595 983
egisse: Ht 759 863
egissem: Hc 545
egisti: Ht 595; P 682
egit: Ad 368 863; P 451
agrestis (adj): Ad 866
ah (50): Ad 112 127(a=U) 132
(a=U) 269 274 309 329 342 405
(DU) 597 723(om=4) 724(a=T;
o=DFU) 853; An 252 306 325
(DU) 440(FTU) 469 543 628
649 868 872 972 ae3(U) 6; E
208 381 758 797 889 1009; Hc
109 630 697 721 743(om=DF)
853 877(DFT); Ht 91 94 397
403 439 857(4) 913(om=4) 934
938; P 193 216 325 474 503
(om=DT) 541 809
aha: An 325(ah[a]=KL; ah=DU)
ai: Ad 737
ai-o (116):
-bant: An 534; Hc 238; P 572
-bas: Ad 561; Ht 924(-ebas=
KL) 960
-bat: Ad 717; An 930 932; P
480(-it=F)
-o: E 252; Hc 398(F)
-s: Ad 405 517 556 570 920; An
137 184 301 517 575 588 616
665 784(FT) 872 875 908 933
933; E 334 392 425 474 567 654
748 803 [810](om=DTU) 825
829 948 957; Hc 138 236 346
415 523 557; Ht 118 182 242
702 883 890 1014; P 199 315
373 380 383 386 510 542(T) 700
755 833 873 970 1004 1040
-t: Ad 276 548 560; An 353 450
470 688 859 950; E 139 252 513
714 915 1037; Hc 393(F) 748;
Ht 221 303 885; P 114(om=F)
480(F) 799 834 864 880
-unt: Ad 183 224 656 930; An
124 192 321 805 833; E 315
585; Hc 357 393(-t=F) 452;
Ht 172 719 853 854(illam=F)
1036; P 419 506 763 768
ala-cer:
-cris (ns): E 304
algesco:
alserit (subj): Ad 36
alias (2): An 529; Hc 80
alibi (3): An 420; Hc 294; Ht
279
alicubi: Ad 453
alicunde (5): Ad 242; An 406;
Hc 286; P 300 300
alien-o:
-avit: Ht 979(abalienavit=F)
alien-um (2):
-a (ac): Ht 76 504
alien-us (adj; 20):
-am: Ad 672 (used subs)

(12)

-as: Ad 89; E 588
-iore: Ad 110
-o (ab): Ad 75 338 657(F);
An 152; E 399
-um (ac): Hc 158 576 658; Ht
77 1029
-um (n): Ad 944
-us: Ad 137 326; An ae19; E
265; Hc 649; P 706
alien-us (subs; 3):
-o (d): Ad 452
-us: P 545 582
aliment-um:
-is (ab): Ht 836(4)
alio (3): E 280 450; Ht 390
aliorsum: E 82
aliqua (3): Ad 283; P 585 746
aliquando (2): Hc 683; Ht 551
aliquantillum (adv): An 447
(FT)
aliquantisper (2): Ad (639); Ht
572
aliquanto: Ht 201(aliquantum=4)
aliquantulum (subs; ac): P 655
aliquantum (adv; 3): An 447
(aliquantillum=FT); E 131; Ht
113 201(4)
ali-qui (24):
-qua (ab): E 552 1055
-qua (n) Ht 42
-quam: Ad 552; An 382 432
615 ae9; E 899 1000; Hc 726;
Ht 545; P 637
-quem: An 813
-quo: Ad 469; An 884; Ht 735
-quod (ac): Ad 509; An 56;
Hc 313; P 179
-quoi: Ad 358
-quos: E 149; P 312(aliquot=4)
ali-quis (47):
-quid (-quit=U sometimes; ac):
Ad 38 150 401 518 856 857 948
980; An 250 259 265(om=DU)
615 622 640; E 210 308 661 999
1001; Hc 333; Ht 69 339 533
670 763 1003; P 42 190 770 874
-quid (n): Ad 187; An 314 314
398 606; Ht 391 646 790; P
207(FT) 333
-quis: Ad 634; An 640 957; Hc
286 652; Ht 235 841
-quoi: Ad 358
aliquo (10): Ad 360 385 744
786; An 329; E 667; Hc 413;
Ht 572 586 809
aliquod: see **aliquot**

ali-quot (-quod=D; 9):
-quot (ac): An 313 328; E 151;
Ht 752; P 159 312(4) 832
-quot (n): An 534 771; E 539
aliter (16): Ad 492 515 597 603
928 936; An 4 310; Hc 398
(om=F) 529 637 765; Ht 264;
P 116 529 530
aliunde: P 333
ali-us (143):
-a (ab): Ad 523; An 670; E
631; Hc 375; Ht 789; P 502
-a (ac): Ad 721 832; An 354
398(F); E 17 602; Ht 457 855
897
-a (np): Ad 230; E 330; P 468
1020
-a (ns): Ad 868; An 779; E
361; Hc 695 756; Ht 987
-ae: Hc 776 834
-am: Ad 327 341; An 189 398
(alia(ac)=F) 779; E 631 853;
Hc 239; Ht 927 1063; P 942
-arum: E 198; Hc 200
-as: E 348; Hc 8 18 27 420 826;
Ht 34 396; P 663
-i (d): Hc 509
-i (n): Ad 52 688 968; An 931;
E 780 780; Ht 125(F)
-is (ab): Ad 125(illis=DTU)
416 925; An 233; E 33(D); Ht
210 221; P 476 960
-is (d): E 398; Hc 56 270; Ht
797 922; P 162 333 466
-o: Ad 657(alieno=F); An 89
792 829; E 716 987; Hc 365
479 502; Ht 598; P 47 48 301
-orum: An 812
-os: Ad 258; An 189; E 776;
Hc 384; Ht 125(-i(n)=F); P
467
-ud (ac): An 306 746 950(sp=
U) 954; E 191 213 272 363 504
846 846; Hc 750(sp=T) 811
844 844; Ht 331 338 459 991;
P 151 235 684 770 805
-ud (n): An 30 942; E 162 987
(sp=U) 995(sp=U) 1041; Hc
270; Ht 598; P 85 207(aliquid=
FT) 804
-um: An 545 750; E 488 680
1065; Hc 746; Ht 45 219 470
576 576; P 297
-us: Ad 353 779; Hc 308; P
102 548
all-: see **adl-**

al-o (10):
-am (ind): Hc 708
-am (subj): Hc 671
-amus: Hc 670
-emus: Hc 671
-ere: An 57; Ht 751; P 335
-it: Ad 481
-uit: E 892
-unt: An 250
al-ter (22):
-ter: Ad 871; An 77; E 693
-tera (ns): Ht 272 310; P 717 984
-terae (d): Ht 271; P 928
-terae (g): An ae2
-terae (n): Ht 837
-teram: Hc 681; P 755 916
-teri (d): An 427
-terius: An 628
-terum (ac): Ad 130 131; E 297 300 459 929
alterc-o:
-asti: An 653
am-ans (subs; 5):
-ans: An 76; P 756
-antis: Ht 570(4)
-antium: An 218 555; Ht 570 (-antis=4)
amar-us:
-ae (n): Hc 710
amat-or (8):
-or: Hc 835; Ht 453
-ore: E 936
-orem: An 718; E 794
-ores (ac): E 665; Hc 59
-ores (n): Ht 389
ambages (ac): Ht 318
ambig-o:
-unt: Ht 499
ambigu-os:
-om (n): Hc 648
amb-io:
-is: An 373
amb-o (22):
-ae: Hc 387 793
-arum: Hc 163
-as: An 10; Hc 290
-o (ac): Ad 962(-os=4)
-o (n): Ad 213 873; An 345; E 702; Ht 119 338; P 71 760
-obus (ab): E 169
-obus (d): Ad 810; P 65
-orum: Ad 820(ipsorum=FU)
-os: Ad 131 962(4); E 1069; Ht 711 995
ambul-o (5):

-a: Ht 380; P 936
-ando (g ab): Ad 713; Hc 435 815
a-mens (subs):
-mentium: An 218
amenti-a (3):
-a (ab): An 887
-a (n): Hc 672; Ht 974
amic-a (33):
-a (ab): Ad 253; E 495; Ht 690; P 1039
-a (n): An 216; Ht 328 853 908
-ae (d): Ht 534 856 911
-ae (g) Ht 189 223
-ae (n): Hc 790
-am: Ad 800; Hc 541 551 684; Ht 104 333 333 567 670 697 712 714 767 819 899 913; P 1041
-as: Hc 592 791
amiciti-a (10):
-a (ab): Ad 67 250; An ae8 (-ae(g)=U); Hc 764
-a (n): An 820
-ae (g): An ae8(U); Ht 57
-am: An 326 538; Hc 533; P 432
amic-us (adj):
-issime: An ae13(aequissime= DT; agissime=U)
amic-us (subs; 53):
-e: E 560(-us=T)
-i (g): Ht 689 695; P 650 812
-i (n): E 238; P 431 624 703
-is (ab): Hc 211; P 513
-is (d): Ad 532
-o (d): An 570; Ht 417 910; P 562
-orum: Ad 804; An ae12; E 760; Ht 574
-os: An 66 68 373; E 149 279; Hc 798; Ht 194; P 313 843
-um: Ad 465; An 295 718 813; E 148; Hc [746](om=U); Ht 567; P 128 380 598 728
-um (g): Ht 24
-us: Ad 440 529 645 651; An 970; E 135 560(T); Hc 766; P 35 324 496 562 1049
amitt-o (21):
amiserat: Ad 347(DT)
amisi: E 293
amisisse: E 767
amisti: E 241 322(sp=4); Hc 251
-am (ind): P 714
-am (subj): P 507

(14)

-as: E 751, Ht 480
-e: E 853; P 141
-endi (g): P 176
-ere: An 898([a]mittere=KL; mittere=DU); Ht 858; P 175 (mittere=DT) 414 673 (918) 920
-erem: E 606
-et: Ad (913)
am-o (120):
-abant: An 80 88 107(-arant= DFT)
-abat: Ad 91; E 928; Hc 115; P 109
-abo: E 130 150 534 537 663 674 838 915; Hc 70 398(F) 824; Ht 404
-abunt: Hc 106 Ht 463 749
-andi (g): Hc 684
-andus (est): Ad 709
-ant: Ad 865 872; An 191; P 162(-ent=U)
-antem: An 648; Hc 173
-antur: E 317
-arant: An 107(DFT)
-are: Ad 32 327 828; An 185 645 896; E 40 54 125 435 568 641; Hc 581; Ht 97 322 703; P 82(4) 111 175(amorem=DT; an a te=F; an vero=U)
-arent: E 1092
-aret: E 446; Hc 539
-ari: Ad 33(helluari=F) 879; P 759(filiam=FT; gnatam=DU)
-arit (subj): An 520
-as: E 160 456; Ht 1031; P 504
-asse: E 827
-asset: An 112
-asti: Hc 862
-at: Ad 61 118 341(-et=4) 903; An 324 584; E 447 448 563 985 986; Hc 343; Ht 190
-avi: Ad 48
-avit: Ad 149; An 444
-em: E 96
-ent: Ad 749; An 947; E 474 615 882 1037; Hc 206 233 258 276 579 642 864; Ht 308 383 569 686 953; P 162(U) 165 883 954
-es: Ad 681; An 687; E 193 309; Ht 1060
-et: Ad 341(4) 667; E 1080
-etur: E 1052
-o: Ad 680 701 946; E 186 307 882 1053; Hc 488; Ht 360; P 54 165 478
amol-ior:
-imini (imp): An 707
am-or (46):
-or: Ad 470; An 261 279; E 77 881; Hc 404 407
-ore: Ad 589; An 211 829 ae4; E 59 72 98 226 298; Hc 281; Ht 230; P 163
-orem: An 132 135 155 307 (om=FT) 312 326 652; E 926 1038; Hc 170 744; Ht 264 351; P 518
-ores (ac): An 913
-ori: E 1076; Hc 122 294 448 583; Ht 110 395; P 175(DT)
-oris: An 555; E 92 878; Ht 801; P 834
amov-eo (6):
amotam (sc esse): An 510
amoto (ab): An 181
-e: P 566
-eas: An 307
-ebo: Ad 553
-eris (ind): Hc 694
ampl-e (14):
-ius: Ad 269 468 469 732; An 31 325; E 143; Ht 55 132 185 717 901; P 457 1035
amplect-or:
-i: An 430
amplex-or:
-ari: Ht 900
ampl-us (2):
-ior: Hc 330
-iores (n): Hc 289
an (95): Ad 5 13 128 136 185 195 241 336 337 382 389 396 (F) 468 661 667 672 782; An 27 186 201 209 500 525 535 621 762 766 781 784(DU) 795 807 888 922; E 47 197(F) 382 386 546 604 679 721 733(4) 790 857 907 959 963 968 986 987 1013 1017 1045 1046 1048; Hc 100 209 215 235 293 346 356 436 509 558 663 671 784(om=F) 877(ah=DFT); Ht 81 203 334 347 405 485 505 541 543 596 911 990 1000(DFT) 1057; P 147 175(4) 235 259 275 279 412 415 445 602 626 659 660 717(forsitan=DTU) 737(F) 774 852 901(DFT) 1009 1024
ancill-a (18):
-a (ab): E 347

(15)

-a (n): An 226(F) 461 514 [756](om=U)
-ae (n): Hc 367; Ht 130 246
-am: An 838; P 511
-arum: Ht 245
-as: E 581; Hc 773; Ht 142 252 301 451 744 893
ancillul-a (5):
-a (ab): Ht 252
-a (n): Ht 293; P 665
-am: E 166; P 838
Andri-a (7):
-a (ab): An 461 756
-a (n): An 73 215
-ae (d): An 85
-am: An 9 13
Andri-us:
-um (ac): An 906
Andr-us (4):
-o (ab): An 70 931
-um: An 222 923
angiport-um (4):
-um (ac): E 845; P 891
-um (n): Ad 576 578
ang-o:
-eret: P 160
anguis: P 707
angul-us:
-um: Ad 785
angustum (ac): Ht 669
anhel-o:
-antem: Hc 823
anicul-a (2):
-ae (g): An 231
-am: P 98
anim-a (5):
-am: Ad 314 324 498; P 661 868
animadvort-o:
animadversuros (sc esse): P 467(U)
-enda (est): An 156(U)
-endum (gv ac): An 767 (animam advortendum=4)
-eram: P 909(U)
anim-us (192):
-e: An 685; E 95; Ht 406
-i (g; often w loc value): Ad 310 610 666; An 114; E 222 274 1015; Hc 121 167(DT) 534 682; Ht 120 727; P 187
-i (n): Hc 507
-o (ab): Ad 30 38(-um=F) 72 284 297 338 500 503 511 543 696 696 738 818 852 892 902 919 957; An 24 262 283 307 397 646 794 842 879 921; E 84 175 179 212 296 406 630 769; Hc 28 167(F) 201 244 270 389 472 502 532 548 568 685 747; Ht 35 122 232(4) 385 408 438 630 665 822 912 959 962; P 30 138 340 465 763 821 957 964 965 1020 1021
-o (d): Ad 33 655; An 263 273 641; P 245 250
-os: An 912; Hc 248
-um: Ad 38(F) 68 223 597 602 829; An 1 8 56 125 156(animadvertenda=U) 188 193 260 272 333 339 378 446 559 572 646 767(4) 834 883 ae16; E 44 143 397 490; Hc 5 50 99 264 277 292 294 297 603 608 658 683 689 714 755 785 787 836; Ht 41 [49] 100 189 232(-o(ab)=4) 367 390 478 542 570 656 945 955 1028 1063; P 24 160 240 467(animadversuros=U) 774 868 909(animadverteram=U)
-us: Ad 226 492 612 837; An 94 164 266 303 597 937; E 196 587 816; Hc 167(-i=DT; -o(ab)=F) 311 347 785; Ht 195 208 236 265 614 637 645 668; P 170 735
anne (6): An 784(an[ne]=KL; ain=FT; an=DU) 851; E 556 733(an=4); Hc 122; Ht 999 (an=DFT)
annona: An 746
annumero: see **adnumero**
annuo: see **adnuo**
ann-us (11):
-i (n): E 318 318
-is (ab): E 236
-o (ab): Ad 938
-os: Ad 931; E 526 693; Hc 555; Ht 62; P 1017
-us: Ht 240
ante (28):
ante (adv; 6): An 239 556; E 733; Hc 146 581; P 4(antehac=DU)
ante (prep; 22): Ad 180 386; An 362 474 507 725 773; E 267 623 794 843 895 975; Hc 36 428 641 854 863 880; Ht 1041; P 247 709
antea: An (52)
antecedo:
antecessit: P 525

ant(e)hac (7): Ad 86(ante-(h)ac=KL) 250(ante(h)ac=KL); An 187 303 917 ae14 (no()=KL); Ht 270; P 4(DU)
antevort-o:
-erim : E 738
Antiphil-a (6):
-a (n): Ht 691
-a (v): Ht 258 381 398 405 408
Antiph-o (31):
-o (n): P 101 187 231 254 270 308 502
-o (v): E 560(F) 565 574; P 163 202 204 216 465 504 528 549 696 854 861 883
-one: P 612
-onem: E 840; P 192 221 323 463 (918)
-oni: P 598 753 842
antiquom (ac): An 817
antiqu-os (7):
-a (ab): Ad 442; Hc 92
-a (ns): Ht 435
-am: Ad 812; Hc 858
-om (ac): Hc 860; P 67
anul-us (12):
-i (n): E 541
-o (ab): Hc 824
-um: Hc 574 811 825 829 846; Ht 650
-us: Ad 347; Hc 821; Ht 614 653
an-us (16):
-u (d): Ht 639(DT)
-ui (d): Ht 639(-u(d)=DT)
-uis (g): Ht (287)
-um: Ad 939; Hc 231; P 112
-us (ns): Ad 616; Hc 621; Ht 96 269 276 278 292 600 629; P 732 751
apage (2): E 756 904
aper-io (7):
-i: Ad 167
-iam (ind): Hc 628(operiam= DFT)
-ient: Ad 23
-is: E 284
-it: Ht 276(DFT)
-ite: Ad 634
-iunt: An 632
-uit: Ht 276(-it=DFT)
aperte (8): Ad 664; An 195 202 493; E 819; Ht 702; P 654 956
apisc-or:
-ier: An 332(DFT); P 406(4)

Apoll-o:
-inis: An 698
app-: see adp- (except appello)
appello (bring; 3):
adpuli: An 807(app-=KL; attuli=DFT)
adpulit: An 1 446
appell-o (call; 4):
-abo: Ht 700
-aret: Hc 652
-assis: P 742
-o: P 1011
aps: see abs
apt-us (pa):
-i (n): Ht 693
apud (aput=U; 60): Ad 154 404 512 517 535 573 583 799 873; An 36 222 254 302 408 745 937 978; E 90 140 152 246 534 608 747 840 1055; Hc 255 269 388 474 584 707 750 767; Ht 162 172 182 328 368 377 430 488 571 575 576 576 604 733 821 821 852 921; P 37 198 204 598 (F) 810 837 859 926 934
aqua (ab): Ad 377
aquill-a:
-ae (g): Ht 521
ar-a (2):
-a (ab): An 726
-am: Ht 975
arbit-er (2):
-rum: Ad 123; Ht 500
arbitrium: Ht 25
arbitr-or (43):
-abitur: P 205
-amini: Hc 215; P 939
-antur: E 269
-are (ind): Ad 685; E 275; P 871
-ari: E 979; Hc 529
-atae (sunt): Hc 762
-er: Hc 659(FU)
-ere: An 915
-etur: An 316
-or: Ad 258 401 459 748 919; An 60 563 812 959; E 110 172 218 324 409 491 1083; Hc 88 140 153 239 256 299 403 585 (659)(-er=FU) 805 839; Ht 467 985 991; P 814
arcesso: see accerso
Archidemid-es:
-em: E 327
Archonid-us:
-i (g): Ht 1065

Archylis (v; 2): An 228 481
ard-eo (3):
 -eo: Ad 310; E 72
 -ere: P 82(amare=4)
argentari-us (adj):
 -am: P 886
argent-um (54)
 -i: Ad 192; Ht 601; P 557 789 955
 -o (ab): Ad 204; Ht 603 671 791; P 682
 -um (ac): Ad 179 195 202 369 410 628 977; Ht 329 584 678a 717 740 804 817 822 831 893; P 513 531 534 540 593 679 695 699 712 823 829 839 859 922 935 947
 -um (n): Ad 118 406; Ht 513 737 777 850; P 299 769 778 796 888
argument-um (4):
 -o (ab): An 11; Ht 6
 -um (ac): Ad 22; An 6
arid-us:
 -um (ac): Ht 526
arm-a (2):
 -is (ab): E 789; Ht 112
ar-o:
 -are: Ht 69
arrab-o:
 -oni: Ht 603
arrideo: see adrideo
arrig-o:
 -e: An 933
arrip-io (4):
 -erem: Ad 316
 -i: Ht 1001 (adr-=KL; abripi =DT; adripuisse=F)
 -ui: E 571
 -uisse: Ht 1001(F)
ar-s (12):
 -s: An 31
 -te: Ad 741 742; An 32; Hc 23; Ht 289(F) 366
 -tem: Hc 46; P 17
 -ti: Hc 49; Ht [48]
 -tis: Ht 226(rei(g)=F)
 -tium: Ad 259
articul-us:
 -o (ab): Ad 229
arti-fex:
 -ficem: P 259
ar-x (3):
 -ce: Hc 801
 -cem: Hc 431 432

ascend-o:
 -it (perf): Ad 703(4)
 -o: An 356(4)
Asi-a (4):
 -a (ab): Ht 181
 -am: An 935; Ht 111 117
asin-us (3):
 -e: Ad 935
 -um: E 598
 -us: Ht 877
aspecto: see adspecto
aspell-o:
 -ere: Ht 261(4)
asp-er:
 -erum (n): Ht 458
aspern-or:
 -atur: P 371
aspic-io (10):
 aspexeram: Ad 373
 aspexerant: Hc 368
 aspexere: Hc 367
 aspexerit (subj): Ht 773
 aspexi: An 365; E 84; Hc 376; Ht 656
 -ias: E 838
 -io: An 118
asport-o (2):
 -abitur: P 551
 -arier: P 978
ass-: see ads-
ast-o (3):
 -ans (n): Hc 607(F)
 -antem: P 607
 -are: E 267(DT); Ht 960(esse =D)
 -iti: P 867
astringo: see adstringo
astu (ac): E 987
ast-us (3):
 -u (used adv): An 208; E 924; P 181a(om=4)
astute (3): An 183; E 509; P 968
astuti-a (3):
 -a (ab): An 723
 -ae (g): Ht 710
 -as: An 604
astut-us (3):
 -um (ac): Ht 874
 -us: Ad 221; Ht 222
asymbol-us:
 -um: P 339
at (ad=U often; 114): Ad 161 280 452(F) 571 687 688 744 (om=4) 830; An 179 226 336 563 566 569 617 637 666 669

(18)

679 682 683 711 713 762 828 838(om=4) 893(om=4) 895 940 956 958; E 75 155(DFT) 207 208 244 272 361 381 431 451(F) 534 590 665 668 693 728 736 751 866 872 961 1011 1086; Hc 134 223 258 288(DFT) 439 439 469 526 543· 721(U) 790 791 804 839 850 860; Ht 71(om=DFU) 88 159 309 317 362 377 527 546 550 571 572 590 617 637 677 694 699 713 738 764 779 918 973 999(DT) 1008 1032 1042 1051; P 52 160 173 367 393 403 418 463 487 488 630 787(F) 807 819 899 910 965 1002 1002 1003 1031 1050
atat: see **attat**
atattat: P 963(T)
atav-us:
-o (ab): P 395
at-er (3):
-er: P 706
-ram: Ad 849
-rum (ac): E 939
Athen-ae (2):
-arum: Hc 88
-as: An 907
atque (226): Ad 29(F) 33 40 42 88 89 154 155 181 185 209(ac=FT) 217 283 297 300 351 362 (atqui=F) 375(om=DF) 403 416 453 465(om=DFT) 493 513 590 597 599 663 755 773 786 794 829 846 849 850 862 869 880 908 939 944 980; An 14 15 72 137 167(F) 200 225 233 246 268 272 274 286 299 303 339 350 525(atqui=DFT) 532 542 545 580 594 599 603 607 614 627 640(atqui=T) 641 689 692 698 702 723 725 727 744 809 811 823 830(om=F) 831 836 843 857 865 880 900 957 977 ae3 11; E 10 42 52 56 82 105 172 198 206 216 234 238 327 385 389 447 455 461 480 557 588 643 709 746 758(DT) 763 870 922 938 956(et=D) 964 1006; Hc 23 23 123 160(atqui=F) 165 169 198 226 246 285 297 334 352 359 377 380 384 397 457 457 515 523(om=F) 565 621 686 754 769 787(om=FU) 815 844 860; Ht 61 84 111 122 123 187 190 195 207 223 264 417 430 437

442 452 455 461 490 509 526 535 567 578 618 633 642 653 686 704 734 778 855 860 893 900 1026 1030 1030; P 31 34 120 131 190 197 239 309 312 322 323 324 339 368 389 395 414 497 499 502(D) 581 586 687 (F) 716(atqui=F) 746 759(F) 764 845 877 881 894 921 1024 1028
atqui (14): Ad 362(F) 887; An 435 525(DFT) 640(T); E 740 758(atque=DT) 825(sp=U) 953 (sp=U); Hc 160(F); Ht 593 729 738 788; P 204 235 263 716 (F) 871
atr-ox:
-oci (ab): Hc 377
attamen: Ht 225(tamen=4)
attat (7): An 125; E 228 727 756; Hc 449; P 600 963 (atattat=T)
attemperate: An 916 (adt-=KL)
attend-o (6):
-ere: P 868
-i (perf): Hc 267
-ite: An 8(adt-=KL); E 44; Hc 28; P 24
attente: Ht 66
attent-us (pa; 3):
-i (n): Ad 954(adt-=KL)
-iores (n): Ad 834(adt-=KL)
-us: An 303
Attica (ab): E 110
Attic-us (8):
-am: An 221 780 859; E 805 1093; P 114
-um (ac): An 927
-us: An 923 (used subs)
attigo: see **attingo**
attin-eo (9):
-ent: Ht 76
-ere: An 91; E 744
-et: Ad 134 186 296 436; An 187; P 481
atting-o (6):
attigeris (ind): P 438
attigerit (ind): E 740
attigisses: Ad 178
attigit: Hc 136; P 1018
-as: An 789(atti[n]gas=KL; sp=4)
attoll-o:
-e: E 769
au (10): Ad 336 336; An 751 767(FT) 781(eho=4); E 656

(om=F) 680 899; Ht 1015; P 754 803
auct-or (5):
-or: Ad 671
-ore: E 1013
-ores (ac): An 19
-ores (n): Ad 939; P 625
auctorit-as (3):
-as: Hc 47
-atem: E 390
-ati: Hc 48
aucupium: E 247
audaci-a (11):
-a (ab): An 613; E 958; P 977
-a (n): E 525; P 182
-am: An 217; E 900 994; Ht 313; P 134 360
audac-ter (3):
-issime: P 561
-ter: Ht 58; P 11
aud-ax (7):
-acem: An 769; E 709
-acis: P 156
-acissime (used subs): E 948
-ax (ac): An 401; E 644
-ax (n): P 233
aud-eo (20):
-eam: An 613; Ht 575
-eas: P 758
-eat: Ht 925
-ebam: Ad 567
-ebit: Ad 56(hau dubie=F) 56
-eo: An 505
-ere: E 619
-eret: Ht 953
-et: E 659 959
ausam (esse): Hc 562; Ht 624
ausim: E 884 904
ausum (esse): E 644
ausus (est): Ht 156
ausus (sim): E 1045
ausus (sum): Hc 295
aud-io (145):
-i: Ad 160 184; An 329 346 590 660 860 861 894; Hc 510; Ht 901; P 486 487 699 1037
-iam (subj): Ad 128; An 592 (FU) 894 894; Ht 1031; P 408
-iamus: E 1068
-ias: E 562; Hc 765; P 488
-iat: E 1042; Hc 412(DTU)
-ibis: P 359(F)
-iemus: P 765(TU)
-iendo (g ab): Ht 114
-ieram: E 665 [699](om=F)
-ieras: E 429

-ierat: An 177
-ierim: An 922
-ierit (ind): An 341; P 185
-ies: An 48 103 579 854; E 571; Hc 177; P 219 359(–ibis=F) [765](–iemus=TU; –ietis=DF)
-iet: An 920
-ietis: P 765(DF)
-io: Ad 210; An 240 423 465 552 592(–iam(subj)=FU) 779 863 936; E 371 1060; Hc 336; Ht 244 421 682 694 1056 1057; P 39 160 236 289 483 486 488 731 947
-ire: An 217 931(FT); E 454; P 487
-irem: E 574
-iret: Ad 453
-is: An 299 342 581 865; E 706 809 1037; Hc 78; Ht 243; P 136
-isse: E 115; Ht 816
-isset: P 20
-isti: Ad 467 539; An 785 975; Hc 550 784; Ht 429(sp=F) 684 685 731; P 329 577 612
-istis: P 349
-it: Ad 535; Hc 600
-ite: E 1067
-itum (sc esse): An 534; P 432
-itura (sit): P 960
-iundum (est): Ht 321
-iveras: P 573
-ivere: An 931(–i[ve]re=KL; –ire=FT)
-iverit (ind): Hc 813(–i(v)erit =KL; sp=4)
-ivi: Ad 355 679 729; An 228 302 511 784 785 858 927 946; E 103 (422) 664 818 1036; Hc 219 317 453 468; Ht 181 272 559 732; P 149 576 866 870
-ivisse: Hc 517
-ivit: Ad 451; An 174 475; Ht 517
aufer-o (21):
ablatam (sc esse): E 26
abstuli: E 661; P 1038
abstulisse: E 661
-: Ad 937; E 726; P 223 559 857
-am (subj): E 627
-amus: P 898
-ant: An 979
-at: P 689(DU) 955
-ent: Ad 454

(20)

-es: E 1057(feres=U)
-et: An 610; P 49 689(FT)
-o: P 513
-re: Ad 222
-retur: Ht 850
-te An 28
aufug-io (2):
-erim: Hc 424
-isti: E 851
aug-eo (5):
aucta (ab): Ht 798(DTU)
auctus (est): Ht 628
auctus (sit): Hc 334
-e: E 436
-eam: Ad 145
-eat: Ad 25
augesc-o:
-it: Ht 423
aure-us:
-um (ac): E 585
aur-is (8):
-em: Ht 342; P 868 1030
-ibus (ab): Hc 363; P 506
-is (ac): An 933(sp=FU); Hc 482(sp=U); Ht 330
aur-um (11):
-i: P 68
-o (ab): Ht 288 452
-um (ac): E 627 726; Ht 248 252 778 855 893
-um (n): E 11
auscult-o (18):
-a: Ad 113 679 806; An 536 784; E 100; Hc 114; Ht 771 890; P 62 996
-andi (g): Ad 420
-are: Ad 906; Ht 585
-as: Ad 935
-averim: An 664
-em: An 209
-o: An 537
auspicato: An 807
aut (175): Ad 29(atque=F) 32 33 33 36 37(ac=DF) 37 38(om =DF) 55 55(om=F) 66 123 123 146 149 235(DT) 235 330 349 396(an=F) 601 678 689 707 708 789 878; An 41 (53) 56 57 57 84 86 87 139 143 198 208 213 (ut(as)=F) 236 245 256 265 265 278 278 328 333 333 343(DF) 404 440 440 463 463 492 509 625 738([a]ut=KL; ut=4) 921; E 13 14 90 93 94 96 104 104 155(at=DFT) 184 184 219 219

349(om=DFT) 404 438 468 529 529 543 555 565 575 616 643 650 797 [821] 950 1025 1044; Hc 73 74 75 254 254 299(FT) 299 306(DFT) 355 421 480 480 524 549 551 628 644 656 676 698 730 766 825(om=U) 874; Ht 61(om =4) 63 69 69 86 86 86 132 152 279 325 325 420 421 441 441 505 506 595(om=DFT) 657 671 674 707(DFT) 726 912 996 1008 1027; P 12 181a(om=4) 191 192 227 234 244 244 244 271 277 306 408 418 425 432 432 483 483 550 552 574 580 626 691 704 728 729 735 783 809 809 848 932 952 1025
autem (64): Ad 153 185(om=F) 224 (291) 315 404 419 462 537 541 589 722 767 868 874 934 935 940 950; An 269 349 400; E 297 303 475 611 660 798 849 964 967 1005 1029 1037; Hc 72 100 118 154 211 503 559 602 780(meus=F; ut=DT) 817 868; Ht 38 251 371 482 1000; P 46 48 264 373 389 503 570 601 709 751 775 788 (918) 919
autum-o:
-at: Ht 19
auxili-or (2):
-arier: Ad 273; Ht 923
auxil-ium (7):
-i: Ad 300
-io (d): Ht 992
-ium (ac): Ad 155; An 142 319 320; P 729
avare (2): Hc 49; Ht [48]
avaritia: P 358
avar-us (2):
-a (ab): E 927
-us: Ht 39
aveh-o (2):
-at: Ad 653 654
avell-o (3):
-ere: E 520; Hc 554
-i: An 553
avid-us (3):
-ae (n): E 938
-ior: E 131
-um(ac): Ht 526
avors-us:
-ae (n): E 325(FTU)
av-us:
-o (ab): P 395

(21)

B

Babylo: Ad (915)
Bacch-is (32):
  -idem: Hc 114 128 157 719 806 846 854; Ht 311 311 696 767 809 969
  -idi: Hc 60 169; Ht 791 1050
  -idis: Hc 102; Ht 744
  -is (n): Hc 98 771; Ht 654 722 821 905 908
  -is (v): Hc 731 732 786 856 856; Ht 736
baline-ae:
  -is (ab): P 339
beatus: P 170
bell-um (4):
  -i: Ht 112
  -o (ab): Ad 20
  -um (ac): An 935
  -um (n): E 61
bell-us:
  -issimum (n): Ad 590
belu-a (3):
  -a (n): P 601
  -a (v): E 704(-ae(d)=FT)
  -ae (d): E 704(FT)
  -as: E 415
bene (96):
  bene (63): Ad 34 201 210 255 287 434 586 601 604 728 749(T) 775 855 865 887 896 (897) 918 945 948 953 963 970; An 105 132 168 274 373 848 969 975 ae11; E 7 186 390 451 463 674 675 813 882 1037 (1074) 1091; Hc 178 196 197 206 456 461 642 857; Ht 167 226 638 798 959; P 20 151 165 (429) 552 788 883
  melius (17): Ad 215 295 350 568 639; An 427 618; E 453 765 1082; Hc 217; Ht 504 643; P 426 640 1005
  optume (16): Ad 402 884; An 335 593 686; E 101 103 905; Hc 246 598 871; Ht 677 722 757 1046; P 153
benedict-um:
  -is (ab): P 20
benefic-ium (10):
  -i: An 44
  -io (ab) Ad 72; E 149; Ht 394
  -ium (ac): Ad 254; An 824; E 871; P 336 493 538
benevolentia: Ht 115(sapientia= DT)
benif-: see benef-

benigne (3): Ad 878; Hc 768; P 1051
benignit-as (3):
  -atem: E 164; Hc 263
  -atis: An 826
benign-us (3):
  -o (ab): Hc 472 837
  -os: P 767
benivol-us (2):
  -um (ac): Hc 761
  -us: P 97
be-o (2):
  -asti: An 106
  -o: E 279
bib-o (4):
  -as: P 342
  -ere: An 484
  -eris (subj): Ht 519
  -i (perf): E 727
bidu-om (8):
  -i: An 440
  -om (ac): E 181 182 184 187 190 636
  -om (n): E 283
biennium (ac): Ht 87
bin-i (2):
  -a (ac): P 789 790 791(4)
bis (2): Hc 343; P 406
blande (2): Ad 878; P 252
blanditi-a:
  -is (ab): Hc 68
bland-us:
  -ior: Hc 861
bol-us:
  -um: Ht 673
bonitas: P 34
bon-um (33):
  -a (ac): Ad 810; An 97 296; E 235 1049; Ht 841 942 1050; P 556
  -a (n): An 799
  -i: An 338 398 720 968; Hc 851 873 879; Ht 763 788; P 107 516 637 698
  -is (ab): Ht 652; P 115
  -is (d): E 1
  -o (ab): Ad 987; An 938
  -orum: Ht 20; P 374
  -um (ac): Ad 64; An 717; Ht 642
bonus (79):
bon-us (57):
  -a (ab): An 119 428; E 316; Ht 524 761 761; P 378 621
  -a (ac): An 204
  -a (ns): Hc 406(4)

-ae (n): Ad 836; E 324; Ht 193 196
-am: E 123; Ht 704; P 115
-as: E 837; Hc 739; Ht 388; P 258
-e: Ad 556 557; An 616 846; E 850; P 287
-i (g): Ad 463 722; An 338
-i (n): Ad 688; Ht 343
-i (v): Ad (440); E 225; Ht 254
-is (ab): E 8
-o (ab): Ad 284 511 543 696 696; An 487; E 84; Ht 822; P 965
-os: P 767
-um (ac): An 466; E 918
-um (n): P 131 451
-us: Ad 476 897 951 961; An 915 915; E 660; P 638
mel-ior (12):
-ior: Ad 705; Ht 549
-iore: P 228
-iorem: Ad 432; Ht 64
-iores (n): Ad 968
-ioribus (d): P 522
-ius (ac): Ad 221 861 922; An 680 (used subs); E 376
-ius (n): Ad 180
optum-us (10):
-a (ab): Ad 161
-a (ns): An 949
-ae (d): An 488
-am: Ad 974; Ht 677; P 226
-e: Ad 983; An 817
-um (ac): An 466; P 367
brev-is (3):
-e (ac): Hc 842
-em: E 605
-i (ab): Ht 955
brum-a:
-am: P 709
Byrri-a (5):
-a (n): An 333
-a (v): An 301 314 323
-am: An 357

C

cadaveros-us:
-a (ab): Hc 441 (lentiginosa=F)
cad-o (4):
-it: Ad 740
-unt: Ad 536
ceciderit (subj): Ad 37
cecidit: Ad 741

Caecil-ius:
-i (g): Hc 14
caed-o (3):
-eres: E 787
-imus: Ht 242
caesum (ac): An 199
cael-um (3):
-i: E 590
-um (n): Ht 719
-um (v): Ad 790
caesi-us (2):
-am: Ht 1062
-us: Hc 440
calamit-as (5):
-as: E 79; Hc 2 30; Ht 395
-atem: Hc 31
calesc-o:
-es: E 85
calid-us:
-um (n): E 380(callidum=F)
calleo (2): Ad 533; Ht 548
callide (2): Ad 417; An 201
Callidemid-es (3):
-em: Hc 432 801
-es: Hc 804
callidit-as:
-ates (n): Ht 887
callid-us (5):
-iore: P 228
-iorem: P 591
-um (ac): An 589; E 1011
-um (n): E 380(F)
-us: An 198(-usi=T)
cal-x (2):
-ces (ac): P 78
-cibus (ab): E 285
can-is (4):
-es (ac): An 57; P 7
-is (ns): P 706
-is (vs): E 803
can-o (2):
-is: P 495
cecinit: P 708
Canthar-a (2):
-a (v): Ad 353
-am: An 769
cantilen-a:
-am: P 495
cantit-o:
-es: Ad 750
cant-o (3):
-abat: Ht 260
-atum (sup): E 443
-ent: Ad 905
capill-us (4):
-o (ab): E 646

-um: E 860
-us: Ht 290; P 106
cap-io (48):
  -e: E 595 767; Ht 831; P 152 950
  -ere: An 518 870; E 80 614; P 828
  -erem: P 370
  -eres: E 573
  -eret: Hc 580
  -i: Hc 73
  -iam (subj): E 867; Ht 1044 (DTU); P 167
  -ias: E 370 373
  -iebat: P 790
  -ient: Ht 254
  -ies: Ht 932(accipies=4)
  -iet: E 368 925
  -io: Ad 876; E 887 971; Ht 959
  -it: An 651 719; E 449; Hc 344
  -ite: Ht 1035
  -iundos (esse): An 695
  -iundus (est): P 890
  -tam (esse): Ht 608
  -tum (ac): E 74
  -tus (est): An 82
ceperat: E 404
cepere: Ht 500
ceperit (ind): An 213
cepi: Ht 327 399 964
cepimus: Hc 537
cepisse: Hc 89 219
cepisti: P 73
cepit: An 192
capital-is:
  -ia (ac): Ad 723 (used subs)
capitulum (ac): E 531
caprificus: Ad 577
capt-o (4):
  -ans (n): P 869
  -ent: An 404; Hc 73
  -et: An 170
captus (ns): Ad 480
cap-ut (16):
  -ite: Ad 316; Ht 1035
  -iti: Hc 334; P 491
  -itis: An 677; P 631
  -ut (ac): Ad 568 966; An 371; E 803 (1028); Ht 290 762
  -ut (n): Ad 245 261; An 458
carbo: Ad 849
carcer (v): P 373
car-eo (5):
  -eam: E 223
  -eat: Hc 663
  -endum (erat): Ht 400

-ens (n): Ht 137
-eo: Ht 257
Cari-a (2):
  -a (ab): Ht 608
  -am: E 126
carnu-fex (6):
  -fex (n): Ad 363; An 183 651; E 670
  -fex (v): Ad 777; An 852
carp-o:
  -am (ind): Ad 591
car-us (8):
  -a (np): P 344
  -a (ns): An 746
  -am: An 273
  -iorem: E 201
  -issimum (ac): E 927
  -ius (n): Ad 39; E 211
  -um (n): Ad 49
cas-a:
  -am: P 768
castig-o:
  -as: Ht 592
castor: see **ecastor** and **mecastor**
catus: An 855
caudex: Ht 877
caus-a (95):
  -a (ab): Ad 194 523; An 111 115 392 772; E 202 481 620 878 1070; Hc 28 55 80 105 190 233 235 259 283 309 (331) 342 348 519 593 757; Ht 41 87 129 (287) 547 649 686 827 1036 1067; P 404 406 472 544 567 673 695 900 928
  -a (n): An 150 158 643 837 904 949; E 575; Hc 255 587 625 695; Ht 336 989; P 50 710
  -ae (g): Ad 531; An 138 600; Hc 452(F); P 875
  -ae (n): E 145; Hc 426
  -am: Ad 195 676; An 213 257 382; E 10 512 1000; Hc 55 186 382 452(-ae(g)=F) (540) 677 680; Ht 41 701; P 226 234 237 266 272 278 292 836
  -as: E 138; Hc 598 693
caut-e:
  -ius: Hc 738
cautim: Ht 870
cautio (2): Ad 421; An 400
cautus: P 715
cav-eo (30):
  -e: Ad 170 458; An 205 300 403 753 760; E 751 799; Ht 187 302 826 1031 1032; P 398

764 993
-ebo: Ad 551 711
-endum (sc esse): E 883
-eo: Ht 730
-ere: E 761
-es: Ad 173; Ht 235 932 1003
-et: Ad 70(pavet=DTU)
-isse: Hc 470
-it: An 444; E 782
-ce: found in hice and illice
cedo (imp; 33): Ad 123 484 688;
An 150 383 389 705 730 763;
E 162 776 950; Hc 458 698 708
753; Ht 332 333(T) 493 597
662 832 846(dic=DTU); P 197
321 329 398 550 642 692 857 935
936 950
cedo (regular verb): Ad 350
celere: P 179
cell-a:
am: Ad 552
cellul-a:
-am: E 310
cel-o (20):
-abitur: Ht 698
-ant: Hc 320(-as=4)
-are: Hc 253 530 576; P 959
-aret: Hc 384
-ari: E 295; Hc 374; P 182
-as: Hc 320(4)
-asse: Hc 657
-ata (est): Ht 698
-atos (sc esse): Hc 645
-atum (ac): An 132
-avi: An 585
-em: Hc 445; Ht 414
-et: Ad 54; Ht 705
-etur: P 825
cen-a (14):
-a (ab): Ad 26; Ht 211(-ae(g)
=DTU; -am=F)
-a (n): P 342
-ae (g): Ht 211(DTU)
-am: An 369 453; E 259 266
459 580 936(F); Ht 126 170
183 211(F); 455; P 1053
cen-o (2):
-ant: E 936(cenam=F)
-avit: An 89
cens-eo (36):
-eas: Ht 570 1023
-ent: Ht 214
-eo: Ad 193 841 928; E 217
1072; Hc 716; Ht 588 1055;
P 102 447 457
-es: Ad 579 601 656; An 256

(-etis=F) 505 545 578 794 853;
E 217 720; Hc 528 547 662 675;
Ht 253 462 591 716; P 327 875
-etis: An 256(F)
-uit: P 776
centiens: Ht 881
centurio: E 776
cerebr-um (3):
-o (ab): Ad 317
-um (ac): Ad 782
-um (n): Ad 571
Cer-es:
-ere: E 732
cern-o (2):
-eres: An 135
-o: Ad 439
certati-o:
-onem: Ad 212
certe (27): Ad 78 488 734; An
82 347(certo=DT) 494 495 503
617 641 906 933 966; E 358
(om=F) 640 731(certo=4) 812
825(certo=F) 974; Hc 843 843;
Ht 431 572 726; P 468 523 735
certo (adv; 15): Ad 256 648
704; An 347(DT) 929; E 199
731(4) 825(F) 889; Hc 204 324
586 656; Ht 71 632; P 164 793
953
cert-o (verb):
-asset: P 20
cert-us (29):
-a (ac): E 62; Hc 841
-a (np): An 390
-a (ns): An 368
-i (g): Hc 706
-iorem: P 674
-o (ab): Ad 478(used subs)
-um (ac): E 111 921; Hc 17;
P 148
-um (n): Ad 329 329 611(4)
718; An 209 311; E 188 269 380
388 536 704; Hc 272 402 454
583; Ht 466; P 551
-us: Ad 611(-um(n)=4)
cerv-a:
-am: P 7
cerv-ix:
-ices (ac): Ht 372(sp=T)
cess-o (34):
-ant: Ht 175
-are: Ht 883
-as: Ad 703 916; An 343 979;
E 754; Hc 360 436 814; P 252
565 858 882
-assem: E 672

-at: Ad 588; Ht 882
-atum (est): Ad 631
-avisti: Hc 544
-avit: P 377 475
-es: Ad 29 32
-o: Ad 320 586 712; An 845;
E 265 996; Hc 324; Ht 410,
757; P 285 844
cetar-ius (subs):
-ii (n): E 257
ceterum (adv; 9): Ad 167 736
840; E 87 452; Hc 391; Ht
787; P 141 694
ceter-um (subs; 5):
-a (ac): Ad 285; An 58; P 166
765
-a (n): Hc 604
ceter-us (12):
-a (ac): E 112
-arum: Ad 695
-as: An 121 122
-i (n): E 544; P 624
-is (ab): Hc 230 601
-os: Ad 56 319 376; E 481
Chaere-a (17):
-a (n): E 696 707 823 824 923
985
-a (v): E 308 337 558 864 871
880 893 901 1086
-am: E 540 713
Charin-us (9):
-e: An 305 325 330 345 642 974
ae16
-i: Ht 732
-um: An 318
Chrem-es (83):
-e (v; usually -es in 4): An 538
550 561 574 783 823 846 854
868 895 902 906 917 930 945
946; E 730 743 751 765; Ht 75
94 117 148 429 436 493 518 556
585 591 631 644 665 787 795
844 851 859 862 883 894 938
1049 1052 1052; P 567 577 609
613 797 960 966 984
-em: An 361 527 532(DT); E
724 909; P 63 865
-es (n): An 99 144 166 241 352
376 391 773 949 970 976; E 501
531 617; Ht 875 1045(-e[s]=
KL)
-es (v; see also -e (v): An ae
12; E 535
-etem: An 472 533
-eti: P 1026
-etis: An 247

-i (g): An 368(-is=U)
-is (g): An 368 (U)
Chrys-is (11):
-ide: An 106
-idem: An 85 107 796
-idis: An 124 223 283 801 925
-is (n): An 105 803
cib-us (7):
-i: E 938
-um: E 315 368 373 491; Ht 978
-us: E 265
cicatr-ix:
-ices (ac): E 482
Cilici-a:
-am: P 66
circum (3):
circum (adv): An 202
circum (prep; 2): E 581; Ht
290
circumcurs-o:
-a: Ht 512
circum-eo:
-iri: P 614
circumspect-o (2):
-at: E 291
-o: E 602
circumspic-io (2):
circumspexti: Ad 689
-io: An 357
circumvall-o:
-ant: Ad 302
circumven-io:
-tum (ac): Hc 54
cistell-a:
-am: E 753
citharistri-a:
-am: P 82 144
cit-o (adv; 14):
-ius: E 571; Hc 288 364
-o: Ad 443 981; An 255 382 474
928; E 178 538; Hc 781; Ht
375 995
civ-is (20):
-em: Ad 725; An 221 780 833
859 892 908; E 110 805 858 952
1036; P 114
-is (ac): P 328(sp=U)
-is (ns): An 781 875; E 890;
P 415
-ium: Ad (441); An 879
civit-as:
-ate: Ad 685
clam (21):
clam (adv; 10): Ad 71; An
444; E 287 319 627 795; Hc 519
749 781; P 943

clam (prep; 11): An 287; Hc 261 396 424 568 577 657 681; Ht 98 118; P 1004
clamit-o (4):
-ans (n): Ad 60(clamans=4); An 144
-as: An 767
-ent: An 814
clam-o (9):
-a: P 664
-ans (n): Ad 60(4)
-ant: Ad 91; Hc 41
-are: Ad 407
-as: Ad 727
-at: Ad 791; An 491
-em: Ad 789
-o: Ad 380
clam-or (4):
-or: Hc 35
-ore: Ht 40
-orem: Hc 317 412
clanculum (7):
clanculum (adv; 6): E 310 411 589 602; Ht 472; P 873
clanculum (prep): Ad 52
clare: An 754
clar-us:
-a (ac): Hc 841
claud-o (3):
-ier: Ad 607(ludier=DFT); An 573; E 164
clem-ens (4):
-ens (n): Ad 864; An 36
-entem: Ad 42
-enti (ab): Hc 472
clementia (ab: Ad 861
cliens: Ad 529 (cleuens=F)
clientel-a:
-am: E 1039
Clini-a (25):
-a (n): Ht 225 431 525 768 847 907
-a (v): Ht 105 175 234 243 264 279 295 309 360 406 688 695
-ae (d): Ht 884
-ae (g): Ht 899
-ai (g): Ht 515(adulescentis=DT)
-am: An 86; Ht 405 605 821
Clitiph-o (21):
-o (n): Ht 727 829 904
-o (v): Ht 209 240 244 273 321 335 353 562 575 579 960 967 1037 1057
-onis: Ht 697 703 767 852
clivos: Ad 575

cluens: see cliens
coem-o:
-isse: Ad 225
co-eo:
-iimus: E 539
coep-io (33)
-eram: Ht 1053
-eras: P 814
-eret: Ad 397
-eris (ind): E 800
-i: Ad 522; E 568 586 629; Hc 18 33 37 194 268 827; Ht 99 128 273 787; P 75 78 868
-isti: Ad 190
-it: Ad 407; E 116 261 424 973; Hc 179; Ht 97 447 885 (occepit =F); P 82 111
coept-o (2):
-as: E 1025
-at: P 626
cogitata (ac): P 283
cogit-o (37):
-a: E 56 1073; Ht 638
-abam: An 110
-andi (g): An 182
-andum (g): P 240
-aras: E 452
-are: Ad 818; E 631 636; Ht 14 128
-as: An 826; E 64 777 897; Ht 239 469 607
-asti: Ht 641
-at: Ad 30 32; An 877
-ato (2): E 759
-es: Ad 500, 808; An 827; E 194; P 243(F)
-et: E 14; P 12 243(-es=F)
-o: Ad 35 206 569; An 358; E 507; P 727
cognat-a (3):
-a (n): P 755
-am: P 803
-as: Hc 592
cognat-us (adj; 13):
-a (ns): P 130 295 397 398 409
-am: P 352 353 801
-um (ac): P 381
-us: Ad 494 947; An 926; P 391
cognat-us (subs; 10):
-o (d): Ad 351
-orum: An 71
-os: Ht 194
-um (ac): E 148 327; P 127 366

-us: Ad 673; Hc 171; P 98(4) 496
cogniti-o (2):
-o: Hc 831
-one: E 921
cognosc-o (29):
cognita (est): Ht 682
cognitae (sunt): Hc 20
cognorint (subj): Hc 791
cognoris (ind): Ht 1059; P 265(FU)
cognoris (subj): An 652
cognorit (subj): E 933
-as: E 226 309
-endi (g): Ht 218
-endo (g ab): E 893
-ere: E 42
-eret: E 847
-es: An 50; Hc 291
-i: Hc 3
-it: E 915
-ite: An 24
-o: E 1066; P 737
cognosse: E 767; Hc 811
cognosti: An 586
cognostis: Hc 8
cognoverit (ind): Hc 155
cognovi: E 127; Hc 373; Ht 657
cognovit: Hc 162 830
cog-o (25):
coacta (ns): An 72; Ht 446
coacti (n): An 632
coactum (ac): An 275
coactum (esse): P 214
coactus: Ad 69; An 780
coactus (es) An 658
coegi: Ht 146
coegit: P 236 238
-am (ind): Ad 851
-am (subj): Hc 243; P 889
-e: Hc 787
-ere: An 531 654; Hc 268
-es: Ad 193
-is: Hc 674
-it: Ad 490; Hc 571
-o: E 389
-unt: Ad 652
-untur: Ht 669
cohaer-eo:
-ent: An 361
cohib-eo:
-es: Ht 919
coitio: P 346
colaph-us (2):
-is (ab): Ad 245

-os: Ad 200
Col-ax (3):
-acem: E 25
-ax: E 30 30
coll-: see conl-
col-o (6):
-am (subj): Hc 447
-endum (g): P 365
-ere: Ad 927
-et: Ht 136
-uit: Ad 352
-unt: Ht 389
col-or (4):
-or: An 878; E 242 318
-ore: E 689
columen (v): P 287
comed-o (2):
-endum (gv ac): E 1087
-ent: Ht 255
com-es (4):
-ite: Hc 823
-ites (n): E 346
-itibus (d): Ht 455
-itum: Hc 35
com-is:
-i (ab): Hc 837; Ht 912(4)
comissat-or:
-orem: Ad 783
comiter: P 537
commemin-i (2):
-eram: E 564
-i: P 523
commemoratio: An 43
commemor-o (3):
-abo: P 715
-em: E 1044; P 1031
commend-o (6):
-at: E 577
-avi: P 288
-avit: Ad 457; E 1039
-o: E 886; P 218
commentum: An 225
comm-eo:
-eat: Hc 175
commer-eo (4):
-ui: An 139; Hc 580
-uisse: P 206
-uisti: Ht 83(DF)
-uit: Hc 631
commer-eor:
-ita (est): Hc 486
commet-o:
-are: Ht 444
commigr-o:
-avit: An 70
comminisc-or (4):

commenta (est): Ad 657
-ar (subj): Ht 674
-entur: Hc 333
-ere (ind): Ht 812
commiseresc-o:
-eret: Hc 129
commiss-or:
-atum (sup): E 442
committ-o (14):
commisi: Ht 966
commisisse: An 609
commisissem: E 667
commisisti: E 832
commisit: Hc 53
commissum (erit): E 902
commissurum (sc esse): An 241
-am (ind): Ad 551
-am (subj): Hc 109
-as: An 230
-erent: Hc 212
-et: Ad 159; Ht 714
-o: E 886
commod-e (7):
-e: An 475; Hc 95 108; Ht 14 152 685
-ius: Ht 559
commodit-as (3):
-ate: Ad 710
-ates (n): An 569
-atibus (ab): P 841
commod-o (2):
-em: Hc 760
commodum (adv; 2): E 343; P 614
commod-um (subs; 17):
-a (ac): Ad 871; An 628
-a (n): E 1033; Hc 840
-i: An 547; E 573 971
-is (ab): E 372
-is (d): Hc 51 495; Ht [50]
-o (ab): Ad 262; Ht 397
-um (ac): An 573 739; Hc 481; Ht 397
commod-us (12):
-a (ns): Ht 521
-as: Hc 817
-iorem: An 844
-ius (ac): P 603 814
-um (ac): Ad 783; Hc 585
-um (n): Ad 118; E 502; Ht 161; P 131 1026
common-eo (2):
-eat: An 280
-ent: An 812
commonstro: see conmonstro
Commorientes (subs; ac): Ad 7

commor-or:
-abare: P 573
commotus (pa): P 183
commov-eo (9):
commorat: P 101
commotum (ac): An 864(mutum =F)
commotus (est): An 937
commotus (sum): E 567
-eat: An 280
-ebo: Ht 730
-etur: An 94
-i: An 456
communic-o:
-atum (sc esse): An 239
commun-is (8):
-e (ac): An 548
-e (n): Ad 953
-i (ab): Ht 912(com[mun]i= KL; comi=4)
-ia (ac): Ad 804; Hc 117; P 245
-is (ns): Ad 188 793
commut-o (3):
-abitis: P 638
-aturum (esse): An 410
-o: E 973
comoedi-a (5):
-a (n): Ad 6
-am: Ht 4; P 25
-as: An 26
-is (ab): Hc 866
comparco: see conperco
compar-o (10):
-andus (est): E 681
-arem: Ht 397
-atam: Ad 212
-atam (esse): Ht 503(con--= KL)
-atum (est): P 41
-em: E 47
-ent: An 628
-et: E 355(con--=KL); Ht 778 855
comper-io (9):
-erit (ind): Hc 779
-i (perf): E 825; Hc 763; Ht 121; P 801
-iar (subj): An 902
-ibam: An 90(sp=DU)
-isse: An 145
-it (pres): An 211
com-pes:
-pedes (n): P 249
complaceo: see conplaceo

complect-or:
-itur: An 133
complur-es (5):
-es (n): Ad 230
-ia (n): P 611
-is (ac): Hc 185;· Ht 65 (num pluris=F); P 520
compluscul-i:
-os: Hc 177
compon-o (5):
-amus: P 622
-e: Hc 611
-i: Hc 479
composita (est): Ad 735
compositum (n): E 935
compos: Ad 310
composit-um:
-o (ab): P 756
compotrix: An 232
comprecor: see **conprecor**
compress-us:
-u: Ad 475
comprim-o (6):
compressa (est): Hc 572
compressam (esse): Hc 832
compressi (perf): P 868
compressisse: Hc 828
compressit: P 1018
-ito (2): Ht 590
comprob-o:
-es: An 824
conat-us:
-u: Ht 621
concal-eo:
-uit: Ht 349
conced-o (21):
-am (ind): Ad 635; E 206; P 891
-am (subj): Hc 245
-as: E 182; Ht 572
-at: Hc 478
-e: An 751; E 706 1068; Ht 510; P 741
-ens (n): Hc 224
-ere: Hc 597
-es: P 805
-o: Hc 258; P 700
concessero: Ht 174
concessisses: Ad 217
concessuram (sc esse): Hc 629 (FTU) 679
concessurum (sc esse): Hc 629 (concessuram=FTU)
concert-o:
-asse: Ad 211
conci-eo (2):

-vi: Ht 970
-visse: Hc 313
conciliat-us (pa):
-e: E 669 (used subs)
concili-o:
-em: Ht 1046
conclam-o:
-atum (est): E 348
conclav-e (2):
-e (n): Ht 902
-i (ab): E 583
conclud-o (6):
-am (ind): Ad 552
-ar (subj): An 386
-it: Hc 702
conclusam: P 744
conclusissem: E 667
conclusit: E 1047
concord-o:
-abis: P 433
con-cors:
-cordes (ac): Hc 617
concrep-o (3):
-uit: An 682(crepuit=FU); Hc 521; P 840
concumb-o:
concubuisse: Hc 393
concurr-o (4):
-unt: Ad 627; An 511; E 256; Ht 232
concut-io:
-it: E 590(quatit=F)
condecor-o:
-andi (g): Hc 45
condici-o (5):
-o: An ae5; Hc 241
-onem: An 79; P 579
-onum: Ht 326
condon-o (2):
-abitur: E 17
-amus: P 947
conduc-o:
-tam (sc esse): Ad 225
conduplic-o:
-averit (ind): P 516
confabul-or:
-atum (sup): Hc 182
confer-o (8):
-ant: Ad 299
-as: E 388 450
-endum (est): Ad 94
-entur: E 742
-unt: Ht 390 473
contuleram: Hc 298
confic-io (see also **confio**; 15)
confeci: E 928; P 38

confecistis: P 258
confecit: P 509
confecturos (sc esse): Ad 693
confectus: An 304
-ere: P 839
-erem: P 38
-erentur: Ht 895(F)
-iam (ind): Ht 803
-iantur: Ht 895(-erentur=F)
-iat: P 770
-ies: An 674; Ht 1003
-iet: Ht 998
-iunda (est): P 831
confidens (pa; 2): An 855; P 123
confidenter: Ht 1009
confidenti-a (2):
-a (n): E 839
-am: An 876
confid-o (2):
-am (subj): Ad 826
-o: Ht 160
confing-o (3):
confictae (n): An 558
-am (ind): P 131
-is: Hc 693
confi-o (see also conficio)
-t: Ad (946)(fit=U)
confit-eor (5):
-eamini: Ht 338(fateamini=D)
-ear (subj): Ht 1016
-eor: An 607
-ere (ind): Ht 1015
-etur: P 1035
conflict-o (2):
-ares: P 505
-atur: An 93
confl-o (2):
-ata (est): E 875
-avit: An 650
confug-io (3):
-ere: Hc 823
-ies: Ht 793
-it (perf): Hc 384
confut-o (2):
-abitur: Ht 949
-avit: P 477
conger: see gonger
conger-o:
-ebam: E 310
conglutin-o:
-as: An 913
congred-ior:
-ere (ind): P 852
congru-o (4):
-ere: Ht 511(-isse=T)

-erint (ind): E 1033
-isse: Ht 511(T)
-ont: P 264
conic-io (11):
-ias: Hc 842(conlicias=4); Ht 292
-ere: E 547
-erem: P 190
-io: Ht 63
-it: Ht 277(FT)
-ito (2): P 166
conieci: An 602; Hc 132
coniecisti: An 620
coniecit: Ht 277(-it=FT)
coniectum (sc esse): An 667
coniect-o:
-em: E 543
coniectur-a (5):
-a (n): Ad 822
-am: An 512 ae18; Ht 266 574
coniug-ium:
-i: An 561(F)
-io (ab): An 561(-i=F)
coniuratio: Hc 198
conlacrum-o:
-abat: An 109
conlaud-o (3):
-avi: E 1090
-avit: Ad 367
-em: E 1046
conlic-io:
-ias: Hc 842(4)
conlig-o (2):
-at: Ad 848(coll- =KL)
-avit: E 955 956
conloc-o (4):
-arunt: E 593
-atam: P 759(locatam=FT)
-etur: Ht 689 695
conlocuplet-o:
-asti: Ht 258
conloqu-or (7):
-ar (ind): An 974; P 739
-ar (subj): Ad 446
-etur: E 367
-i: An 343(adloqui=4); E 467; Hc 131
conlub-et:
-itum (sc est): E 1056(-uit=U)
-uit: E 1056(U)
conmitig-o:
-ari: E (1028)
conmonstr-o (2):
-arier: P 305
-es: Ht 1027

(31)

con-or (6):
-abar: P 52
-antur: Ht 240
-ari: An 197 270 676
-ere: An 703
conparo: see comparo
conperco:
conpersit: P 44(sp=F)
conplac-eo (2):
complacita (est): An 645
conplacitam (sc esse): Ht 773
conprec-or (2):
-are (imp): Ad 699 704
conprend-o (2):
-ere (perf): E 993
-i (inf): E 836
conquer-or:
-i: Hc 375
conrad-o (3):
-et: Ad 242
-itur: P 40
conrasi: Ht 141
conscindo (2):
conscidit: E 646
conscissa (ab): E 820
consci-us (5):
-a (ns): Ad 348; E 199
-i (n): Ht 121
-us: Hc 392; P 156
consector (v): E 249
consequ-or (11):
consecuta (est): Hc 137; Ht 905; P 750
consecutae (sunt): Ht 375
-ar (ind): Hc 358
-entur: Ht 837
-i: Ht 209
-itur: Hc 378 649([con]sequitur =KL; sequitur=4)
-or: Hc 372; Ht 277
conserv-a (3):
-am: E 366 858 859
conserv-o (2):
-a: Ad 813
-asti: Ht 653
conserv-us:
-is (d): Ad 424
considero: Ht 385
consil-ium (62)
-i: Ad 613; An 159 170 320 404 608; E 867; Hc 588 715; P 578
-ia (ac): Ad 299 872; An 309; E 128 403; Ht 209 474; P 728
-ia (n): An 390; P 321
-iis (ab): Ad 126 127(4); An 616 650

-iis (d): An 576
-io (ab): An 336 502 509; E 58 1025; Hc 408 514 561; Ht 86 982; P 481 773
-io (d): Ht 709
-ium (ac): Ad 368 499a(om=4); An 49 319 518 589 668 702 733; E 57 241 376 614 1045; Hc 90 616; Ht 327 332 922; P 124 179 461
-ium (n): E 784; Hc 494; P 934
consimil-is (5):
-e (n): Ht 1019(-is(ns)=DF)
-em: E 586
-es (n): Ht 382
-ia (ac): Ht 209
-is (ns): Ht 393 1019(DF)
consist-o (2):
-e: Ad 156
-ere: Ad 613 (sistere=U)
consobrin-us: Hc 459
consol-or (4):
-ando (g ab): Ht 86
-are (imp): P 565
-are (ind): Hc 293
-ere: Ad 512
conspect-us (6):
-u: E 293; Hc 182
-um: Hc 788; Ht 434; P 261 315(T) 443
conspic-or (2)
-er: Ht 68
-or: E 1062
constabil-io:
-isses: Ad 771
constitu-o (7):
-ero: Ht 726
-erunt: P 676
-i (perf): Hc 195 437
-it (perf): E 205
constitutae (sunt): An 269
constitutum (est): E 541
const-o:
-iti: E 635
constring-o (2):
-ito (2): An 865
constrinxere: E 993
consuefac-io (3):
-ere: Ad 74
-io: Ad 414
consuefeci: Ad 59
consuesco (3):
consuesset: Hc 555
consuevit: Ad 666; P 873

consuetud-o (10):
-ine: An 560; Hc 37 92
-inem: Ad 820; An 439; Ht 283; P 161
-inis: An 110
-o: An 279; Hc 404
consuet-us (pa):
-um (ac): An 135
consul-o (13):
-am (ind): Ad 982
-as: An 548; Ht 715
-endi (g): Hc 746(om=DF); P 174
-ere: Ht 963
-erem: P 734
-eres: P 468
-is: Ad 127(consiliis(ab)=4); Ht 437
-itis: Ad 993
-tum (esse): P 153
-ui: Hc 559
consultatio: Hc 650
con-sum:
-fore: An 167
consum-o (4):
-at: An 160; Ht 465
-is: Ht 73
-unt: Ad 900
consu-o:
-at: P 491(F)
consusurr-o:
-ant: Ht 473
contamin-o (3):
-ari: An 16
-asse: Ht 17
-et: E 552
contego:
contexeris (ind): Hc 401
contemn-o (7):
-as: E 475
-or: An 492
contempserim: P 917
contempsi: E 239
contempsisse: Hc 90
contemptus: E 170
contemptus (sc sum): An 248
contempl-or (3):
-amini (imp): P 210 550
-ata (sis): Ht 617
content-us (2):
-a (ns): E 122; Ht 445
conter-o (3):
-imus: P 209
contrivi: Ad 869; Hc 815
continens (pa): E 227

continenti-a:
-ae (g): An 92
contin-eo (5):
-ebat: P 364
-ebit: Ad 565
-eo: E 103 859
-eor: Hc 615
conting-o (4):
contigerint (ind): P 845
contigisse: Hc 833
contigit: An 696
-ere: Ht 324
continuo (adv; 24): Ad 171; An 82 297 355 361 504; E 104 335 441 493 582 618; Hc 191 350 369 400 813; Ht 277 306 502 892 1001(ilico=U); P 81 101
contortor (v): P 374
contra (adv; 11): Ad 44 50 877; E 355 444 624; Hc 70 583; P 173 521 699
controvorsia (ab): P 854
contumeli-a (12):
-a (ab): E 865
-a (n): An 237; Hc 470; Ht 566
-ae (g): E 877
-am: Ad 606; E 771; P 972
-as: E 48; Hc 166; P 376
-is (ab): An 557
contumelios-e:
-ius: P 348
conturb-o:
-asti: E 868
convas-o:
-assem: P 190
conven-io (36):
-ere: An 13
-i (imp): Hc 433 557
-i (ind): An 368; E 234
-iam (ind): Ad 209 499 513 636; An 528
-iam (subj): An 227; E 1005; Hc 436
-iat: P 719
-ibat: Hc 178
-iet: P 53
-io: Ad 757
-ire: Ad 154; An 366; E 467
-is: Hc 725
-isse: Ht 863
-it (pres): An 942; E 494; Ht 165 876; P 726
-it (perf): Hc 191
-iundi (g): P 828
-iundus (est): P 896

-iunt: Ad 59; An 696
-tam (esse): Hc 727
-turam (esse): Hc 196
-turum (sc esse): Hc 437 (659)
conventus: Hc 35
converto: see convorto
convicium (ac): Ad 180
convinc-o (2):
 -as: Ht 1017
 -es: Ht 1020
conviv-a (2):
 -am: E 407
 -as: Ht 172
conviv-ium (6):
 -iis (ab): Ad 863
 -io (ab): E 420 422
 -ium (ac): Ad 965; E 626; Hc 93
conviv-or:
 -ier: Ht 206
convol-o:
 -at: Hc 40
convort-o (3):
 -am (ind): Ad 286
 -i (inf): An 672
 -isse: E 588
copi-a (14):
 -a (ab): P 167
 -a (n): An ae10; E 21 638; Ht 328; P 176
 -ae (n): Ht 669
 -am: An 320; Ht 28 29 282 927; P 113
 -as: E 755
coqu-o:
 -endo (g ab): Ad 847
coqu-us:
 -i (n): E 257
cor- (6):
 -de: Hc 347; P 321
 -di: An 328 328; E 201; P 800
coram (adv; 7): Ad 269 484 608; An 490 900; E 794; P 914
Corinthi-us (2):
 -a (ns): Ht 600 629
Corinth-us (2):
 -o (ab): Ht 96
 -um: Hc 86
cornum (ac): E 775
corp-us (3):
 -ore: Ad 957
 -oris: E 242
 -us (n): E 318
corrector: Ad 742
corrig-o (7):

correxit: E 737
 -as: Ad 741
 -emus: Hc 254
 -ere: Ad 994; An 596(-i=FT)
 -i: An 596(FT)
 -itur: An 569
 -o: Ad 593
corrip-io (3):
 -ui: Hc 365 376
 -uit: Hc 518
corrump-o (6):
 -antur: Ad 421
 -at: Hc 248
 -i: Ad 97; An 396
 -itur: Ad 588
 corrupta (sit): Ht 231
corruptela: Ad 793
cotidian-us (5):
 -a (ns): Hc 357; P 160
 -ae (g): Ht 283
 -arum: E 297
 -os: Ht 755
cotidie (3): Hc 157; Ht 102 423
cras (5): Ad 204 840; E 338 533; P 531
crassus: Hc 440
Cratin-us (3):
 -e: P 448
 -i: Ad 581
 -um: P 447
creb-er:
 -ae (n): P 1012
crebro (4): Hc 215 412; Ht 206 206
credibil-is:
 -e (n): An 625
cred-o (167):
 -am (subj): An 618; E 128 705; Hc 103 261 844 857; P 855 997
 -ant: Ad 627; Hc 787; P 839
 -as: Ad 330 330 857; An 499 706 787(-es=T) 899; E 711 (-is=4); Hc 869; Ht 591 623 881 1063; P 878
 -at: Ad 66; An 489 699 701; Ht 712
 -e: Ad 101 163; An 409 898; Ht 85 1034; P 494
 -ebam: Hc 713; Ht 785
 -ebant: E 118
 -ebas: Ad 693
 -ere: Ad (640)(dicere=DTU); An 834 947; E 402 1012 1069; Hc 61 265; Ht 156 192(-eres= 4) 624 926; P 61 810 996

-erem: An 524; E 176; Ht 560; P 278
-eres: Ht 192(4)
-eret: P 302
-es: An 787(T); E 710(-is=F)
-et: Ht 714
-idi: An 584; E 428 858 1011; Hc 98 221 410 499 535 762; Ht 966; P 529 900
-idisse: Hc 779
-idisti: Ad 594 811; E 679; P 467
-idit: An 2 272
-is: Ad 136 748; An 47 399 934; E 245 703 705 710(F) 711(4) 812 852 1015; Ht 105 729 853; P 492 931
-it: Ad 70 616; An 432
-ita (est): E 831
-itis: Ad 665
-ito (2): Ht 577 1034; P 874
-itum (est): Ad 474
-itur: Hc 457
-o: Ad 58 79 (150) 221 359 389 518 545 683 750 972; An 161 313 341 497 511 673 840 939 947 947 952; E 98 272 468 520 739 827 862 884 901 1019 1051; Hc 129 141 281 521 529 566 617 704 732 855; Ht 211 296 400 581 625 641 688 787; P 40 140 255 453 610 1031
-uas: P 993(-[u]as=KL)
-undum (est): An 917
-undum (siet): Ht 1018
-unt: Ad 607 872
crep-o (4):
-uerunt: E 1029; Ht 173 613
-uit: Ad 264; An 682(FU)
cresc-o (2):
-endi (g): Ht 28
-unt: P 781
crim-en (4):
-en (ac): Hc 335
-ine: Hc 755; P 322
-ini: Hc 779
crimin-o:
-aretur: E 855
crispus: Hc 440
Crit-o (9):
-o (n): An 801; Ht 498
-o (v): An 802 817 919 942 951; P 456
-onem: An 906
cruciat-us (2):
-u: Hc 773

-um: An 786
cruci-o (6):
-a: E 95
-ant: E 384
-at: Ht 1045
-et: Ht 81
-or: An 851; Ht 673
cru-x (4):
-cem: An 621; P 368 544
-cibus (d): E 383
Ctesiph-o (13):
-o (n): Ad 558 589 776 778
-o (v): Ad 260 266 271 277 564
-onem: Ad 252 355 777
-oni: Ad 784
cubiculum (ac): Ad 694
cub-o (2):
-et: Ad 851
-uerit (subj): Hc 138
cud-o (2):
-etur: E 381
-o: Ht 740
cuius (adj): see quoius
culp-a (22):
-a (ab): Ad 214 629; E 980; Hc 228 232 299 476 663 700; P 261 766 787
-a (n): Hc 229; P 275
-am: Ad 348; An 379; E 389; Hc 535 631; P 206 270 1014
culp-o:
-ent: E 387
cum (conj): see quom
cum (prep; 211):
cum (123): Ad 147 211 284 286 356 500 519 552 650 678 713 840 841 851 964; An 63 93 101 107 131 170 265 317 325 415 422 539 639 653 838 851 853 881 889 941; E 44 63 119 153 192 231 241 347 353 358 368 495 511 522 572 579 622 651 698 753 774 795 799 804 907 936 1073; Hc 13 85 134 138 174 195 231 236 409 491 534 539 586 607 694 718 824; Ht 40 176 183 241 252 325 325 392 473 642 651 751 759 811 811 882; P 168(U) 171 269 304 304 417 425 433 465 505 512 571 607 614 621 622 629 748 777 794 798 817 866 873 879 930 934 980 1011
-cum (88): Ad 59 177 208 210 347 477 598 653 654 666(F) 750 753 801(F) 801 808 843

(35)

973; An 81 82 324 389 410 442
684 951 ael; E 64 92 119 137
195 229 323 410 514 516 574
581 592 614 629 636 694 698
755 759 817; Hc 107 131 156 273
381 392 433 455 507 555 611
656 686; Ht 178 185 200 246
328 385 388 451 466 595 604
615 654 742 745 769 907; P 242
243(TU) 421 549 556 568 615
679 759 802 968 984 984 1033
cumque: see quomque
cupide: Ad 209
cupidit-as (2):
-ate: Ht 208
-ates (ac): P 821
cupid-us (5):
-a (ns): Hc 91
-um (n): Ht 367; P 158
-us: Hc 283 372
cup-io (42):
-ere: An 688; E 165; Ht 774
-erem: E 561
-erent: Ad 273
-eres: An 884
-iam (subj): E 145(U); Ht 667
-iat: Ad 761
-iebam: E 574
-iebat: E 620; P 118
-iens (n): Hc 142
-io: Ad 187 202 522 698 904 969; An 681 902 905; E 145 (-iam(subj)=U) 149 157 172; Hc 265 615; Ht 425 496 497 868 971; P 166 540 1021 1053
-is: An 825(4); Ht 428 449 867
-itis: Ad 993
-iunt: E 813; Ht 885
cuppedenar-ius:
-ii (n): E 256
cur: see quor
cur-a (20):
-a (ab): An 304; P 340 441 761 761 823
-a (n): Ad 868; Hc 347 595; P 160
-ae (d): Ad 129 129 680 894; Hc 193
-ae (n): An 260
-am: Ad 710; P 886
-as: Hc 817
-is (ab): Hc 230
curatura (ab): E 316
curios-us:
-um (ac): E 553

cur-o (36):
-a: Ad 802; An 865; E 499 (DTU); P 235
-abat: An 108
-abitur: An 403
-abo: An 171 684; Ht 593; P 713
-arant: P 84
-are: Ad 131
-arem: Ad 772
-ares: Ad 797; Hc 230
-asse: Hc 227
-asti: Ad 763; An 847
-at: An 185
-ate: E 505
-atum (sc esse): Ad 372; P 689(om=4)
-avi: Ad 962; P 796 830 904
-avit: Ad 968
-em: Ad 138
-emus: Ad 130
-entur: An 30
-es: E 501; Ht 76
-etur: Hc 257
-o: Ad 138 436 802; An 921
curricul-um:
-o (ab used adv): Ht 733
curr-o (11):
-e: Ad 354; E 499(cura(imp)= DTU); Hc 359 443 719 808
-ens (n): Ht 37
-entem: E 36; P 177
-enti: Ht 31
-itur: Ht 44
cursit-o:
-es: E 278
curs-o (3):
-ando (g ab): Hc 815
-ari: Hc 315
-et: E 287
curs-us:
-um: P 848
cust-os (3):
-os (n): E 286 290
-os (v): P 287
cyath-us:
-os: Ad 591
Cypr-us (3):
-um: Ad 224 230 278

D

damn-o (2):
-atum (ac): P 334
-atus (est): P 422
damnosus: Ht 1034

damn-um (6):
 -a (ac): P 243
 -i: E 995; Ht 747(DFT)
 -o (ab): Ht 628
 -um (ac): An 143; Ht 747(-i=DFT)
 -um (n): Ad 231
Dana-e:
 -ae (g): E 585
Dav-os (44):
 -e: An 184 190 199 206 344 346 367 370 383 409 476 492 582 595 665 711 965 972 978 ae4 6; P 52 63
 -i (g): An 509
 -o (ab): An 302 415 838
 -o (d): An 953
 -om: An 169 173 335 579 787 842 862 963
 -os (n): An 159 194 434 576 663 663 721 840
de (131): Ad 4 11 78 113 117 128 153 204 217 243 253 362 405 407 437 451 499a(om=4) 515 610a 611(FU) 615 624 724 816 817 841 940 965 996; An 26 184 207 211 227 252 265 284 300 360 413 417 491 623 651 795 909(F) 949 972 ael 4; E 88 194 262 298 434 457 498 540 607 613 621 720 722 722 784 868 921 989 [1010a](om=4); Hc 41 233 251 309 391 403 455 475 537 614 625 631 637(F) 700 727 741 757 760 785; Ht 33 83 138 230 250 263 281 424 429 499 557 574 595 596 650 652 658 671 674 690 760 791 849 851a(om=4) 863 955 1010(U) 1011; P 22 23 36 43 174 355 364 402 404 406 444 461 481 612 707 744(me(ac)=4) 778 884 900
de-a (6):
 -ae (n): E 302; Hc 102 134; Ht 810; P 687 976
deambulatio: Ht 806
deambul-o (2):
 -atum (sup): Ht 587 587
deamo: Ht 825
debacch-or (2):
 -atus (es): Ad 184
 -atus (sum): Ad 185
deb-eo (7):
 -eam: E 861
 -eo: An 675; P 656

 -et: Ht 791; P 661
 -ui: P 53 923
debil-is:
 -ia (n): Ad 612
deced-o (3):
 -et: Ad 816; Hc 505
 decesse: Ht 32
decem- (14):
 - (ab): An 451
 - (ac): Ad 242; Hc 822; Ht 451 724 835; P 662 663 664 667
 - (g): Ht 909; P 393
 - (n): Ad 691; An 951
decern-o (12):
 -ere: Ad 544
 decrerat: An 238
 decrerim: Hc 148
 decrerunt: Hc 212
 decretum (est): Ht 392 465
 decreverunt: An 219
 decrevi: Hc 454 542 586; Ht 147 940
dec-et (20):
 -ere: An 16
 -et: Ad 108(licet=4) 491 506 755 928 948 954; An 421 445; E 789 814 1065; Hc 164 252; Ht 1054
 -uerat: Hc 688
 -uit: Ht 100 132 965
decid-o (fall; 3):
 -i (perf): Ht 250 851a(om=4)
 -it (perf): P 707
decimus: see **decumus**
decip-io (8):
 deceperit (ind): Ht 725
 decepta (ns): P 469
 deceptus (sum): An 669
 -i: An 271; P 528(TU) 927
 -iam (ind): Ht 728
 -is: P 528(-i=TU)
 -it: P 528
declar-o:
 -at: Ht 284
declin-o:
 -atam: Hc 200
decrepit-us (2):
 -am: Ad 939
 -o (ab): E 231
decumb-o:
 -as: P 342
decumus: Ad (475)
decurro:
 decurso (ab): Ad 860(excurso=4)

dedecor-o:
  -as: Hc 210
dedec-us:
  -ori: Ht 334
ded-o (9):
  -am (ind): An 199 953
  -am (subj): E 1026
  -ere: An 63
  -ita (erant): E 841
  -itum (ac): Hc 294
  -o: An 897; Hc 773; Ht 681
deduc-o (15):
  -am (subj): E 371(4) 395
  -antur: E 207
  -ar (ind): E 383
  -e: E 538
  -ere: E 266
  -it: Hc 135
  -ta (est): E 352
  -tum (esse): E 680
  -tum (iri): Ad 694
  -tus (sc erat): E 570
  -tus (est): E 677 686 708 991
  -unt: E 315
defatigo: see defetigo
defend-o (4):
  -am (ind): Ad 493
  -endam: P 225(dicendam=D)
  -ere: Ad 675
  -undam: P 266
defens-or (2):
  -orem: An 813; E 770
defer-o (6):
  -: Ht 831
  -am (ind): Ht 799
  -ent: An 507(4)
  -es: Ht 822
  -t: An 189(adfert=DFU)
  -tur: Ht 45
  delatum (esse): P 150
deferv-eo:
  -isse: Ad 152
defessus: see defetiscor
defetig-o (4):
  -arit (subj): Ad 519
  -atus (sc sum): An 669
  -er: E 220
  -et: P 794
defetisc-or (5):
  defessa (ns): E 1008
  defessi (sumus): Ad 213
  defessus: Ad 713; Hc 443
  -ar (ind): P 589
defic-io (see also defio; 2):
  defecimus: P 472
  -ias: P 230

defi-o (see also deficio; 3):
  -eri: Hc 768
  -t: E 243; P 162
defraud-o (2):
  -ans (n): P 44(defrudans=KL)
  -at: Ad 246 (DTU)
  -et: Ad 246(-at=DTU)
defrudo: see defraudo
defug-io:
  -iam (ind): E 390(-io=U)
  -io: E 390(U)
defung-or (3):
  defunctum (sit): Ad 508
  defunctus (sum): E 15
  -ier: P 1021
deg-o (2):
  -ere: Ad 522
  -eret: P 417
dehinc (de(h)inc=KL; 8): Ad 22; An 22 79(dein=4) 190 562 (dein=4); E 14 296 872
dehort-or:
  -atus (est): P 910
deier-o (2):
  -are: E 331
  -at: Hc 771
dein: An 79(4) 562 (4)
deinde (7): An 441 483; E 593; Hc 143; Ht 3 19 864
delectament-um:
  -o (ab): Ht 952
delectatio: Ht 987
delect-o:
  -et: E 625
deleo: E 296
deliber-o (3):
  -a: Ad 196
  -andum (sc esse): P 457
  -et: Hc 508
delibu-o:
  -tum (ac): Ad 682; P 856
delictum (ac): Ad 682
delinc-o:
  -unt: Hc 663
delir-o (5):
  -ans (n): Ad 761
  -as: Ad 936; An 752; P 801
  -at: P 997
delud-o (2):
  -eres: An 583
  -ier: An 203
Deme-a (30):
  -a (v): Ad 80 100 115 129 135 373 385 392 422 428 461 467 483 489 492 500 754 770 806 818 821 831 882 917 924 958

961 971 978
-am: Ad 890
demens (2): An 469; Ht 257
demens-um:
-o (ab): P 43
dementi-a (2):
-a (n): Ad 390
-am: Ad 758
Demiph-o (14):
-o (n): P 352 353 656
-o (v): P 421 439 723 795 906 926 969 1011 1024 1031
-onem: P 898
demiror (3): Hc 529; Ht 362 518(U); P 235
demiss-us (pa, 2):
-is (ab): E 314 336
dem-o (3):
-it: E 627
dempseris (ind): Ad 819
dempsi: Ad 736
demonstr-o (2):
-arier: P 306
-avit: Ht 731
demov-eo:
-eas: Ad 170
demulc-eo:
-eam: Ht 762
demum (9): Ad 233 255 805 938; An 683 882; Hc 128; Ht 244 253
demuner-or:
-arier: Ht 300(DT)
denarr-o:
-abo: P 944
deneg-o (5):
-andi (g): An 630(DU)
-ando (g ab): An 630(-andi(g)=DU; negando(ab)=F)
-arat: An 241
-are: An 633
-aris (fp): Ht 487
-et: An 158
denique (22): Ad 93 414 497 969; An 147 567; E 40 158 432 444; Hc 123 156 183 424 717 806; Ht 69 569; P 121 325 649 881
den-s:
-tis (ac): Ad 244
denuo (7): E 691 899; Hc 38 691; Ht 543 808; P 879
deorsum (3): Ad 573 575; E 278
depecisc-or:
-i: P 166
depecto:
depexum (ac): Ht 951

deper-eo:
-it: Ht 525
depingo:
depinxit: P 268
deprav-o:
-arier: P 697
deput-o (6):
-abo: P 251
-are: P 246
-as: Hc 524
-at: Hc 477 799
-em: Ht 135
-o: Ad 208 (F)
derepente (2): Hc 368(FT) 518 554
derid-eo (4):
-endum (gv ac): E 1087
-es: Ad 852; Ht 915
derisum (sup): E 860
deridicul-um:
-o (ab): Ht 952
deriv-o:
-em: P 323
deser-o (11):
-am (ind): Ad 498
-es: An 270 291
-at: Ht 927
-ere: Hc 592
-is: Ad 458
-it: Ad 477
-tum (iri): An 402(FT)
-turum (sc esse): An 402(-tum iri=FT) 694
-uisti: Ht 258
-unt: E 238
desert-us (pa; 4):
-a (ns): P 751
-ae (g): Ht 391
-um (ac): E 845
-us: Ad 873
desideo:
desedi: Hc 800
desider-ium (3):
-io (ab): Ht 307
-io (d): Ht 753
-ium (ac): Hc 88
desider-o (4):
-es: E 193
-o: Ad 177; Hc 488; Ht 425
designo: see **dissigno**
desin-o (18):
-am (ind): P 419
-ant: An 22
-as: Ad 539; E 884; Hc 810; P 69
-at: E 16

-e: Ad 123; An 972; E 348; Ht 879(desiste=DFU); P 51 377
-ent: An 837
-et: An 441
-it: Ht 305
-o: Ad 137 853
desist-o (3):
 -at: P 634
 -e: Hc 105; Ht 879(DFU)
 destitit: An 660
despic-or:
 -atam: E 384
despoli-o:
 -are: An 816
despond-eo (11):
 -eam: Ht 784
 -ebitur: An 980
 -eo: Ht 779
 -erim: Ht 854(DFT)
 -eris (subj): Ht 854(-erim=DFT)
 -i: Ad 735; An 102
 -isti: P 925
 -it: Ad 670; Hc 124
 desponsam (esse): Ht 866 891 (sc esse)
desubito: Ht 673
de-sum (4):
 -erat: P 299(sp=F)
 -erit: Ad 881(sp=FU)
 -sit: Ht 587; P 170
deter-ior (3):
 -iorem: An 193
 -iores (n): Ht 483
 -rumum (ac): An 835
deterr-eo (5):
 -eam: Ht 79
 -endo (g ab): Hc 25
 -eo: Ad 144
 -ere: P 3
 -uissem: Hc 27
detin-eo (2):
 -eo: E 280
 -uit: P 574
detrah-o (5):
 detractum (est): Hc 573
 -o: Ht 651
 -unt: Ht 124
 detraxisse: Hc 829
 detraxit: E 707
detriment-um:
 -i: Hc 234
de-us (121):
 -o (ab): P 74
 -orum: An 959(sp=U); Ht 693
 -os: Ad 275 298 491 693 699 704; An 487 522 538 664 694 834; Hc 476 772 772; Ht 879 1038; P 311 764
 -um (ac): Ad 535; E 588 590; P 345
 -um (g): An 237(om=F) 246; E 943; Hc 198; Ht 61; P 351
 -us: E 875; Hc 843
 di (n): Ad 700 728 749 917 978; An 568 642 666 761 947 973; E 302 390 431 474 615 882 1032 1037; Hc 102 106 134 196 206 207 233 258 276 354 441 469 579 642 864; Ht 161 308 383 463 569 589 592 686 749 810 953 1038; P 123 165 394 519 552 636 687 817 883 954 976 1005
 di (v): Ad 381 (440) 447; An 232 338 716 744; E 225 232 418 790 924 1049; Ht 254 502; P 740 757 808 1008
 dis (ab): P 854
 dis (d): Ad 121 138 476; An 770; E 919; Hc 346 653; P 596 894
deven-io:
 -isse: Ht 750
deverber-o:
 -asse: P 327
devert-: see devort-
devinc-io (4):
 -imini: Ht 394
 -tum (ac): An 561
 -tus: Hc 168
 devinxit: Ht 208
devit-o (2):
 -em: P 181
 -o: An 611
devorticulum (ac): E 635
devort-o:
 -ar (ind): P 312
dex-ter:
 -terum (ac): E 775
dexter-a (6):
 -a (ab): An 734
 -am: An 289(sp=U) 751
 dextram: Ad 583; Ht 493 732
Dian-a:
 -ae (g): Ad 582
dic-a (4):
 -am: P 127 329 439
 -as: P 668
dic-o (443):
 -: Ad 517 572 643 726; An 45 85 323 324 383 394 449 667 754

(40)

763 764 873 931; E 100 338 349 360 707 724 766 850 968 978; Hc 84 103 356 398(F) 466 629 803 809 826 864 865; Ht 310 343 349 495 708 734 766 770 846(DTU) 863 884; P 385 447 448 452 456 [633](om=U) 643 712 748 1048
-am (ind): Ad 257 531 646 719 (946) 985; An 323 375 400 594 599 612 615; E 371 951 968; Hc 113 398(dic=F); Ht 3 200 340 500 598 608 701 864 937 986 1033; P 124 127 488 566 838 1051
-am (subj): Ad 375 528 625; An 252 355 384 554 585 708 (746); E 496 543 822 968 968 (4); Hc 78 434 436 450 452 520 744 811; Ht 317 700 818; P 487 660
-ant: An 892
-as: Ad 160 350(-is=FT) 599; An 205(-es=FU) 502 509 652 ae2; E 356 460 769 799(DT) 1064; Hc 79 154
-at: Ad 210; An 640 877 895 895; E 15 529 705 711(-it=F); Hc 558 591 827; Ht 541; P 12 444 720
-ebam: Ht 781
-ebant: An 87
-ebas: E 372
-ebat: Ad 333; E 112 701
-enda (sunt): E 330
-endam: P 226(D)
-endo (g ab): Ht 711
-endum (est): Ad 664
-endum (siet): An 454
-ens (n): Ht 458
-ent: Hc 332; P 234
-ere: Ad 140 186 640(DTU) 675 823 878; An 23(w male =F) 97 255 323 437 841 858 920; E 10 504 659 736 989; Hc 118 712; Ht 228 490 633 1042; P 377 381(F) 424
-erem: Ad 624 676; An 661; Hc 7c(DT); Ht 9; P 397 592
-eres: E 175; P 104 836
-eret: An 138; Hc 550; P 15 15 381(-ere=F)
-es: Ad 205(FU) 251; An 411 893; E 300(-et=4) 560(T) 567; Hc 108 232; Ht 72(me(ac)=T) 748; P 334 493 627 1002(F)

-et: Ad 363; E 300(4) 441; Ht 33 772(F); P 235 704
-etur: Ht 88 334
-i: An 426 874; E 177; Hc 90(sp=F) 209 416; Ht 106 422 520; P 402 767 855
-ier: E [699](om=F)
-imus: Ht 304
-is: Ad 298 350(FT) 478 609 803; An 363 754; E 221 275 607 612; Hc 140 264 264 736; Ht 597 888 993; P 396 698 1051
-it: Ad 30 141; An 462; E 341 344 711(F); Hc 829; Ht 297 319 588 772(-et=F); P 545
-ito (2): E 106; Hc 76; Ht 866
-itur: P 755
-o: Ad 97 97 (393); An 204 (edico=F) 762 922; E 179 337 379 423 518 532 805 962; Hc 232 513 523 722; Ht 529 531 554 582 651 766 938; P 62 272 388 424 479(dixi=DF) 775 802 1000
-ta (est): An 809; E 146 157; Ht 270
-to (ab): P 1003
-tu: Ad 275; Ht 941; P 300
-tum (ac): Ht 760
-tum (sc esse): An 29; E 4 (esse expressed) 430; Hc 590; Ht 30
-tum (est): Ad 955; An 381 (sc est) 796; E 41 288(sc est) 416(sc est) 542 1066; Ht 881 904; P (387) 804 951(sc est)
-tum (sit): E 41; Ht 489
-tura (es): An 751; E 819
-turum (sc esse): An 387
-turus (es): E 696
-turus (sum): Ht 15
-tus: Ht 1025
-tus (est): An 102
-undi (g): P 22
-undum (est): P 580
-unt: Ad 15 28 865; E 251 946; Ht 796
-untur: Ht 193
dixeram: Ht 500; P 594
dixeras: P 613
dixere: Ad 93; Hc 186
dixeris (ind): Hc 79
dixeris (subj): Ad 458; E 995; P 637
dixerit (ind): Hc 475; Ht 621

dixero: Ad 203; E 1067; Ht 726; P 681
dixerunt: Hc 321
dixi: Ad 83 635 706 787; An 130 418 599 621 645 788; E 421 1012 1093; Hc 402 497 612 687 722 745; Ht 87 94 432 616 791 830 884 1048; P 437 439 452 479(DF) 645 745 905
dixisse: Hc 451 845(dix[iss]e= KL; sp=DTU); Ht 937 942; P 453 953
dixit: Ad 151; An 421 513 525 576; E 735; Hc 870; Ht 768; P 532 805 838 997
dixti: Ad 423 599 604 953; An 459(sp=U) 518 593(sp=DFU) 593(T) 621 852; E 165 167 376(sp=DTU) 451 497 793 1017; Hc 322 451 671 677 865; Ht 341 436 830; P 302(sp=DU) 390 537
dictio: P 293
dictit-o (3):
-asti: P 743
-at: Ht 22; P 4
dict-um (16):
-a (n): An 283; Ht 223 877 1035
-is (ab): An 644; E 941; Ht 949; P 213 500 974
-is (d): Hc 564
-um (ac): E 6 498
-um (n): Ad 796; E 428; P 541
diecul-a:
-am: An 710
di-es (56):
-e: Ad 527 829 965; An 89 268(D) 885
-ebus (ab): An 104; Hc 143
-ei (g): E 801; Ht 168 212
-em: Ad 287 293 332 384 521 591 854 900; An 268(-e=D) 956; E 540 1020 1047; Hc 641 651 800 815 863 880; Ht 422; P 304 781 842
-erum: Ht 909
-es (ac): An 313 328 676; E 151 193 793 1079; Hc 177 185 421 592; Ht 752; P 159 832
-es (np): E 183
-es (ns): An 102 189 705; E 560; Ht 717; P 48 523
differ-o (3):
-at: An 408

-or: Ad 486
distulerunt: Ht 16
difficil-is (9):
-e (n): An 211 381; E 209 1056; Ht 675
-em: Ht 535 933
-is (ns): Ht 805
-limum (ac): E 926
difficultas: Hc 667
difflu-o:
-it: Ht 946
digitul-us:
-o (ab): E 284
digit-us (4):
-o (ab): E 740; Hc 574 830; Ht 650
dignitas: Ht 576
dign-us (32):
-a (ns): An 230; E 312 865
-ae (n): Hc 275
-am: Ht 687 741
-as: P 376
-ius (n): E 1052
-os: Ad 919
-um (ac): An 666 ae3; E 864; Hc 212; Ht 135 530; P 430
-um (n): Ad 237; E 748; Hc 209 782; Ht 107 108; P 373 402 438 787
-us: Ad 587; An 940; E 651 1088; Ht 813; P 519
digredior:
digressos (esse): P 722
diiudic-o (3):
-a: Ht 986
-are: Ht 237
-ent: Ht 504
diiungo:
diiunxit: Hc 161
dilapid-o:
-at: P 897(-et=F)
-et: P 897(F)
diligenter (5): E 207 339 500 505; Hc 257
diligenti-a (2):
-am: An 21; Hc 263
dilig-o (5):
dilexi: An 292
-am (subj): E 96
-ant: An 973
-ere (ind): P 854
-unt: Ad 873
dilucide: P 399
dimidium (ac; 2): Ad 370; P 594
diminu-o (2):

-am (ind): E 803
-etur: Ad 571(dimm- =KL)
dimitto: E 814
dimminuo: see diminuo
dinumer-o:
 -et: Ad (915)
Dionysi-a (2):
 -a (ac): Ht 733
 -a (n): Ht 162
Diphil-us:
 -i (g): Ad 6
dirumpo: see disrumpo
diru-o (2):
 -e: Ad 916
 -i: Ad 908
di-s (adj; 4):
 -s (n): Ad 770
 -tem: Ht 609
 -tes (n): Ad 502
 -tis: Ad 581
di-s (subs; see also dives; 2):
 -tem: P 653
 -tioribus (d): P 42(divitioribus =F)
 -vitioribus (d): P 42(F)
disced-o (3):
 -i: P 773
 -o: An 148; P 1047
discessio: An 568
discid-ium (3):
 -io (ab): Hc 782
 -ium (ac): An 697; Hc 476
discid-o (3):
 -it (perf): Ad 120 559; E 646
disciplin-a (3):
 -a (n): Ht 300
 -ae (g): Ad 767
 -ae (n): E 263
discipul-us:
 -i (n): An 477
disc-o (10):
 didicerim: Ht 10
 didici: Hc 14
 -e: Ad 125; Ht 971
 -ebat: P 88
 -ere: E 262; Hc 56
 -erem: Hc 18
 -eret: Ad 413
 -et: Ad 751
discordi-a:
 -am: Hc 693
discord-o:
 -are: An 575
discribo:
 discripsi: P 923

discruc-io:
 -ior: Ad 610
Disc-us:
 -um: E 608
disert-us (pa):
 -um (ac): E 1011
disiungo: see diiungo
dispend-ium (2):
 -io (ab): E 929; Hc 795
disper-eo (3):
 -ii: Ad 355; Ht 404 970
disperg-o (2):
 -am (subj): Ad 782
 -at: Ad 317
dispic-io:
 -iam (ind): An 622
displic-eo (2):
 -ebit: Ht 972
 -eo: Ht 1043
dispudet: E 832
disput-o:
 -ant: An 15
disrump-o:
 -or: Ad 369
dissign-o:
 -avit: Ad 87
dissimil-is (4):
 -i (ab): Ad 41; An 11 12
 -is (ns): Ad 825
dissimul-o (4):
 -are: Hc 552
 -as: Hc 578
 -at: P (429)
 -atum (ac): An 132
dissolv-o (2):
 -erem: P 655
 -i (perf): Ht 508
distaedet: P 1011
distorqueo:
 distorsit: E 670
distrah-o (3):
 -ar (subj): P 201
 -i: P 518
 -it: Hc 492
distribu-o:
 -tum (est): Ad 371
disturb-o:
 -andas: An 182
diti-ae (3):
 -as: An 797; Ht 194
 -is (ab): Ht 527
diu- (19):
 -: Ad 235 621 649 931(4); E 295 359 518(4) 1000(4) 1002 (4) 1085; Hc 84 305 645; Ht 402; P 165 572

-tius: Hc 148 575; Ht 102 424 834; P 182 569
diutin-us:
  -ae (n): P 1012
diver-: see divor-
div-es (subs; see also dis):
  -iti: P 276
divido:
  divisa (sunt): An 476
dividu-os:
  -om (ac): Ad 241
divin-o:
  -at: Hc 696
divin-us (2):
  -am: E 513; Hc 184
divors-us:
  -ae (n): An 260
div-us (subs):
  -om (g): Ad 746
d-o (327):
  -a: Ad 838 937 942 982; An 521 901; E 281; Hc 605; Ht 223 586 688 1049; P 152 522
  -abam: An 545; Ht 110
  -abamus: P 87 760
  -abant: Ht 988
  -abat: Hc 374; P 929
  -abis: E 69; Ht 870
  -abit: Ad 208; An 214 396 774 774; E 301 508 899; Ht 33 402 802
  -abitur: Ad 118 165 192 956; Ht 218 738 777 856; P 702
  -abo: An 327 683; E 212 230 363 478 781; Hc 408 697 869; Ht 10 138 497 950 1060 1063; P 662 670 877 974 1027
  -abunt: An 208; P 181a(om=4) 703
  -amus: An 309
  -anda (sit): Ht 456
  -ando (g ab): Ad 880
  -andum (g): P 533
  -ans (n): Ad 473
  -ant: Hc 380; Ht 592; P 675
  -are: Ad 95 203 933; An 211 238 307 353 452 657; E 141 467 516 793 904 950; Hc 553; Ht 449 468 487 496 501 636 724 789 922 965; P 410 414 532 657 676 720 880(F) 924
  -arem: Ad 318; An 402 606 830; Ht 508; P 910
  -arent: An 668
  -ares: Ht 781 893; P 524
  -aret: An 101; E 983; Ht 534; P 119 121 625 643
  -aretis: P 297
  -aretur: P 84 933
  -ari: Ad 311 341 346 432 532 659; An 2 191 484 504 962; E 376 786; Hc 127; Ht 758, 847; P 261 416 560 596 633 653 658 880(-are=F)
  -as: E 447; Hc 113 715
  -at: An 243 297 352 371 372; E 163 627 1078; Ht 910 911; P 604 1036
  -ata (es): Hc 406(bona=4)
  -ata (esse): E 833
  -ata (est): E 345 352 564 951; Hc 1 411 528 814; P 912
  -ata (sit): Ad 530 530
  -ata (sunt): E 727
  -atam (esse): P 884
  -atas (esse): Ht 836
  -ate: An 232 485; E 44; Hc 55; Ht 28 35; P 30 907
  -ati (sunt): E 541 (sc sunt); P 602
  -atum (erat): Hc 130
  -atum (erit): P 889
  -atum (esse): E 393; P 723 796(sc esse)
  -atum (est): E 395; Hc 44; Ht 793; P 796 888
  -atum (iri): An 177; Hc 40; Ht 857(FT)
  -atur: Ad 418 951; An 301 541 556; Hc 44 241; Ht 345
  -aturam (esse): Ht 606(DTU) 735
  -aturum (sc esse): An 149; Ht 501 606(-aturam=DTU); P 627
  -aturum (sc est): Ht 857(datum iri=FT)
  -aturus (fui): Ht 817
  -aturus (sum): Ht 784
  -ederas: Ht 660
  -ederat: E 654; Hc 812; Ht 601
  -edere: E 544; Ht 916
  -ederis (ind): Ad 981
  -ederit (ind): Ad 499a(om=4); P 461
  -ederit (subj): An 143(dedit= D); Ht 2
  -edero: P 514
  -edi: Ad 136 179; An ae2; E 169; Hc 684 846; Ht 456 629; P 1039
  -edimus: P 859
  -edisse: E 24 24; P 466

-edissem: Ad 368
-edisti: Ad 114 132 450 463 621; E 653
-edit: Ad 149 370 585 670 975 976; An 89 143(D) ae10; E 9(perdidit=DFT) 109 122 457 653 701 1040 1045; Ht 12 282 655 807; P 124 1039
-em: Ht 90 228 741 841 1050; P 715 715
-emus: Ad 950; An 560; Ht 477
-ent: An 8
-entur: Ht 914
-es: E 63 1075; Hc 390; Ht 322 470 855 868
-et: An 376 392 431 592; E 138 1078; Ht 605; P 146 522
-etur: An 334 335 ae11; E 365 647
-o: Ad 51; An 157 295; E 749 792 1060; Hc 114 396; Ht 650 709 779; P 294 492 669
-uint: An 666; P 519 976 1005
-uit: P 713
doc-eo (5):
 -ere: E 117
 -et: Ht 648
 -tae (sc esse): Hc 203
 -ui: Ad 963
 -um (ac): An 274
doct-us (pa):
 -ior: E 791
dol-eo (11):
 -eam: Ht 934
 -eant: P 1053
 -eat: E 449
 -eret: E 93
 -et: Ad 272 451 682 733; E 93 430; P 162
dol-ium:
 -ia (ac): Ht 460
dol-or (7):
 -or: Hc 356
 -ore: Ad 602; An 268 831
 -orem: An 720 (F)
 -ores (n): Ad 289; Hc 349
 -oribus (ab): Ad 486
dol-us (8):
 -i (n): An 160
 -is (ab): An 493 509 558 583; E 386
 -o (ab): Ad 375; E 515
domin-a (3):
 -a (ab): Ht 628(dom(i)na= KL; sp=FT)
 -am: Ht 298

-as: Ht 301
domin-us (8):
 -i (g): E 486 496
 -i (n): Ad 555; E 600
 -um: Ad 89
 -us: Ad 76 894; P 753
dom-us (100):
 -i (g): E 815
 -i (loc): Ad 198(F) 260 389 413 495 556 673 717 746; An 514 598 714; E 366 499 506 545 568 608 649 673 747 780 841 895 917 938; Hc 162 218 257 678; Ht 130 170 171 186 430 540 754 872; P 468 504 506 898
 -o (ab): Ad 198(-i=F) 747; E 610 661 753 960; P 425 440 586
 -um: Ad 286 473 628 694 699 903 909 (912); An 255 594 978; E 205 363 365 382 576 662 1042; Hc 62 135 146 221 262 280 283 360 434 630 665 823; Ht 68 122 340 510; P 90 194 298 311 334 445 563 693 782 826 859
 -us: Ad 760; An 891; E 1038 1058
Donax (v; 2): E 772 774
donec (5): Ad 718; An 662; Hc 126; P 420 590
don-o:
 -em: Hc 849
don-um (20):
 -a (ac): E 163 468
 -a (n): E 464
 -is (ab) E 651
 -o (ab): E 358 393
 -o (d): E 109 135 229 345 352 355 564 654 749 951 983; Ht 1050
 -um (ac): E 355 1057
Dorc-ium:
 -io (d): P 152
Dorias (v; 2): E 538 720
Dorio (v; 3): P 485 515(om =4) 526
dorm-io (7):
 -iam (subj): E 220
 -ias: E 373; Ht 342
 -ienti: Ad 693
 -iet: E 368
 -is: P 1007
 -iunt: Ht 730
Dor-us (4):
 -e: E 472 594 850
 -um: E 724

do-s (21):
-s: Ad 345; An 950; Ht 939; P 926
-te: Ad 759; An 101; P 757
-tem: Hc 502; P 297 647 676 693
-ti: Ht 942
-tis: An ae21; Ht 838 937 938 1048; P 410 723 929
dotát-us (pa):
-is (d): P 940
drachum-a (2):
-arum: Ht 601
-is (ab): An 451
Drom-o (11):
-o (n): Ht 275
-o (v): Ad 376; An 860 860 860 860; Ht 249 743 748
-onem: Ht 241 892
dubie: Ad 56(F)
dubit-o (5):
-as: Ad 691; E 1043; Ht 1057
-at: An 405
-es: P 343
dubi-us (18):
-a (ns): P 342
-am: Hc 16
-o (ab; used subs): An 266 347; E 1044
-um (ac; used subs): Ad 243 340
-um (n): Ad 976; An 172 391 399 530; E 129 997; Hc 326; Ht 607 911; P 774
duc-o (102):
-: Ad 506; An 818; E 377; Ht 432; P 103 718
-am (ind): An 388; E 371 (deducam=4) 492; P 925
-am (subj): Ad 939; An 712 971; E 364
-as: An 327 349 349 388 418; E 909; Ht 1056; P 500
-at: Hc 116 127; Ht 999; P 662 671 678 773
-ebat: P 298
-enda (est): Ad 729; An 254; Ht 1064; P 693 700
-endi (g): P 423(-endum=4)
-endum (g): P 423(4)
-ent: P 334
-ere: Ad 151 334 933 934; An 155 372 379 411 613 644, 898; Hc 241; P 86 117 126 651 916
-erem: Ad 630; Hc 555
-eres: An 654; Hc 686; P 932

-es: Ad 696
-et: An 781; P 694
-i: Ad 5 921; An 180
-ier: E 572
-imus: P 798(abducimus=F)
-is: Ad 105; An 321; E 282; Ht 312
-it: Ad 18; E 229
-ito (2): E 768
-o: Hc 343; Ht 836
-turum (sc esse): Ad 473 812; An 383 405 659 (esse expressed) 661; Hc 62
-unt: Ht 246
duxerat: Hc 142
duxere: Hc 242
duxerit (subj): An 316
duxero: E 888
duxi: Ad 867; Hc 294
duxisse: P 39
duxisset: Hc 146
duxisti: Hc 687
duxit: Ad 46 672; Hc 63 522 (eduxit=FT) 744 752; P 136 231 1005
duct-o (2):
-ans (n): Ad 752
-es: P 500
dudum (see also iamdudum; 22): Ad 953; An 582 591 653 824 840 850; E 683 697 731 1017 (F); Hc 451 648 784; Ht 595 760 786 983; P 459 537 786 838 914
dulc-is:
-e (n): Ht 234
dum (see also nondum; 124):
dum (provided that; 11): Ad 224 313(om=F); An 677 825 902; E 320; Hc 634; Ht 466 641 715; P 526
dum (until; 15): Ad 196 673; An 714 977 980; E 206 535 894; Ht 543 717 833; P 90 480 513 737
dum (while; 81): Ad 70 108 118 157 312 541 681 691 785 868 899; An (54) 188 266 329 443 443 556 557 597 822 832; E 56 255 328 341 583 592 595 629 632 728 742 745 763 843 934 950; Hc 414 460 461 594 725 746 801 802 829 837; Ht 17 107 136 148 240 240 242 257 272 345 399 492 655 714 951 983 987 987 1058 1059; P

(46)

76 91 161 341 549 549 583 716 767 770 982 1007 1030
dum (enc sep; 10): An 29 184 324 616; E 273 360 570(DTU) 707; Ht 229(4) 249 550 890 (4); P 329 594(DTU)
-dum (7): E 694; Hc 315 319 803 844; Ht 310; P 784
du-o (11):
-arum: Ht 326
-as: P 754 1041
-o (ac): Ad 809; Ht 838 940; P 791(bina=4)
-o (n): Ad 47 823; P 602
-obus (ab): Hc 393
dupl-ex (2):
-ex (n): Ht 6
-ici (ab): P 603
duriter (3): Ad 45 662; An 74
duritia: Ht 435
dur-o:
-are: Ad 554
dur-us (12):
-am: Ad 859; P 73
-as: E 354; Ht 402
-ius (ac): Ht 957
-o (ab): Ht 665; P 497
-um (ac): E 806; Ht 204
-um (n): P 238
-us: Ad 64; Ht 439

E

e (22): Ad 275 295 520; An 216 268 302 497 512; E 114 115 293(a=DT) 491; Hc 182 620 673; Ht 96 182 411(ex=FTU) 608(F); P 339 689(4) 765(ex=FU) 967 1019
eapropter: An 959(DFT)
eapse: see ipsa (ab)
ebib-o:
-ent: Ht 255
ebri-us:
-a (ns): Hc 769
ecastor (6): An 486; Hc 611 (mecastor=DFT) 741 835 860; P 1050
eccam (5): An 226(F); E 79 (ecca[m]=KL) 738 788; Hc 523 854
ecce (8): Ad 153 722 767 995; E 297 967; Hc 503; P 264
eccere: P 319
eccos: Ht 256
eccum (27): Ad 361 553 720 767 (F) 792 890 923; An 532 580 605 957; E 304 395 455 776 918 1006; Hc 246 352 449; Ht 241 757 829 829 960; P 464 484 600
ecfer-o: (III; 13):
-: E 753; Ht 804
-ant: Ht 745
-et: P 561
-o: Ht 709 804
-ri Ad 626; Hc 565
-t: Ad 265
-tur: An 117
elatum (esse): P 958
extulisse: Hc 563
extulit: Ad 11
ecfod-io:
-ientur: E 740
ecfugio: see effugio
ec-qui (3):
-qua (ns): E 521
-quem: Hc 804
-quod (ac): E 519
ec-quis (13):
-quid (ac): Ad 877; An 871; E 279 456; Ht 595; P 798
-quid (n): An 25 871; P 474
-quis: E 522 523 530 1031
ed-ax (3):
-acem: E 38; P 335
-ax (n): Ht 38
edepol (23): Ad 289 763 783 959 961; An 305 692; E 867 916 1002; Hc 83 88 160 206 (F) 274 499 520 568 623 732 786 799; Ht 381; P 735
edic-o (7):
-am (ind): Hc 565
-ere: Ht 626
-it: E 578
-o: An 204(F); E 806 962 1063
edixi: An 495
edictum (ac): Ht 623
edo (eat):
essemus: E 540
ed-o (give out):
-ent: E 1022
edoc-eo (2):
-e: P 540
-ebo: P 782
edormisc-o:
-am (subj): Ad 786
educ-o (I; 2):
-at: P 943(-it=F)
-ati (sumus): Ad 495(-[a]ti= KL; educti=4)
educ-o (III; 9):
-ere: E 117

(47)

-it: P 943(F)
-ta (sc est): E 748
-tam: Ht 226
-ti (sumus): Ad 495(4)
-tos: Ad 875; An 911
-tum (ac): An 274
eduxi: Ad 48; Hc 364
eduxit: E 156; Hc 522(FT)
effero: see ecfero
effic-io (13):
  effeceris (ind): E 1056(4)
  effecero: Ht 584; P 590
  effecisti: An 595
  effecit: Hc 123
  effectum (ac): An 703; E 212 (factum=D)
  -ere: An 31
  -erem: Ht 330
  -i: Ht 322
  -ias: An 825
  -io: E 1058
  -ite: An 334
  -iundum (sc esse): An 884
efflu-o:
  -et: E 121
effodio: see ecfodio
effring-o (3):
  effregit: Ad 88 120
  -ere: Ad 103
effug-io (5):
  -ere: Ad 955; An 247 332; Hc 600
  -i: E 945(ec-=KL)
effund-o:
  -ite: Ad 991
effut-io:
  -iretis: P 746
egens (pa; 4): Ad 384; An 924; P 357 751
eg-eo:
  -eres: Ht 964
egest-as (5):
  -as: Ad 104 303; P 733
  -ate: An 275
  -atem: P 416
ego (1932):
  ego: Ad 35 42 47 83 103 116 126 128 131 157 158 161 163 165 166 172(F) 179 185 192 194 196 202 208 209 213 219 221 256 268 277 283 286 312 321 329 348 359 378 402 435 492 512 527 533 538 540 551 551 553 563 568 587 589 592 604 604 611(F) 628 628 634 636 646 697 701 705 706 712 749 757 784 798 802 826 840 845 853 859 866 873 876 877 879 889 (914) 916(U) 925 938 940 (946) 962 972; An 35 82 113 115 146 161 164 186 200 226 245 247 252 258 263 270 271 273 289 323 330 332 335 337 341 361 375 384 428 456 465 477 480 485 495 504 506 508 510 519 533 536 548(D) 549 563 582 584 589 596 608(F) 610 612 618 621(F) 636 675 702 703 708 734 737 749(om=DFT) 762 766 768 776 834 838 844 850(DU) 850 864 866 886 888 894 894(F) 896 906 921 922 927 943 944 953 959 962 965 967 968 ael 15(erga=U); E 65 70 82 94 101 119 142 144 153 155 159 162 179 181 191 196 199 211 216 223 230 239 244 247 249 252 265 277 293 305 309 324 338 378 411 434 479 489 494 496 527 531 532 561 562 565 571 580 586 591 591 601 604 606 615 629 643 648 651 657 665 690 691 712 726 738 741 (om=FU) 743 757 762 763 764 771 778 781 798 803 807 818 822 844 865 885 886 894 894(F) 930 941 947 958 964 970 989 1024 1026 1030 1043 1060 1062 (om=DT) 1069 1072 1081 1083 1086 1093; Hc 42 81 98 111 132 153 195 214 218 230 239 243 244 244 247 259 260 270 281(DFT) 282 283 335 372 408 429 453 470 485(F) 524 535 542 545 559 564 586 598 604 610 635 671 701(DFT) 708 712 734 762 763 787(ergo=4) 837 849(eho= FT) 850 852 875 877; Ht 57 79 106 108 110 131 134 172 191 211 229 244 252 257 277 309 312 316 371 385 420 491 507 529 538 553 556 563 563 570 574(om=DU) 579 584 586 593 607 608 610 614 619 628 631 632 663 678a(=omDT) 686 687 730 737 738 740 779 781 784 786 799 803 825 872 874 915 920 940 944 945 950 956 958 961 974 984 986 993(FU) 1000 1006 1009 1012 1016 1024 1032 1033 1038 1043(F) 1050(om= DU) 1055 1060 1064; P 52 57

(48)

127 143 167 175 177 189 200
209 217 220 229 238 260 304
311 351 367 383 389 391 396
412 424 431 437 447 449 453
457 463 478 491(om=F) 504 519
520 523 524 529 530 534 545
564 581 587 591 615 650 659
670 685 713 714 726 727 751
793 808 824 837 844 846 866
877 881 923 928 938 944 966
974 980 982 996 999 1000 1014
1021 1031 1032 1038 1044 1050
1052
me (ab): Ad 40 59 118 177 189
198 208 347 348 349 507 560
596 598 611 615 788 801 843
862 973 977; An 82 324 420
479(FT) 510 544 573 614 614
681(DTU) 684 709 724 854 899
951 ae18; E 180 194 195 195 239
262 323 386 514 516 520 592
614 629 636 [739] 751 752 817
988 1031 1057; Hc 107 131 156
279 381 433 475 480 491 492
507 566 655 656 658 667 736
752 760 765 830 848 851 853;
Ht 51 77 103 108 138 158 174
217 224 231 263 385 411 466
510 574 668 710 715 795 835
907 955 1030; P 139 258 507
549 577 615 664 679 714 765
787 802 968
me (ac): Ad 49 50 54 60 82
111 113 134 143 172(F) 185
(om=F) 186 187 193 198 203
204 251 258 265 286 291 305
310 321 330 362 364 391 436
459 486 487 506 526 527 539
543 545 552 558 566 579 594
609 614 616 623 628 629 632
645 665 681 682 682 683 697
700 724 749 780 811 872 879
899 934 934 970 994(quem(rel)
=F) 995; An 36 45 100 144 153
184 186 187 195 203 204 208
212 [214](om=DFU) 226 239
240 242 243 251 251 256 258
260 262 265 271 277 279 284
322 342 344 350 351 353 361
374 399 402 412 432 433 450
467 473 475 478 503 523 524
534 542 543 545 564 583 606
607 609 611 612 615 616 620
622 624 642 644 645 646 648
652 660 661 680 681(ab case=
DTU) 689 694 699 701 706 712

714(om=F) 735 744 747 749 761
788 789 799 807 810 815 818
819 826 827 828 839 863 872
882 886 886 896 897 898 900
902 904 908 935 937 940 947
948 952 957 975 977(nos=F)
978 ae2 3 14 14(U); E 47 49
65 66 67(FU) 71 81 124 125
137 140 150 152 160 187 193
193 194 194 195 197 198 200
203 205 217 222 230(–met=U)
238 241 249 260(F) 261 279
302 303 335 360 363 377 379
381 389 407 416 425 433 434
435 446 464 474 503 506 509
510 549 551 554 559 566 570
572 576 612 615 634 653 690
703 715 717 718 737 745 747
758 771 772 802 808 816 842
844 847 855 859 878 882 886
903 906 920 931 945 972 982
988 999 1006 1026 1032 1035
1037 1045 1070 1084 1092; Hc
52 74 76 78 83 85 106 132 144
148 196 205 206(F) 206 208
210 214 233 235 247 258 261
271 273 276 276 278 282 285
293 297 298 299 301 302 314
317 320 326 364 365 366 367
368 372 377 404 407 411 424
429 435 437(om=F) 438 445 446
448 454 470 475 481 486 489
500 516 519 521 522 524 547
557 568 577 577 579 581 582
583 584 586(om=T) 597(om=U)
597 599 600 606 610 611(DFT)
642 657 675 682 692 702 725
727 728 730 [740](om=DTU)
748 752(om=DFU) 761 765 767
773 774 775 793 809 822 833
839 842 852 853 855 864 879;
Ht 11 12 44 56 72(T) 78 84 90
94 98 105 115 118 129 130 135
146 147 149 162 166 168 169
172 (199) 223 246 258 260 261
268 292 303 308 351 353 359
383 396 398 401 403 430 432
463 463 495 500 501 508 514
564 569 571 581 582(F) 589
614 623 624 626 664 668 671
672 678 681 682 686 692 705
709 716 723 724 725 734 735
741 743 749 750 780 783 806
813 814 816 824 829 832 842
845 852 860 864 872 874 876
921 924 941 942 947 952 953

954 960 982 1001(F) 1011 1029
1031 1032 1037 1051 1056; P 36
37 51 70 71 74 128 151 158 165
181 181a(om=4) 186 187 187
188 188 190 199 204 217 220
262 290 291 323 327 360 381
383 399 427 440 441 442 448
486 500 512 528 529 530 537
544 550 569 572 574 578 582
584 586 595 599 669 672 673
674 711 718 733 735 740 742
744(4) 749 765 786 792 807
810 824 826 828 837 837 839
849 860 862 864 875 882 883
892 893 901 902(DF) 907 910
914 915 927 938 948 953 954
964 969 990 994 1053
mei: An 869; E 306 801; Hc
580; Ht 951 1026
mi (mihi always in U and often
in T): Ad 162 238 311 322 337
379 420 499a(om=4) 516 616
690 710 859; An 167 215 225
238 254 297 348 359 400 471
590 595 608 667 678 690 696
697 705 707 709 940 960 966
974 ae12(DT) *15;* E 165 211
256 260(me(ac)=F) 281 328
340 532 544 550 556 594 605
627 691 694 701 728 735 794
871 885 930 997 1003; Hc 84
153 223 279 282 295 482 512
536 570 582 705 734(om=TU)
737 742 803(om=U) 812 826
839 841 865; Ht 220 236 250
262 337 498 560 585 616 667
673 680 691 862 909 986 1007
1049; P 73 77 153 159 161 223
239 253 261 321 379 443 494
532(om=FT) 654 686 728 811
826 904 924 935 963 1010 1025
mihi (changes to mi not noted
here): Ad 47 49 92 101 114 116
124 129 129 133 142 164 173(4)
200 242 244 249 272 301 301
313 323 327 348 357 368 383
398 421 452 494 499 555 557
589 599 604 610a 612(F) 616
(640) 641 644 680 682 726 753
789 801 819 838 850 893 904
939 944 957(DFU); An 37 43
96 109 112 121 152 162 241 255
263 272 282 302 322 324 335
336 358 409 431 437 447 476 479
(mé(ab)=FT) 500 [509](om=
FU) 521 526 527 530 576 577

591 596 606(mi[hi]=KL) 622
624 635 636 650(om=F) 656
664 674 686 695 723 728 743
743 752 763 811 840 849 850
893 920 926 931 944 958 962
966 ae5 7 13(U) 13; E 15 89
91 93 100 107 120 135 141 197
199 233 252 284 308 319 331
338 349 360 391 396 398 410
451 508 516 518 553 577 578
587 647 655 709 727 731 792
793 795 819 833 843 849 850
868 887 910 968 978 1004 1036
1045 1053 1058 1064 1069; Hc
17 29 44 56 74 97 103 110
(112) 112 151 203 218 227 256
265 322 327 347 356 366 413
425 508 515 523 579 593 595
605 605 606 626 646 647 648 654
688 697 706 708 711 721 735
784 786 794 795 814 838 847
862 876; Ht 35 39(4) 42 59 80
81 83(FTU) 85 90 127 167 183
217 219 222 223 223 228 230
232 234 247 260 267 318 330 357
384 399 423 456 457 507 507
509 522(FT) 542 571 582 594
618 626(om=F) 655 674 679 688
691 708 724 728 742 758 793
812(om=T) 818 840 876 884 888
902 914 915 917 931 947 965
968 977 978 980 996 1002 1027
1030 1041 1043; P 22 61 94 131
133 139 140 156 158 165 171
173 176 178 184 187 189 202
234 235 248 255 306 312 329
334 349 365 380 391 396 401
407 449 455 460 461 482 490
492 496(om=U) 503 506 508
531 560 580 581 581 588 602
607 618 619 652 656(F) 657
658 668 671 676 684 705 714
748 805 810 815 831 844 855
885 888(F) 890 908 921 992
1002 1004 1029 1036 1042 1048
nobis (ab): Ad 338 593 719
753 787; An 754; E 649; Hc
253; Ht 185 249 561 613 696;
P 955
nobis (d): Ad 61 82 148 276
285 298 354 422 440 (441) 455
476 678 928 948; An 970; E
359 653 764 912 950 1040 1049;
Hc 211 380 386 504 590 639
778 872; Ht 211 355; P 33 331
421 546 784 801 895

nos (ac): Ad 104 212 271
272 352 353 457 621 796 836
910 926 948 954; An 180 697
803 833 946 977(F); E 80 276
383 384 456 534 625 680 686
692 710 762 826 872 942 1003
1018; Hc 207 286 328 530 533
552 553 633 635 645 (659) 723
798; Ht 53 182 214 312 387
388 389 403 419 511 511 821
833 849 939 979 981; P 101 103
172 222 289 (428) 431 458 554
621 717 720 722 767 809 817
843 961
nos (n): Ad 12 430; An 285
519 804; E 596 663; Hc 274
571 620; Ht 1051; P 87 92 221
418 471 641 671 747 760 899
nostri: An 765; E 468
nostrum: An 178
egred-ior (20):
-i: Hc 352 622
-iar (subj): P 586
-ientem: Ht 182
-ior: Ht 67
-itur: Ad 923; An 226 843; E
79 642; Ht 174 561 826 1023;
P 840 878
egressa (est): An 491; P 732
egressi (erunt): P 892
egressum (sc esse): Ht 426
egregie (2): An 58 273
egregi-us (3):
-a (ab): An 72; P 100
-o (ab): Ht 420
ehem (22): Ad 81 266 373 901;
An 417 686([e]hem=KL; hem=
U) 846; E 86 462 505 651 730
976 1017(em=DTU); Hc 340;
Ht 622 622 757(F) 883 1047;
P 375 795 991
eheu (3): Hc 74; Ht 83(ei mihi
=FTU) 1043
eho (39): Ad 389 660 726(F)
777 905 970; An 88 184 324 500
616 667 710 748 766 781(4) 791
852 908 931 951; E 286 334 351
360 639 691 736 856; Hc 100
267 671 719 849(FT); Ht 312
537 583; P 259 384 633 684 748
ei (22): Ad 124 173 242 323 452
753 789; An 73 263 322 622; Hc
366; Ht 83(FTU) 234 247 968;
P 178 490 501 607 671 797(sed=
F) 1004
eia: see **heia**

eic-io (13):
-iam (ind): P 437
-iat: An 382 382
-itur: P 673
-iunda (est): E 222
eiecerit (subj): Ht 955
eieci: Ht 134
eiecisset: Ad 109; Ht 134
eiectam: An 223
eiectam (sc esse): P 725
eiectos (sc esse): E 276
eiectus (est): An 923
elabor:
elapsus (est): Hc 169
eleg-ans (4):
-ans (n): E 566 935; Ht 1063
-antem: E 408
eleganti-a:
-am: E 1093
elephant-us:
-is (d): E 413
ellam: Ad 389(et iam=U)
ellum (2): Ad.260; An 855
eloquentia: P 629
eloqu-or (6):
elocuta (est): E 599
-ar (ind): An ae6; Ht 3
-ere (imp): Ad 325; P 198
-i: An 308(FT); P 641
elud-o (3):
-endi (g): P 885
-et: E 55
em (39): Ad 137 169 172 281
(om=DTU) 371(hem=DTU) 488
(hem=U) 537 559 790; An
184(F) 248(T) 351 416(hem=
U) 458(hem=U) 556 604 619
(hem=U) 682(hem=4) 785
(DFT) 842 979(eam=4); E 237
459 472 835 1017(DTU); Hc
63 271(hem=U) 298 316 339
(F) 347(F) 866; Ht 517(F);
P 52 139 210 212 227 387(U)
682(F) 688(hem=F) 747(hem
=F; om=DTU) 753(inquam=T)
847 858 881(om=4) 1026
emerg-o (3):
-am (subj): E 555
-i: Ad 302
emersurum (sc esse): An 562
emitt-o (2):
emissa (est): P 830
-i: Ad 976
em-o (23):
-erat: E 115
-erunt: E 20

(51)

-i (ind): An 35; E 691
-is: Ad 800
-isse: Ad 616
-isti: Ad 191; E 691
-it (perf): E 135 982 984
-ite: Ad 991
-o: Ad 219; Ht 611
-pta (est): Ad 249
-ptae (sc sunt): Ad 229
-ptam: Ad (199); P 511
-ptam (esse): Ad 560
-ptas: Hc 57
-ptum (sup): P 838
-unda (gv ab): Ad 967
-unda (est): P 665
emor-ior (4):
-i: Ht 971; P 956
-iar (ind): E 888
-iri: E 432
emungo:
emunxi: P 682
enarr-o (3):
-amus: Ad 365
-ato (2): Ad 351
-em: Ht 273
enic-o (5):
-a: P 994
-as: An 660; P 384 856
-et: E 554
enim (see also **enimvero**; 32) Ad 168 201 649 656 730 830 922; An 503 809(DU) 823; E 355 (om=DTU) 381 452 742 751 789(F); Hc 238 311 834 850; Ht 72 188 317 317 699 713 800; P 113 332 338 487 555 694 983
enimvero (sep=4; 13): Ad 225; An 91 206 848; E 329; Hc 673; Ht 320 1045; P 465 528 937 985 1036
enit-or (2):
-ere (imp): An 596
-i: P 475
Enn-ius:
-ium: An 18
enumer-o:
-asti: Ad 236
enumquam (2): P 329 348
eo (adv; 22): Ad 231 574 620 698; E 97 415 690; Hc 173 238 262 425 432; Ht 335 505 554 645(DT) 740 787; P 158 201 599 641 745
eo (verb; 151):
eam: E 46 306 306 554; Hc 787(4)

eamus: Ad 278 601; An 171 556; E 377 380 459 506 612 613; Ht 432; P 102 103 562 809 981 1054
eas: Ad 598; Hc 754
eat: Hc 502
eatur: Ht 743
eo: Ad 706; An 425 956 979; E 533 537 580 629 807 964; Hc 273 788 809; Ht 379; P 247 309 446 893
euntem: Hc 551
i: Ad 168 175 277(DF) 587 854; An 171 424 951(F); E 282 715 774(FT) 908; Hc 358 611 787; Ht 737 831; P 368 (DU)
ibam: Ad 821; An 580
ibamus: P 899
ibas: E 87
ibat: Hc 157
ibatis: P 901
ibis: Ad 433 580; E 536; Ht 813(DTU)
ibit: Ad 339 347; Ht 487; P 696
ibo: Ad 277 510 604 632 719 841; An 374 594 599; E 187 216 921; Hc 565; Ht 170 173 211 340 426 500 608; P 312 462 782
ierant: Ad 27
ii: An 850(DFT)
iisse: Hc 332(DFT)
iit: E 593 892; Hc 345; P 706
imus: An 117(intus=F); E 465 492 1025; P 103
ire: Ad 361 712 916; An 363 590; E 495 842; Hc 324 348 522; P 194 253 813 837 847 862 867 893 1026
ires: E 155
iret: P 90
iri (vp): Ad 70 694; An 177 402(FT); E 139; Hc 140; Ht 857(FT)
is: An 134; E 305 363 651(abi=F); Ht 315 813(ibis=FTU); P 368(abi=F; i in=DU) 930
isse: Hc 76
isses: Hc 222
it: E 919; Hc 189; Ht 655
ite: E 917 1094; Hc 429; Ht 409
ito (2): Ad 583
itur: An 251

itura (sc eram): E 463
itura (es): E 462
ivi: An 850(U)
ivisse: Hc 332(U)
eodem: Hc (34)
epheb-us (2):
-is (ab): An 51
-us: E 824
Epidicazomen-os:
-on: P 25
epistul-a (2):
-am: P 149
-as: P 67
equidem (32): Ad 65(T) 268 (F) 337(T) 379(T) 555 557 641 748 850 899(T) 964(T) 974(T) 974(T); An 225(T) 327 614(DF) 659 858; E 323 349 378 379 597 739 876 956 (FT); Hc 85 219 232 278(T) 430(T) 615 814 879; Ht 518 547 569 616 632 647 709 787 897; P 539 578(T) 686(T) 687(T) 754(T) 772(T) 807 819(T) 850(T)
equ-us:
-os: An 56
er-a (17):
-a (n): An 687; E 917; Hc 335; P 47 730
-a (v): Ad 295 323 335 889; E 834 851 883
-ae (d): Ad 301; An 717; E 654
-am: Ad 320; P 864
eradic-o (2):
-ent: An 761; Ht 589
erga (6): An 820 ae14(U); Hc 389 486 489; Ht 189 265
ergo (38): Ad 172(ego me=F) 324 325(FT) 326 572 609 854 959; An 195 565 711 850; E 162 317 401 459 796 1062; Hc 63 610 611 715 787(4); Ht 398 550 821 985 993(ego=FU) 1046; P 62 202 539 562 685 718 755 882 948 984 995
eril-is (5):
-em: An 602; E 289 962; P 39
-i: Ad 301
erip-io (16):
ereptam (sup): E 752
ereptum (sc esse): Ht 673
-ere: Ad 238
-erem: Ad 318
-i: Ad 668; E 796

-iam (ind): E 773
-iam (subj): P 323
-iat: E 739
-io: Ht 717
-is: Ht 713
-it: Ad 8
-uit: Ad 90 198 328; Hc 574
erratio: Ad 580
err-o (16):
-ans (n): E 1003; Ht 257
-as: An 838; E 245; Hc 682; Ht 105 610
-asti: P 804
-at: Ad 65; Ht 263 844
-avi: Ad 579; Ht 851a(om=4)
-es: An 704
-et: An 498; E 16
err-or:
-ore: Hc 792
erubesco:
erubuit: Ad (643)
erump-o (2):
-at: P 325
-ere: E 550(rumpere=F)
er-us (36):
-e: An 508 (om=U); E 57 976 979 988; Hc 306(FT) 313 (DFU) 430 873; Ht 523(F) 593 973; P 286 471
-i (g): An 175; Hc (331)
-o (ab): Ad 211
-o (d): P 372 842
-os: Ht 537
-um: An 208 602 728 867; Ht 559; P 181a(om=4) 247 359
-us: An 183 412 423 846; Hc 799; Ht 628; P 184 248 623 634 860
escend-o (2):
-it (perf): Ad 703(ascendit=4)
-o: An 356(ascendo=4)
esur-io:
-ituros (sc esse): Ht 981
et (538): Ad 2 19 30 34 35(om =4) 43 57 64 65 68 78 107 121 121(F) 122 129 138 144 207 230 251 263 272 279(F) 285 285 305 316 319 340 352 380 389 (U) 391 423 429 446 495 511 521 523 558 566 580 584(ei=F) 591 596 600(esse=FTU) 602 603 609 609 648 675 680 683 692 (4) 692 692 694 726 729 747 751 753 811 819 819 819 837 842 847 854 858 879 886 888 895 (897) 902 902 905 910 910

(53)

([913])(om=DFU) 917 925 925
930 933 938 953 955(om=U)
955 957 964 971 972 974(om=
T) 986 987 988 994 994(om=
F); An 9 11(DF) 22 24 34 36
42 49 49 50 [51](om=F) 59 66
71 77 92 97 119 122 132 157 167
(atque=F) 175 220 229 274 288
288 289 296 326 347 369 433
454 484 498 511 515 522 523 533
536(om=F) 536 538 540 552
558 560(om=F) 571 577 619
633 633 639 642 642 648 653 676
684 718(F) 813 840 840 849
(F) 868 880 912 924 934 954
956 967 ae21; E 2 7 16 24 25
26 31 54 64 69 69 71 71 72 72
72 76 78 103 111 112 128 133
160 191 202 205 214 217(om=
FT) 250 258 258 258 260(om=
DFT) 265 266 291 318 351 375
383 384 416 419 425 429 430
464 467 481 492 498 513 518
519 572 578 586 613 631 682
(ac=F) 703 708 708 723 723 732
741 744 750 750 766 776 778 795
808 840 873(om=4) 876 879 886
925 926(om=DF) 929(om=DF)
932 941 952 956(D) 965 974
993 1011(ac=F) 1022 1026 1039
1048 1075 1078 1078 1079 1086
1087 1090 1090 1094; Hc 2 6
7a(DT) 7b(DT) 25 43 50 53
55 64 64 75 83 89 (112) 117
159 161 162 162 166 195 197
203(om=4) 210 210 220 224
240 241 249 249 263 263 264
265 268 315 338 344 347 376
401 402 430(om=T) 449 460
464 465 472 472 487 488 488
531 531 557 560 585 585 592
592 599 599 606 610 611 615 642
643(4) 664 692 721(ac=U) 748
792 795 797(om=TU) 797 820
832 837 837 841 857 871 876;
Ht 7 8 19 [49] 58 60 101 105
112 114 115(om=DT) 115 116
120 152 159 167 176 189 191
197 204 218 218 226(ac=F) 239
244 244 248 248 258 259 260
265 265 290(FT) 297 302 304
306 327 351 351 351 381 385
387 387 418 424 425 433 438
474 479 486 498 504 521(om=
DFT) 523 543 556 580 606 609

626 649 651 663 696 703 704
705 707(aut=DFT) 710 726 735
739 768 775 786 798(esse=F)
803 845(4) 845(4) 853 854 867
870 875 875 926 933 934 936
936 941 941 943 945 961 962
966 983 983 984 1031 1034 1040
1048 1067; P 2 5(om=4) 7 8
[11a] 35 54 57(om=DF) 69 86
94 94 104 117 118 126 127 150
167 189 199(om=F) 209 212 217
218 228 252 290 316 335 340
340 344 381 405 441 442 451
452 456 466 471 473 500 512
521 564 588 593 623 656 715
716 721 739 759(atque=F) 767
857 886 943 1000 1006 1008
1012 1036 1047 1048 1049 1051
1053 1055

etenim (3): An 442; E (1074);
Ht 548

etiam (90): Ad 146 190 209 243
246 279(et iam=F) 358 387 444
445 468 532 550 577 663 851;
An 116 201 215 282 300 368
503 644(4) 655 673 708 762
807 849(et iam=F) 940; E 56
56 113 143 286(4) 360 570
(DTU) 645 660 668 706 710
717 860 1011 1014 1017 1030
1081 1084 1092; Hc 145 192
221 430 507 535 543 614 648(4)
734 745 762 811 841 869; Ht
132 175 187 188 229(4) 235
402 433 435 [596](om=4) 742
865 895 980 999 1057; P 174
238 360 474 542 544(4) 547
656(4) 669 769 774 831 877
931(4) 940

etiamdum (2): E 570(sep=DTU)
Ht 229(sep=4)

etiamnunc (sep=4; 5): An 644;
E 286(etiamne=DFT); P 544
656 931

etiamsi: Hc 648(sep=4)

etsi (27): Ad 147 944; An 348
348 374 864; E 216 316 968; Hc
243 247(om=F) [258] 404 505
578 625 788 834; Ht 119 225
327 412 471 624 752; P 407
(428)

eu (4): E 154; P 398 478 869

eugae: see euge

euge (3): Ad (911); An 345
(eugae=KL) 783(DF); Ht 677

eunuch-us (21):
-o (ab): E 231 375 573 722 949 991 992
-um: E 20(cap) 32(cap) 167 356 365 472 479 653 822 983
-us: E 45(cap) 569 657 821

evad-o (6):
-as: An 127
-at: P 111
-eret: An 176
-et: Ad 509(T); P 626
-it: Ad 509(-et=T)
evasit: E 517

evanesc-o:
-eret: Hc 13

even-io (44):
-ere: Ad 815; P 895
-erit (ind): Ht 355
-erit(subj): Ht 551
-erunt: P 705
-iat: An 165 568; Hc 279 396; P 246
-iet: P 251
-ire: Ad 29; An 4 ae*15*(-isse=U); E 1002; Hc 59 794
-iret: Hc 839
-isse: An ae14(U); Hc 304 415 476; Ht 685 765
-issent: Ht 157
-isset: An 604
-it (perf): Ad 688 859; An 436 907 916 967 968; E 1003; Hc 228 653 838; Ht 190 664; P 65
-it (pres): An 678
-iunt: P 758
-turam (esse): Hc 872
-turum (esse): E 999
-turum (siet): Hc 193

everto:
eversas: Ht 372

evoc-o (5):
-a: Hc 720
-are: Hc 733
-ari: E 283
-ate: An 579
-o: P 982

evolv-o (2):
-ere: P 824
-es: E 723

evom-o (3):
-am (ind): Hc 515
-am (subj): Ad 312 510

ex (154): Ad 40 40 72 176 197 297 371 416 420 443 448 474 614(om=4) 657 (797) 822 862 862 919 987 987 988; An 13 37 51 70 268 307(ab=FT) 359 385 400 406 469 534 547 562 620 627 646 674 719 726 760 794 854 927 946 954 ae18; E 8 33 33(FT) 110 165 175 179 198 226 233 241 254 263 290 296 406 460 471 573 631 712 726 787 873 939 966 971 987 997 1077; Hc 211 279 281 299 347 392 399 473 527 528 528 533 548 550 570 579 589 616 652 655 679 756 765 797 813 840 872 873 876; Ht 4 6 109 109 121 203 203 210 210 216 221 221 266 397 402(F) 411(FTU) 415 442 442 598 608(e=F) 658 683 765 816 880 959 994 1013 1020 1030 1030(om=F) 1031 1035 1036; P 167 167 256 271 322 543 576 750 765(FU) 789 795(abs=4) 824 942 960 969

exadvorsum (adv; 2): Ad 584; P 88 97

examin-o:
-avit: An 251

exanim-o (7):
-ata (ns): P 732
-atam: P 564
-atum (ac): An 234 342
-atum (n): Hc 364
-atus: An 131; Hc 825

exaud-io:
-iat: Hc 412(audiat=DTU)

exaug-eo:
-eant: HT 232

excarnufic-o:
-es: Ht 813

exced-o (5):
-ere: Hc 620
excessis (subj): An 760
excessit: An 51; Hc 347; P 967

excels-us (pa):
-um (ac): An 356

excerp-o:
-is: P 698

excid-o:
-it: An 423

excit-o:
-es: Ht 1013

exclam-o (5):
-ant: Hc 368
-at: Ad 620; E 23 [625]
-avi: P 870

exclud-o (8):
-ar (subj): An 386

(55)

-e: P 989(exlide=F; ex(s)culpe
=DTU)
-ere (fut): Hc 339
-etur: Ad 119
-i: E 481
-or: E 159
exclusit: E 49
exclusti: E 98
exclusi-o:
-one: E 88
excoquo:
excoctam: Ad 849
excruc-io (5):
-iarier: Ht 413
-iat: Ht 177; P 187
-iem: E 920
-io: An 886
exculpo: see exsculpo
excurro:
excurso (ab): Ad 860(4)
excut-io (2):
excussit: Ht 167
-iam (subj): P 586
exed-o (2):
-endum (est): P 318
-ent: Ht 462
exempl-um (17):
-a (ac): E 946 1022
-a (n): Ad 771(-o(d)=4); An 812; E 948
-i: Ht 920
-is (ab): P 688
-o (ab): Ht 20
-od: Ad 771(4)
-um (ac): Ad 416 767; An 92 651; Hc 163; Ht 20 51
-um (n): Ad 94; E 1027
ex-eo (34):
-eam: E 461
-eant: An 980
-eat: Ad 626; An 977
-eo: An 714; E 493; Ht 1046
-euntem: Hc 551 807
-i (imp): An 871; E 668; P 986
-ibo: E 922
-iens (n): Ht 235
-imus: Ht 833
-ire: An 364 580; E 470; Hc 521; P 795
-irem: Hc 36 378(exteram=DT; extra eram=F)
-is: P 748
-it: Ad 264; An 174 721; E 499 545; Ht 510 722 1000; P 484 712

-itum (sc esse): Ad 775
exerc-eo (5):
-ebo: Ad 587
-endis (ab): Ht 74
-eo: Ht 146
exercio: see exsercio
exercit-o:
-atum (ac): Hc 407
exercit-us (2):
-um: E 402 814
exig-o (8):
exacta (ab): Ad 870
exactas: Hc 12
exactus (sum): Hc 15
exegerit(subj): Ht 280
-at: Hc 216 490
-endae (sint): An 27
-unt: Hc 242
exigue: Ht 207
exilio: see exsilio
exilium: see exsilium
eximi-us:
-um (ac): Hc 66
eximo:
exemerim: An 200
existumatio: Ht 25
exinde: An ae17
existum-o (15):
-abit: E 5(F)
-andi (g): Ht 282
-ans (n): Hc 163(existimans= KL)
-ant: Ad 17
-arem: Hc 7c(DT); Ht 9; P 45
-arit (subj): E 5(T)
-as: Ad 897
-assem: P 369
-averis (ind): An ae17
-avit: E 5(-abit=F; -arit(subj) =T)
-es: Ad 270; E 758
-et: E 5; Ht 30
-etis: Ad 13
-o: Hc 604
exit-ium (2):
-ia (ac): P 243(F)
-io (d): P 200
-ium (ac): An 666
exlid-o:
-e: P 989(F)
exoner-o:
-astis: P 843
exoptat-us (pa):
-a (vs): Ht 408(F)
exopt-o (2):
-abam: Ht 758 (F)

-at: An 20
-atam: Ht 408(DTU)
-em: An 962(F); Hc 579(-o=DU)
-et: Hc 596(FU)
-o: Hc 490 579(DU)
exorator: Hc 10
exord-ior:
  -iar (subj): Hc 362
exor-ior (2):
  -ere (ind): Hc 213
  -ta (sunt): Hc 632
exorn-o (2):
  -atum (ac): Ht 950
  -atus (fuit): E 683
exor-o (13):
  -a: Ht 358
  -andus (est): An 167(4)
  -are: Ht 705; P 489 512
  -arier: P 535
  -assem: Ad 630
  -em: Ad 936 943; An 901; E 185; Ht 1050(-ent=DTU)
  -ent: Hc 596(F); Ht 1050 (DTU)
  -et: P 515
  -o: An 592
exoss-o:
  -abitur: Ad 378
expecto: see **exspecto**
exped-io (17):
  -i: E 694 990; Hc 755; P 197
  -iam (ind): An 617; P 238
  -iam (subj): Ad 614
  -ias: Hc 288
  -iat: Hc 57; Ht 337; P 766
  -ies: An 617; Hc 291
  -it: Ht 388
  -ivi: Hc 297; P 399
  -ivit: P 823
expell-o (2):
  -ere: Ht 261(aspellere=4)
  -erent: Ht 989
expergisc-or:
  -ere (imp): Ad 631
exper-ior (17):
  -iamur: Ad 877; Hc 778
  -iar (ind): Ad 350 497
  -ibere: Ht 824
  -iemur: P 538
  -iere: Ad 888
  -imini (imp): Ht 46
  -ire: P 495
  -iri: Ad 172; An 311; E 789
  -irier: P 589
  -iundo (g ab): Ad 858; Hc 38; Ht 331

-tus sum): Hc 489
expers: Ht 652
expet-o (12):
  -am (subj): P 431
  -enda (est): P 164 202 1024
  -ens (n): An 319
  -et: E 52
  -it: An 520; Hc 727; Ht 383
  -ivi: An 696
  -o: Ad 322(F); An ae15; E 743(F); Hc 280(F); Ht 890
expisc-or:
  -are (ind): P 382
explan-o:
  -a: P 380
expl-eo (7):
  -e: Hc 755 787
  -eam: An 339
  -eant: Ht 129
  -eat: Hc 69
  -eret: An 188
  -ete: Hc 785
explorat-us (pa):
  -a (np): E 603
explor-o:
  -atum (est): P 628
expolit-us (pa):
  -am: Ht 289(interpolatam=T)
expon-o (5):
  -endam: Ht 630 650
  -eret: Ht 651
  -etur: Hc 400
  exposita (est): Ht 615
exporrigo:
  exporge: Ad 839
expostul-o (2):
  -em: An 639
  -es: Ad 595
exprimo (2):
  expressam: Ad 11
  expresserit (ind): E 68
exprobatio: An 44
exprom-o (2):
  -ere: Ht 575
  -pta (ab): An 725
expugn-o:
  -abo: E 773
expurg-o (4):
  -andus (est): An 167(exorandus=4)
  -atu: Hc 277
  -em: An 900
  -et: Hc 742
exquir-o (3):
  -e: Hc 773 783
  -ere: An 186
exsculp-o:

-e: P 989(DTU)
-ere: E 712
exsequi-ae:
 -as: P 1026
exsequ-or (3):
 -ar (subj): An 259
 -i: Hc 306; Ht 635
exserc-io:
 -irent: Ht 143
exsil-io:
 -ui: Ht 657
exsil-ium:
 -ia (ac): P 243(exitia=F; om=TU)
exsolv-o (4):
 -am (ind): Hc 599
 -as: Ht 721
 -es: Hc 792
 -i (perf): Hc 820
exspectatio: Hc (34)
exspectat-us (pa):
 -um (ac): Ad 109
exspect-o (34):
 -abam: An 435 ael; E 743 (expeto=F); Hc 422
 -abo: E 206
 -andus (est): P 460
 -ans (n): E 594
 -ant: Ad 874
 -antem: Ad 674
 -are: An 977; Hc 451
 -arem: P 155
 -at: Ad 260; E 447 917; Hc 855; Ht 409 545
 -atam: Ht 408 (exoptata(vs)=F; exoptatam=DTU)
 -atis: P 148
 -em: P 1025
 -es: E 194
 -et: Hc 438 596(exoptet=F)
 -etis: Ad 22; An 980
 -o: Ad 322(expeto=F); An 34; Hc 280(expeto=F) 430 801; P 161 193 606
exspu-o:
 -eret: E 406
exstill-o:
 -averis (ind): P 975
exstingu-o (3):
 -ere: Hc 749
 -erem: Ad 314
 -erent: P 108
exsulo: E 610
exsuper-o:
 -at: Ht 878
extemplo (2): An 518; Hc 373

exter-us:
 -am: Hc 378(DT)
 extrema (ab): E 640
extimesc-o (2):
 -am (subj): P 154
 extimui: Hc 824
extinguo: see exstinguo
extorqu-eo:
 -e: Ad 483
extortor (v): P 374
extra (prep; 5): Hc 276 378(F) 563; Ht 298; P 98 876
extrah-o (2):
 -am (subj): P 181
 extraxeris (subj): Hc 876
extrar-ius (subs):
 -io (d): P 579
extremus: see exterus
extrud-o (6):
 -ar (subj): Ht 809
 -i: P 692 913
 -is: Ht 589
 -it (pres): Hc 173
 extrusit: E 737
exupero: see exsupero

F

faba: E 381
fabric-a (3):
 -a (n): Ad 584 716
 -am: Ht 545
fabul-a (24):
 -a (ab): Ad 9 537; E 33(FT)
 -a (n): An 747; E 689; Hc 620(DFT)
 -ae (d): Hc 1
 -ae (g): Ad 22; Hc 620
 -ae (n): An 224(-as=U) 553; Hc 620(-(n)=DFT); Ht 336; P 492 946
 -am: Ad 7; An 925; E 23 25; Ht 222; P 877
 -as: An 3 16 224(U); E 33(-a (ab)=FT); ab aliis=D); P 4 [11a](om=4)
fabul-or (2):
 -arier: Hc 316
 -er: P 654
facess-o:
 -at: P 635
facete (3): Ad 805; E 288 427
facet-us:
 -a (ns): Ht 522
faci-es (9):
 -e: E 230 473 682; Hc 441; P 100

-em: An 856; E 296 565; Hc 439
facil-e (32):
-e: Ad 268(F) 822; An 62 135 309 395 562 691 720; E 210 261 375 448 648 1080; Hc 27 61 710 735; Ht 143 307 362 547 1020 1060
-ius: An 203; E 150; Hc 869; Ht 803 914
-lime: Ad 501
-lume: An 65; Ht 998
facil-is (13):
-e (n): Ad 862; An 811; Hc 277 296
-em: Ad 986; Hc 761; Ht 704; P 226
-i (ab): Ht 217
-ia (n): Ht 1059
-is (ns): Ht 805
-ius (n): An 437; P 300
facilit-as (5):
-as: Ad 391; Hc 248; Ht 648
-ate: Ad 861
-atem: An 232(F); E 1048
facin-us (24):
-ora (ac): Ht 220
-oris: P 156
-us (ac): Ad 173 447 449; An 145 401 767 854; E 70 644 664 943 959; Hc 376; Ht 600 956 (factum=4); P 511 613 870
-us (n): Ad 669; Ht 314; P 233 1008
fac-io (see fio for passive, 531):
-: Ad 381 511 512 706 756 813 842(4) 909 940(4) 942; An 408 483 712(D); E 189 196 207 281 311 320 362 476 477 501 534 769 815 1042; Hc 764; Ht 84 550 925 925; P 671 784 933
-e: Ad 241 842(fac=4) 906 940 (fac[e]=KL; fac=4); An 680 712(fac=D) 821 833; E 90; Ht 80; P 397 674
-ere: Ad 75 104 108 112 255 270 396 408 423 506 518 824 878 900 916 926 948 949; An 50 263 450 488 522 613 ae18; E 19 28 37 62 188 388 624 644 657 998 1070 1071; Hc 244 256 260 (magnificare=DU) 266 266 343 427 562 615 739 774 776; Ht 21 60 103 108 148 164 210(-[ere]= KL) 467 494 496 547 560(4)

573 577 607 624 633 953 1043; P 79 114 116 222 291 427 481 527 659 726 902(DF) 1052
-erem: Ad 214(DFT) 869; An 258 259 259 584; E 591 591 (FT) 831 1045; Ht 560 (-ere[m]=KL; -ere=4); P 733 902(-ere=DF)
-eremus: Ad 107
-erent: E 787
-eres: An 496 582; E 866; Hc 249 427; P 207 972
-eret: Ad 110; An 578; E 956 1001; Hc 756; Ht 532 640; P 121
-iam (ind): Ad 163 252 343 459 497 848; An 46 276 384 597 682 701; E 174 207 220 309 362 389 504 724 769 801 901; Hc 244 404 439 447 612 719 756; Ht 236 262 416 469 763 797 871 873 996 1012 1051 1054 1055 1059; P 22 198 531 776 785 795 1046 1051
-iam (subj): Ad 611 625 711 732 789 995; An 212 383 384 512(FT) 614 904; E 46 388(4) 849 966 1026 1054; Hc 340 730 738; Ht 79 131 136 336 585 692 846 924 944 993; P 223 534 540 565
-iamus: E 864
-iant: Ad 918
-ias: Ad 431 733; An 143 205 795 910; E 388(-iam=4) 802 807 837; Hc 391 753 764(T) 767; Ht 317 493 721 806 944 1008 1049; P 394(U) 449 945
-iat: Ad 515 935 997; E 616 790; Hc 666; Ht 188 333(-et= DFU) 464 552; P 113 785
-iebant: Ht 127
-iebat: E 620
-iemus: E 837; Hc 668
-ient: Ad 454; Ht 161
-ies: Ad 220 746 980; An 705; E 221; Hc 590 765(-ias=T); Ht 107 1013; P 566 938
-iet: Ad 203 983; An 26 112 179 775; E 768 849; Hc 780 783; Ht 333(DFU) 730 1057 1058; P 1043
-imus: Ad 430; E 382; P 766 946
-io: Ad 50 535 593 898 952 991; An 41 512(-iam(subj)=

(59)

FT) 679; E 396 1070; Ht 140 574 788 977
-is: Ad 167 601 604 945 970; An 322 393 421 522 727; E 186; Hc 211 690 692 739 857; Ht 91 107 398 565 1054
-it: Ad 69 72 148 255 584 825; An 755; E 254 265 438 483 729 988; Hc 546; Ht 17 34 58 1054; P 23 358 578 945 1023
-ite: Ad 24 636 991; An 334; E 506; Hc 47; Ht 28
-itis: E 1084
-ito (2): Ad 417 500 808 845; E 595; Hc 769; Ht 221 550 828
-itote: E 1068
-iunt: Ad 53 808 823; An 17 55 837; E 43; Hc 275 308; Ht 29 957; P 331 331 771
-tu: An 236(-um(subs n)= DU); Ht 704
-tum (sup): E 589
-tura (es): Hc 739
-turas (sc esse): An 840
-turum (sc esse): Ad 750; An 162 976(esse expressed); Ht 19 359(esse expressed) 571 591 864(esse expressed)
-turus (es): P 550
-turus (est): P 833
-turus (sim): Hc 614
-turus (sit): Ad 514
faxim: Ad 887 896
faxint (subj): Hc 102 134 FTU) 354; Ht 161
faxis (ind): An 753
faxis (subj): Ht 187
faxit (subj): Ht 198; P 554
faxo: Ad 209 847; An 854; E 285 663; Ht 341; P 308 1028 1055
feceram: E 398
feceras: E 856
fecere: Ad 595 688; Hc 36
fecerim: E 303 862
fecerint(subj): Hc 618
feceris (ind): An 397 565; E 723 1056(effeceris=4); Hc 852; P 426 430 911
feceris (subj): Ad 164; Hc 609(-it=FT); Ht 627; P 970
fecerit (subj): Ad 84; Hc 609 (FT)
fecero: P 882
fecerunt: Ht 21
feci: Ad 772; An 37 41 139 574 603 862; E 82 97 202 203 591(om=FT); Hc 12 408 873 877 880; Ht 563 631 632 961; P 236
fecimus: Ad 103; Ht 266
fecisse: Ad 180; E 513 878; Hc 730 776 839; Ht 396 661 924; P 724
fecisset: An 3; E 1013; Hc 220; P [11a](om=4)
fecisti: Ad 105; E 463 865 [1010a](om=4) 1091; Hc 685 688
fecistis: P 458
fecit: Ad 7 84 99 617 865 875; An 9 178 187 293; E 8 658 955; Hc 121 552 661 709; Ht 12 31 954 1067; P 4 124 263 274 281 475 477 761 1016
factit-o (2):
-arunt: E 43
-avit: E 783
fact-um (verbal force sometimes noticeable; 26):
-a (ac): Ad (199)(w male=4); E 171 1090; P 268 731 932
-a (n): P 1020
-i: An 877; Ht 576
-is (ab): An 666; E 153 941; Hc 209 526 857; P 430
-um (ac): Ad 5 961; An 15 40; Hc 838; Ht 647 956(4)
-um (n): Ad 96 737; An 236 (DU); Hc 647; P 578
facult-as:
-atem: An 232(facilitatem=D)
facundia (ab): Ht 13
faen-: see fen-
fallaci-a (14):
-a (ab): Ht 596 849
-a (n): An 471 778; Ht 513
-ae (g): An 197; Ht 771
-am: An 212 220 432; P 1038
-as: Ht 533 1041
-is (ab): P 672
fall-o (25):
-am (ind): E 385
-am (subj): Ht 711; P 602
-ere: Ad 55; An 493 867; Ht 495 671; P 62
-es: An 204(F)
-i: An 902; E 39; Ht 470
-imur: E 385
-is: An 204(-es=F)
-it: An 495; Hc 728; Ht 614 668; P 735

-unt: Ht 537
fefellerit (ind): P 220
fefelli: An 602
fefellit: Ht 514 682; P 530
falso (adv; 3): An 505; Hc 777 779(DFT); Ht 268
fals-um (2):
-i: An 788; E 200
fals-us (18):
-a (ab): An 648; E 67; Hc 758
-a (ac): An 922
-am: An 257; Ht 177 302
-as: An 157; Hc 693
-o (ab): An 180; Hc 842
-um (n): An 513; E 104 121; Ht 421; P 400
-us: An 647; E 274
fam-a (11):
-a (ab): An 99; Hc 218 758; P 169
-a (n): Ad 340; P 724
-ae (d): Hc 585
-ae (g): Hc 775; P 271
-am: Ad 263; Ht 351
famelicus (subs): E 260
fam-es (2):
-e: Ht 980
-em: P 18
famili-a (20):
-a (ab): Ad 297 326 448; Ht 751; P 571 748
-a (n): Ht 909
-ae (d): Ad 918; E 1052; P 1049
-ae (g): P 287
-am: Ad 89 311 481 762 910 926; Hc 210; Ht 845; P 370
-as (g): Ad 747(4)
familiar-is (adj; 2):
-ior: P 721
-iorem: P 851
familiaritas (3): E 874; Ht 184; P 583
familiariter (3): An 111 136; Ht 58
fart-or:
-ores (n): E 257
fas- (2):
- (ac): Ht 149
- (n): Hc 387
fat-eor (15):
-eamini: Ht 338(D)
-eatur: Ad 77 341; E 863
-eor: Ad 188 629; An 896 896; E 604; Hc 838; Ht 158 644; P 236

-eri: E 714
-etur: An 14; Hc 828
fatuos (adj): E 1079
fatu-os (subs):
-e: E 604
fauc-es:
-ibus (ab): Ht 673
faust-us:
-um (ac): An 956
fautrix (2): E 1052; Hc 48
faux: see **fauces**
fav-eo (2):
-eo: E 916
-ete: An 24
favill-a:
-ae (g): Ad 846
febris: Hc 357
felicit-as:
-ates (n): E 325
fel-ix (2)
-icem: An 956; Ht 380
femin-a:
-ae (g): P 971
fener-o:
-aret: Ad 219
fener-or:
-atum (sc esse): P 493
fenestr-a:
-am: Ht 481
fen-us:
-ore: P 301
fere (7): An 104(DTU) 369(T) 813; Hc 822; Ht 55 122; P 89 363 1017
fer-io:
-ietur: P 47
ferme (6): An 104(fere=DTU) 284 460; Hc 312; Ht 205; P 913
fer-o (85):
-: Ad 487; An 473; Ht 692
-am (ind): Ad 880; An 898
-ant: P 242
-antur: Hc 612
-as: An 832 921; E 78; P 1020
-at: Ht 860; P 170 272
-emus: P 138
-ens (n): An 137
-ent: Ht 918
-entem: P 521
-es: E 1057(U); Hc 610; P 559
-et: Hc 798(FT); P 138
-o: Ad 116 547 721 738 870; An 610; Ht 692
-re: Ad 205; An 277 369(-[r]e=

(61)

KL; fere=T) 397; E 54 741;
Hc 133 166 301 840; Ht 69 467
(4); P 763
-res: Ad 178
-ret: Ht 202 202
-ri: Ht 321
-s: P 430 857
-t: Ad 53 328 730 839 881(4);
An 111 795 832; E 320(4); Hc
618(4) 810(4); Ht 215 573
667(4) 723(DFT)
-te: Ad 155
-tur: E 361 429
-undis (d): Ad 545
-undum (est): Ad 469; P 430
-unt: An 191; Hc 593 710
laturum (esse): Hc 261 497
laturus (sit): Hc 567
latus (est): Ht 903
tetulissem: An 808
tetulit: An 832
tulerit(subj): E 82
tulero: P 579(optulero=F)
tuli: Hc 87 685; P 520
tulisse: Hc 333
tulit: An 142 178 188 443 496;
Hc 128 568 594 709; P 646(4)
ferox: E 415
fer-us:
-um (ac): An 278
ferv-o:
-it: Ad 534
festin-o (3):
-are: Ht 125
-as: Ad 323; E 650
festivit-as:
-atem: E 1048
festiv-us (3):
-issime: Ad 983
-om (n): Ad 261 986
fest-us (2):
-os: Hc 592
-us: E 560
fidel-is (5):
-em: An 460; P 581
-i (ab): Hc 472
-is (ac): Hc 59
-is (ns): P 76
fid-es (61):
-e (ab): Ad 161 442 964; An
34; Ht 761
-e (d): E 886(4)
-e (g): Ht 1002(-ei=4)
-e[i] (d): An 296(-e(d)=DT);
E 886(-e(d)=4) 898
-ei (g): Ht 1002(4)

-em: Ad 381 473 489 746; An
237(om=F) 246 280 290 401 425
462 586 643 716 744; E 102 139
197 418 790 924 943 1039 1049
1060; Hc 53 109 112 114 198
402 581 750 871; Ht 61 502;
P 60 469 492 512 757 808 810
-es (ns): Ad 306 621; An 637
857; Hc 474; Ht 256 571; P
904
ibus (ab): E 133
fidicin-a (3):
-a (ab): E 457
-am: E 985; P 109
figura: E 317
fili-a (42):
-a (ab): An 566; Hc 251; P
811
-a (n): E 117; Hc 527 640; Ht
639 835 988 1018
-ae (d) Ad 301; An 571; Hc
629
-ae (g): An 822; P 244
-am: Ad 466; An 148 534 830
932 951; Hc 498 518 522 538
545 748; Ht 97 602 667 714 772
794 846 1048 1061 1065; P 568
645 650 759(FT) 942 1006
fil-ius (77):
-i (g): Ht 908; P 244
-ii (n): Ad 46 807 867; P 819
-iis (d): Ht 991; P 71
-io (ab): Ad 840; Ht 424; P
817
-io (d): Ad 937 974; An 101
177 452; Hc 210; Ht 891 937
-ium: Ad 54 74 114 355 367 400
542 707 844 850; An 80 169 570
578 602 870; E 289 962; Hc
280 451 743 832; Ht 93 181
411 417 443 480 492 799 845
898 941 1016 1022; P 39 253
288 401 670 919
-ius: Ad 35 462; An 106 172
584; Hc 345; Ht 164 178 217
552 753 756 1025; P 400 450
933 1040
finctus: see fingo
fing-o (10):
ficta (sunt): An 836(facta=
DTU)
finctum (pa n): E 104
-eret: Ht 533
-it: E 138; Ht 545 887
-ite: An 334
-unt: An 220

finxisse: E 200
finxit: Ht 898
fin-is (8):
-em: Ad 997; An 151 821; Hc 96; Ht 34; P 22 23
-ibus (ab): Ht 499
fi-o (see facio for active; 286):
faciundo (gv ab): Ht 73 143
faciundos: Ad 585
faciundum (sc esse): E 720
faciundum (est): Ad 840 951; E 186; P 250(sc est) 785
faciundum (foret): P 207
faciundum (fuit): E 97
faciundum (sit): Hc 609
facta (sc esse): Ht 536
facta (est): Ad 475; Hc 159 831; Ht 6; P 407
facta (sient): E 1061
facta (sc sint): P 612
facta (sit): An 463
facta (sunt): Ad 86 248(F); An 248(sc sunt) 836(DTU)
factae (essent): Hc 289
factae (sunt): An 12; E 734
factam: Hc 401 742
factam (esse): Ad 163; E 744; P 349(sc esse)
factas (sc esse): E 33
facto (ab): Ad 429 601 996; An 715; Hc 327 878; Ht 80 490; P 494 716 762
factum (ac): E 94 212(D) 674; Ht 760
factum (sc esse): Ad 13 92 (esse expressed) 165 471 919; An 147 147 381 502 509 593; E 387 954; Hc 232 546 591(esse expressed) 646; Ht 18(esse expressed) 529(esse expressed) 815 843(esse expressed); P 262 (esse expressed) 787 1033
factum (esset): Ht 157
factum (est; asterisk indicates that est is to be supplied): Ad 295 448 483 561* 596 662* 798 958; An 105* 381* 665 665* 969* 975* ae11*; E 311 326 708* 708* 821 851* 950 966 980 980 1037*; Hc 357 452* 456* 624 846* 847 857; Ht 249 568* 628 904 1000; P 135 326 524* 751 756 883* 1001 1006 1009
factum (siet): E 970
factum (sit): An 937; P 455
factus (est): Ad 115; Hc 309

factus (siet): Hc 330
-am subj): Ad 939; Hc 300 (vivam=F); Ht 148(vivam=F)
-ant: Ad 122 491; An 103 197 456 543 546; E 183; P 711
-as: E 369
-at: Ad 201 288(DTU) 519 521 933 945 972; An 385 550 956; E 100 150 439 466 500 (-et=FT) 614; Hc 105 358 493; Ht 72 715 789 790 827 948 1067; P 122 811 1054
-ent: Ad 505 (912); An 380; E 948; P 711 711
-erent: An 603 700
-eret: Ad 106 624 690 690; E 92; P 593 760
-eri: Ad 295 390 505 530 595 626 629 879(DTU) 936 955 960 969 969 987; An 305 529 566 699 792; E 173 245 386(pater= F) 515 532 779 958 963 973; Hc 234 397 471 635 866; Ht 307 428 532 548 562 755 755 785 907 1037; P 245(om=F) 537 725 1034
-et: Ad 284 288(-at=DTU) 288 838 996; An 314 709; E 185 208 208 500(FT); Ht 594; P 219 228 605 694 780 850 924
-t: Ad 67 266 325(D) 413 547 554 768 822 880 883 (885) 946(U); An 80 225 244 480 516 590; E 98 328 448 600; 630; Hc 143 158 633; Ht 109 154 314 331 505 958 993; P 121 341 586 611 617
-unt: Ad 507 735; Hc 217 514; Ht 839; P 1010 1015
firm-o (4):
-are: Hc 750
-as: Ht 1048
-asti: Hc 581
-avit: An 462
firm-us (6):
-ae (n): Hc 101
-i (g): Ht 337 (used subs)
-iorem: Hc 533 746
-um (ac): An 571; Hc 556
flabell[ul]um (ac): E 598
flabellum (ac; 2): E 595 602
flagit-ium (14):
-i: E 1013; P 770
-ia (ac): Ad 379 408 721
-iis (ab): E 1022; Ht 1037
-ium (ac): E 382; Ht 929

-ium (n): Ad 101 112 422; E 382; Ht 922
flamm-a (2):
-a (ab): E 491
-am: An 130
flect-o:
-ere: Hc 608
fl-eo (3):
-ens (n): An 136
-entem: P 521
-etur: An 129
flocc-us (2):
-i (g): E 303 411
flos: E 319
foc-us:
-i (g): E 815
fod-io (2):
-ere: Hc 467; Ht 69
foed-us (adj; 2):
-um (ac): E 943
-us: E 684
foras (31): Ad 109 119 264 923 949; An 174 580; E 98 283 358 469 599 668 702 737 945 1041; Hc 36 144 222 364 522 733; Ht 426 561 722 1000; P 484 878 892 958
foris (adv; 6): E 934; Hc 218 539; Ht 923; P 308 745
for-is (subs; 20):
-es (ac): Ad 88 102 120 167 632 638 788; E 284; Hc 315; Ht 275; P 743 866
-es (np): E 89 282 1029; Ht 173 613
-ibus (ab): P 741
-ibus (d): Ht 278
-is (ns): Ad 264
form-a (21):
-a (ab): An 72 119 422 428; E 132 361 366; Ht 389 523; P 108
-a (n): E 375; Hc 75 572; P 1024
-ae (d): Ht 382
-am: An 286; E 444; Ht 773; P 108
-arum: E 297 566
formidulosus (2): E 756 757
formo(n)sus:
formonsior: E 730
fors (adv): An 957(FT); Ht 715
for-s (subs; 6):
-s (n): E 197(F); Hc 370 386 610; P 138 717(forsitan=DTU)
-s (v): P 841(Cap)
forsan: E 197(U)
forsitan (2): An 957(fors[itan]=KL; fors=FT); E 197 (fors[it]an=KL; forsan=U; fors fuat an=F); P 717(DTU)
fortasse (15): Ad 119; An 119; E 280 1020 1061; Hc 270 313 550 609; Ht 201 777 824; P 146 900 939
forte (28): Ad 406 549 618 711 741; An 80 118 357 728 924; E 134 287 424 501 524 568 663; Hc 321 330; Ht 235 272 355 551; P 273 617 745 757 775
fort-is (6):
-em: An 445
-is (ac): E 814; P 203
-is (ns): An 702; P 324
-ius (n): E 50
fortiter: Ad 566
fortitudo: P 325
fortun-a (17):
-a (ab): E 134 568; P 31
-a (n): An ae10; Hc 386; P 203
-a (v): Hc 406; P 841(cap) 841(cap)
-ae (n): P 201 473
-am: E 1046; Hc 16; P 884
-arum: Ht 464
-as: An 97 609
fortunat-us (adj; 16):
-am: Ht 381
-i (n): Ad 502
-ior: E 1031; Hc 491 848; Ht 296
-issime: P 504
-issimum (ac): Ht 842
-um (ac): Ad 43; E 365
-us: Ad 852; E 284 369; Hc 601; Ht 825; P 173
fortunat-us (subs):
-e: Hc 418
for-um (17):
-o (ab): Ad 645; P 79
-um (ac): Ad 154 277 404 512; An 226 254 302 355 745; E 763; Hc 273; P 312 598 859 921
frango (2):
fracta (ab): An 923
fregit: An 222
frat-er (60:
-er (n): Ad 437 549 556 569 708 882 924 957(F); An 934; E 131

364 563 569 617 697 824 891
905 954 1042 1050; P 460 776
-er (v): Ad 256 256; E 1051;
P 895
-re: Ad 40 624 862 996; P 732
1002
-rem: Ad 94 259 268 404 499
510 540 600 716; E 203 610
700 713 952; P 63 865
-ri: Ad 59 463 (912); E 1038;
P 820
-ris: Ad 391 625; An 292 932;
E 354 1040; P 253
frau-s (3):
-dem: An 911; Ht 442
-s: Ht 1033
frequens: An 107
fret-us (7):
-um (ac): Ht 24
-us: An 336 619; E 1063 1063;
P 273 966
frig-eo (4):
-ent: E 268
-et: E 517 732; P 994
fron-s:
-tem: Ad 839
fruct-us (5):
-i (g): Ad 870
-um: E 450; P 680
-us (ac): P 1013
-us (ns): P 332
frugal-is:
-ior: Ht 681
frugi- (6):
- (gs): Ht 580
- (ns): Ad 959 982; E 608 816;
Ht 597
fru-or (7):
-are: E 372; Ht 345
-atur: Ad 950
-i: Hc 842; Ht 149 401; P 165
frustra (11): Ad 208; An 308;
E 285; Hc 438 800; Ht 261
292 693 725 857; P 209
frustr-or (3):
-ata (est): Ad 621; An 374
-etur: E 14
frux: see frugi
fuc-us:
-um: E 589
fug-a (3):
-am: E 673 787; P 191
fugiens (pa): An 935
fug-io (11):
-e: Ad 538
-ere: Hc 182; Ht 166; P 7

-erit (subj): Ht 316
-i: An 766
-ias: P 768
-io: Ht 1000
-is: An 337; Hc 706
-ito (2): Ad 417
fugitans (pa): P 623
fugitiv-os (adj):
-om (ac): Ht 678a
fugitiv-us (subs; 2):
-e: E 669; P 931
fugit-o (5):
-ando (g ab): E 847
-ant: Ad 872; Hc 776
-at: Ht 434
-et: P 835
fum-us:
-i (g): Ad 846
funambul-us (2):
-i (g): Hc (34)
-o (ab): Hc 4
fund-a:
-am: E 786
funditus: An 244
fund-o (3):
-es: Ad 769(F)
-is: Ad 769 (-es=F)
fund-us (3):
-i (g): E 79
-o (ab): Ht 68
-o (d): Ht 732
fung-or (5):
functus (es): Ht 580
functus (est): Ad 464; P 281
functus (fueris ind): Ad 603
-ere (ind): Ht 66
fun-us (4):
-us (ac): An 108 115; P 99
-us (n): An 127
fur- (2):
-em: E 23
-um: E 776
furcif-er (4):
-er (v): An 618; E 798 989
-ero (d): E 862
furt-um (4):
-i: E 809
-um (ac): Ad 13; E 28; P 191
futtil-is:
-i (d): An 609

G

gallina: P 708
ganeo: Ht 1034
ganeum (ac): Ad 359(sp=U)

gann-io:
-it: Ad 556
garr-io (5):
-i: P 496
-is: E 378; Ht 536 823; P 210
garrul-us:
-ae (d): Ad 624
gaud-eo (34):
-eam: Hc 107; P 1052
-eamus: E 1041
-eant: An 627
-eas: Ad 254
-ebam: Ad 153; An 60 89
-ebat: E 587; P 595
-ebis: P 494
-emus: Ad 81
-eo: Ad 444 955 972; An 40 362 939; E 976 998 1038 1051; Hc 233 353 642; Ht 407 692 816; P 286 883
-ere: An 946; Ht 885
gavisurum (sc esse): An 964
gavisus (sum): Ht 857
gaud-ium (22):
-i: An 963
-ia (ac): Ad 876; An 964; Hc 833
-iis (ab): E 1035
-io (ab): Ad 409 537; An 180 339 938; Hc 842; Ht 308 505; P 856 870
-io (d): An 961 ae13
-ium (ac): E 550 552; Ht 414
-ium (n): Ad 972; An 647
gemin-o:
-abit: Ad 173
gemin-us (adj):
-as: An 674
gemitus (ac): Ht 373
gem-o:
-ens (n): E 336
gen-er (4):
-er: Ht 936
-erum: An 571; Hc 537; Ht 865
gen-ius (2):
-ium: An 289; P 44
gen-s (7):
-tium: Ad 342 540; E 625; Hc 284 293; Ht 928; P 1033
gen-u:
-ua (ac): Hc 378
gen-us (11):
-era (ac): Ad 304
-ere: Ad 297(ingenio=4) 409 651; P 125
-eri: E 246

-eris: Ad 444
-us (ac): Ht 194
-us (n): An 629; E 248; Hc 198
german-us (adj):
-i (g): An 292
german-us (subs; 2):
-e: Ad 269
-us: Ad 957
ger-o (17):
-as: Ad 431
-at: E 923
-ere: Ht 947
-eret: Ad 708
-etur: P 28
-it: P 145
-undus (est): E 188
-unt: Hc 310 311
gesserimus (subj): P 772
gessero: An 641; Hc 599
gesta (ab): Ad 775
gesta (erat): Ad 630
gesta (est): Ad 513
gesta (sit): Hc 468
gestum (sc esse): Ad 214
gerro: Ht 1033
gest-io (3):
-iam (subj): E 555
-io: P 260
-is: E 558
gest-o (3):
-andus (est): Ad 709
-are: E 402
-avi: Ad 563
gestus: P 890
Get-a (44):
-a (n): Ad (291) 479 891; P 35 46 606 838 840
-a (v): Ad 320 323 325 349 447 506 891 894; P 72 136 151 179 196 219 233 373 374 (386) 478 482 491(F) 536 545 554 609 616 672 682 777 781 847 848 869
-am: Ad 305; P 50 177 827
gladiat-or:
-ores (ac): Hc 40
gladiatori-us:
-o (ab): P 964
glad-ius:
-io (ab): Ad (958)
glori-a (5):
-a (n): Hc 33
-am: Ad 814; E 399; Hc 797; Ht 112

glori-or:
 -are (ind): Ht 765
glorios-us (2):
 -um (ac): E 38
 -us: E 31
Glycer-ium (13):
 -io (ab): An 243 284 682
 -io (d): An 790 905
 -ium (ac): An 552 859 908 978
 -ium (n): An 806 875 969
 -ium (v): An 134
gnat-a (22):
 -a (n): Hc 279(nata=4) 572; Ht 615; P 749
 -a (v): Hc 318
 -ae (d): Hc 556
 -ae (g): Ad 340; An 741 ae2; Hc 446 812; P 736
 -am: An 100 242 392 540 592 774 ae20; Hc 124; Ht 880; P 759(DU) 817
Gnath-o (8):
 -o (n): E 228 271
 -o (v): E 419 446 474 771 1043 1054
Gnathonici: E 264
gnat-us (subs; 52):
 -e: Hc 352 456 577 605 606; Ht 843 1028 1060 1065
 -i (g): Ad 756; An 49 869; Hc 233 259; Ht 670 712
 -o (ab): An 851; Ht 429
 -o (d): An 163 528 535 831; Ht 148 1003; P 577 1039
 -um: Ad 383 692; An 98 149 185 540 552 596; Hc 240 758 818; Ht 131; P 64 1045
 -us: An 527 530; Hc 512 780; Ht 431 528 540 882 888 894; P 422 442
gnaviter: E 51 (sp=U)
gong-er:
 -rom: Ad 377
gracil-is:
 -es (n): E 314(U)
gracil-us:
 -ae (n): E 314(-es=U)
grad-us:
 -u: P 867
Graece: P 26(T)
Graec-us (adj; 6):
 -a (ab): Ad 8; E 33; Ht 4
 -a (n): Hc 7b(DT); Ht 8
 -as: Ht 17
 -is (ab): E 8
Graec-us (subs):

 -i (n): P 26(Graece(adv)=T)
grandicul-us:
 -a (ns): An 814(4)
grand-is (4):
 -em: Ad 673; P 439
 -ior: Ad 930; P 362
grandi(us)cul-us:
 -a (ns): An 814(grandicula=4)
grati-a (51):
 -a (ab): An 422 433 587 836; E 99 159; Hc 617 836; Ht 768; P 622
 -a (n): Ad 121 138; E 750; Hc 479 741(-am=DFT); P 56 337
 -ae (d): An 331
 -ae (g): Ht 999
 -am: Ad 887 (914) 971; An 42 770 948; E 385 557 719 872 911 1091; Hc 291 346 390 583 653 741(DFT) 795 798;˙ Ht 302; P 54 338 966 1029
 -as: Ad 368˙596; An ae11; E 391; P 596 894
 -is (ab used adv): Ad 744; P 500
gratul-or (2):
 -ando (g ab): Ht 879
 -antur: E 259
grat-us (9):
 -a (np): E 396; Ht 445
 -issimum (n): Ht 368
 -um (ac): Ad 251 270; An 42; E 275 723
 -um (n): Ht 262
gravid-us (5):
 -a (ns): Ad 475; An 216
 -am: An 513; Hc 392; Ht 626
grav-is (13):
 -e (n): An 566; Hc 125; P 94
 -em: Ad 496
 -ia (n): Ht 1058
 -ior: Ht 645(mi vir=F)
 -is (ac): Ht 92; P 369
 -issimum (n): Ad 468
 -ius (ac): Ad 66; Ht 957
 -ius (n): An 874; P 207
grav-iter (12):
 -iter: Ad 788; An 191; Hc 261 404 624; Ht 114 570 613 1045
 -ius: Ad 140; E 81; Hc 717
grav-o:
 -are (imp): Ad 942(-ere=D)
 -ere: Ad 942(D)
grem-ium (2):
 -io (ab): Ad 333
 -ium (ac): E 585

gre-x (5):
-ge: Ad 362
-gem: E 1084; Ht 45 245
-x: P 32
gubernatrix: E 1046
gubern-o:
-at: Hc 311
gynaeceum (ac): P 862

H

hab-eo (196):
-e: P 435
-eam: Ad 268 270 313; An 649; E 128 174 176 519(-erem=FT) 674; Hc 66 741; Ht 95 466 710; P 832
-eas: Ad 622 750; An 649; Ht 104; P 345
-eat: Ad 50 997; An 378(-et=FT) 889; E 139 197 800; Ht 193; P 16
-ebam: E 119; Hc 294
-ebat: P 365
-ebis: P 433
-emus: Ad 456; E 835
-enda (est): P 56
-enda (sunt): Ht 325
-endae (g): P 827 880(F)
-endae (sc sunt): P 249
-ens (n): E 634 760; Hc 602
-ent: E 263 384; Hc 176; P 41 (429) 479 820
-ente: Hc 830(4)
-entem: Hc 830(-ente[m]=KL; -ente=4)
-eo: Ad 51 239 291 887 971; An 40 42 320 335 344 498 586 623 704 704 705 713 770 918; E 17 120 147 243 243 1091; Hc 346 653; Ht 94 224 338 677 1002 1064; P 54 744 894
-ere: Ad 46 179 258; An 95 146 564 881; E 138 152 920; Hc 100 100 149 381 541 678 846; Ht 94 963; P 296 756
-erem: An 98; E 519(FT)
-eres: Ht 384 817
-eret: Ad 365; E 488; Hc 657; Ht 98; P 15
-eri: Hc 149; Ht 449
-es: An 710; E 401 415 475 670 695 695; Hc 194 644 805; Ht 654 718 1039; P 169 947
-et: Ad 382 728; An 19 83 160 378(FT) 436 940 954; E 58 78 78 400 485 684 1078; Hc 100 101 606 745; Ht 20 64 226 526 702 835; P 145 146(F) 754 1030 1041
-etur: E 750
-ita (est): An 809
-itum (esse): Ht 402(abitu=F)
-iturum (sc esse): E 852; Hc 819
-iturus (est): Ad 389
-itus (essem): Hc 526
-itus (est): E 1023
-itus (fui): An ae14
-uerim: An 273
-ueris (subj): E 1019; Hc 582 607
-uerit (ind): Hc 718
-uerit (subj): Ht 658
-ui: Ad 44 48; An 39; E 170 237 424 680 1065; Hc 279; Ht 94 461(-uit=FT)
-uisse: Hc 519 752 871
-uisset: E 522
-uit: Ad 413; An 85; Hc 574; Ht 461(FT); P 942
habit-o (9):
-abat: E 107
-ant: Ad 647
-asse: An 796
-at: Ad 654; E 321
-atum (sup): Hc 224 589
-et: P 306 934
habitudo: E 242
habit-us (pa):
-ior: E 315
hac (19): Ad 280 573(DFT) 574(hanc=F) 575(istac=F) 577 580 582 609 909 921(huc=4); An 978; E 105 714 816 1065 1094; Ht 512 664 743 832
haer-eo (7):
-eam: E 1055
-eat: Ad 171
-eo: E 848; P 963
-eret: Ad 403
-et: E 977; Hc 299
haesit-o:
-ans (n): P 780(F)
-as: P 780(-ans(n)=F)
hahae: An 754
hahahae (5): E 426(sp=DFT) 497; Hc 862; Ht 886; P 411
hariol-or (2):
-are(ind): P 492
-or: Ad 202
hariolus: P 708
haruspex: P 709

hau: see haud
haud (hau often in F; haut often in U; 75): Ad 56(F) 295 373 443 450 454 667(hauscio=F) 783 886 928 976; An 40 205 (218) 276 324 336 391 399 460 495 525(hauscio=F) 530 624 652 772 792 807 952 955; E 235 313 359 433(non=4) 494 641 1065; Hc 94 95 106 226 232 252 258 260 278 306(aut=DFT) 326 424 460 482 590 591 756 814; Ht 24 175(DTU) 222 323 387 416 629 668 747(hauscit=F) 797 918 958 999(hauscio=F); P 45 265 269 419 475 515 545 774 (hauscio=FT) 879
haudquaquam: Ht 175(sep=DTU)
hausc-io:
-io: Ad 667(F); An 525(F); Ht 999
-it: Ht 747(F); P 774(FT)
H[e]aut-os:
-on: Ht 5(sp=T)
Hecyr-a (2):
-a (n): Hc 1
-ae (d): Hc 1(DFT)
-am: Hc 29
Hegi-o (10):
-o (n): Ad 438 947
-o (v): Ad 455 488 499 592; P 447 452
-onem: Ad 460
-oni: Ad 351 956(F)
heia (7): Ad 868; E 1065; Hc 250; Ht 521 1063; P 508 628 eia=FU)
hellu-o:
-ari: Ad 33(F)
-o: Ht 1033
hem (80): Ad 224 260 320 326 343 371(DTU) 467 487 488(U) 559 570 622 654 696 709; An 116 184(em=F) 194 248(em=T) 270(om=F) 359 383 416(U) 420 435 458(U) 462 590 592 619(U) 665 682(4) 683 686(U) 747 765 780 785(em=DFT) 793 (4) 803 859 882 919 928a 969 ae7; E 307 636 647 689 747 805 827 955a(om=4) 962 977 (om=DT) 986 1072; Hc 205 271(U) 314 339(em=F) 347 (em=F) 527 706; Ht 102 128 311 340 517(em=F) 654 706 757(ehem=F) 906; P 195 198

[386] 387(em=U) 548 682 (em=F) 688(F) 747(F) 749 775 817 872(om=U) 941 954 990 1004 1040
hercle (101):
hercle (99): Ad 190 227 247 268 281 353 362 375 419 439 483 551 554 578 637 683 902 928 975 982; An 194 225 336 347 374 440 495 505 554 597 625(F) 742 774 775 929 942; E 50 67(FU) 218 222 254 274 305 311 321 329 356 362 397 416(U) 466 487 530 562 607 727 732 905 968 984 1019 1032 1073; Hc 306(ere=FT) 416 424 459 624 783 806; Ht 187(U) 321 348 491 523(ere=F) 549 553 582 612 621 678 692 736 761 766 815; P 137 164 386 494 523 542 615 624 644 683 774 807 849 870 877(FT) 900 936(F) 956 969(om=F) 993 1049
-hercle (2): E 67 416
Hercules: E 1027
here: see heri
heredit-as (2):
-as: Hc 172
-atem: An 815
her-es (2):
-ede: Ht 969
-edem: Hc 460
heri (14): An 85 768; E 83 169 357 539; Hc 190 237 251 329 466; Ht 519 568(here=KL); P 36
herus: see erus
hestern-us:
-o (ab): E 939
heu (4): Ad 291(F); An 646; Hc 271 282; P 187
heus (38): Ad 281 281 634 634 776 882; An 84 [579] 635 945; E 102 217 276 337 337 434 469 530 530 594 624 712; Hc 339 523; Ht 313 348 348 369 550 743; P 152 398 440 819 847 882(o mi= 4) 903 1037
hic (adj and p; see also hice and hicin(e); 1279):
hac: Ad 26 113 124 148 166 227 332 451 499a(om=4) 515 592 614 925 967(ista=DFT); An 46 50 99 203 227 542 670 796 944; E 102 172 233 567 723 764 865 885 907 997 1051 1064; Hc 80

99 296 298 410 462(huc=U) 537 599 601 625 637(F) 721 782 785; Ht 46 87 261 329 442 491 634 669 932 947 1042; P 167 291 425 444(ea=4) 461 476 517 (hanc=F) 657 748 750 900 1014 1019 1021
hae: Ad 785(FU); An 328 (haec= DTU); E 89(F) 282(haec=DT); Hc 101(TU) 289(F)
haec (ac): Ad 44 96 100 103 112 165 (199) 318(posthac=F) 396 408 430 453 510 629 674 691 693 751 817 847(praeterhac=F) (884) 897 906 994; An 59 113 215 296 340 355 393 524 578 599 772 784 790 793 837 910 930 962; E 61 67 120 170 171 255 341 364 386(hoc=U) 480 515 523 592 632 746 769 808 864 940 988 1042 1049 1077; Hc 117 213 285 469 473 552 562 710 762 831 833 841; Ht 71 102 128 133 517 541(om=U) 550 579 878 907 953 964 969 1058; P 130 245 423 521 621 725 728 731 737 845 944 952
haec (np): Ad 59 122 141 142 248 380 491 507 636 660 736 754 785(hae=FU) 964 966; An 30 104 328(DTU) 366 438 476 499 656 700 836 973; E 59 89 (hae=F) 158 282(DT); Hc 101 (hae=FU) 289(hae=F) 514 632 790; Ht 98 157 195 207 295 325 536 838 870(4) 1035; P 108 269 344 531 711 792 895
haec (ns): Ad 212(quae(rel)= F) 312 555 650 931 943 975; An 74 105 126 129 149 215 235 237(hoc(n)=D) 251 293 374 381 441 461 463 465 471 512 747 756 809; E 80 222 231 295 439 443 471 508 582 584 689 752 811 848 890 1006; Hc 1 (Hecyra=D) 5 75 81 (111) 164 179(F) 198 223 262 382 496 505 546 595 606 619 619 672 711 771 774 781 796 830; Ht 53 190 276 318 334 357 366 376 390 461 522 564 599 601 615 625 680 806 852 997; P 88 126 160 164 349 446 525 635 649 716 732 755 779 874 903 967 1018 1030 1036
hanc: Ad 42 162 208(F) 238 258 312 334 335 341 348 493 560 573(hac(adv)=DFT) 574(F) 576 600 616 625 629 652 668 696(F) 758 762 908 926 933 954; An 32 146 221 223 281 (om=D) 289 291 297 401 448 472 497 510 512 520 564 639 696 697 708 723 780 786 881 896 898; E 84 132 247 266 319 328 344 344 361 365 525(eam= F) 557 563 701 718 744 744 749 751 852 855 888 991(om= U); Hc 6 8 114 162 204 221 252 294 313 381 390 407 420 461 497 535 564 602 605 636 677 678 680 694 716 719 723 729(hinc=DFT) 744 778 872; Ht 15 41 186 297 525 604 608 670 693(om=4) 697 703 714 729 767 774 847 899; P 62 82 150 161 184 313 352 353 370 410 481 517(F) 560 579 625 675 678 719 754 756 764 777 798 812 815 861 932
harum: An 558 904; E 136 297 937; Hc 818(FTU) 865(4); Ht 260 326 876; P 753
has: Ad 208(hanc=F) 638 648 (U); An 47 168 521 529 595 766; E 937; Ht 10 370; P 743
hi (np): Ad 421(U); An 87 (DTU); Ht 393([h]i=KL; ei= FT); P 964
hi (ns): E 228(F)
hic: Ad 10 18 40 78 149 157 278 362 ([475])(om=DU) 479 651 709 777 778 875 876 932 935 956 967 968 969; An 19 102 110 112 184 189 310 311 324 333 405 419 432 457 462 463 470 478(FU) 495 590 650 691 692 [705] 748 787 792 801 845 908 915 915 919 965; E 3 31(FT) 86 101 123 135 197 228 228(hi(c)=KL; hi(ns)=F) 254 299 423 546 (hoc(n)=F) 558 676 681(hi(c)=KL) 688 783 785 809 899 1023 1030 1034 1037; Hc 60 394 466 512 567 696 744(FT) 745 821; Ht 13 18 225 263 277 319 333(FT) 403 507 543(hinc=F) 584 614 653 802 875 949; P 4(antehac= DU) 19 26(F) 80 178 191 215 266 267 (428) 509 516(4) 528 529 535 545 626 667 740 759

(DFU) 818 823 843 846 910 952 991 1028
his (ab): Ad 329(U); An 196 395; E 168(DU) 245 331 1062; Hc 227 288 363(U) 631; Ht 63 132 258 325 564(U); P 632 634 824
his (d): Ad 62 671 947; An 151 837(eis=F); E 3(DTU) Hc 450(U) 628 821; Ht 735; P 515(4) 884
hoc (ab): Ad 76 225(ac case= 4) 320 410 443 520 527(DFU); An 31 67 211 268 351 431 471 603 682 704 819 902 938 946; E 201 226 231 269 353 726 1082(F) 1093; Hc 104(ac case= DU) 674 712 747 755 756 824 842 849; Ht 55(DT) 394 475 876 1030; P 193 322 508 614 773 804 869 966 1011
hoc (ac): Ad 28 76 83 92 163 167 196 202 225(4) 226 227 232 239 247 337 339 (393) 417 417 500 637(DF) (640) 682 698 786 808 824 833 870 924 969(om=4) 969; An 46 201 201 259 269 281 346 387 409 415 489 497 [500] 506 509 544 590 607 611 621 660 668 672 675 683 703 849 899 901 929 958 958; E 101 114 129 130 181 185 187 190 199 221 267(DT) 275 275 386 (F) 453 520 544 550 552 591 595 599 658 660 694 707 726 759 766 779 783 792 810 857 871 875 877 898 929 961 965 971 998 1054 1056 1058 1069 1084 1085; Hc 104(DU) 107 110 133 153 155 189 194 258 262 265 324 415 445 455(hic (adv)=F) 476 513 515 567 568 585 600 609 628 645 709 766 813 834 847 866 869 [877]; Ht 78 87 164 229 268 271 273 315 350 362 412 434 623 644 676 694 705 718 786 831 862 890 935 943 957 990 1008(id=F) 1012 1053 1054; P 12 16 49 73 124 136 137 185(F) 208 235 255 318 324 350 378 412 420 435 489 503 513 516(hic(p)=4) 531 536 585 673 690 714 718 763 809 819 866 889 891 904 955 978 1020
hoc (n): Ad 74 175 190 272 283 287 329 346 418 418 425 425 425 469 544 632 707 707 707 725 796 803 888 904 941 944 (946) 972; An 43 125 175 191 215 237(U) 264 300 391 436 457 468 516 563 624 647 665 688 698 741 864; E 93 108 121 208 211 225 233 247 274 283 311 326 334 380 428 546 546(F) 628 640 642 644 732 810 959 1005 1029 1041 1081; Hc 97 193 198 236 246 279 314 379 548 570 646 648 727 843; Ht 154 209(om=4) 269 298 331 368 410 458 459 498(F) 649 664(FT) 747 904 996 1000 1066; P 40 170(F) 177 206 208 239 373 450 494 539 806(om=4) 825 888 934 1000 1009 1033 1040
horum: An 58; Hc 525; Ht 985; P 132 245(F) 250 268 392 518 (F)
hos: Ad 757 889; An 819; E 249 277 492 793; Hc 172 177 (T); Ht 92 752(FT); P 832
huic: Ad 224 300 372 485 545 568 638 652 659 824 906 935 950 951 980; An 233 312 312 323 371 372 458 468 482 488 591 615 704 711 917 942 961; E 35 229 345 355 467 490 595 624 705 738 770 968 969 983; Hc 1 410(F) 509 626 669 690 714 794 807; Ht 181 340(DFT) 356 481(FT) 516 540 563 601 (quoi(rel)=F) 603 709 732 830 974 997 1030; P 200 524 534 553 613 616 689 752 997 1003 1037
huius (hui(u)s often in KL): Ad 96 163 351(eius=DT) 444 581 929 974; An 111 210 261 286 290 357 480 887 888 890 943; E 202 267(F) 301 444 746(w modi) 801 873(w modi) 980 1070; Hc 124 168 338 385; Ht 203 269 333 334 339 544 (FT) 551 682 812 961 1065; P 199 491(F) 505 529 544 608 783(DFT) 971
hunc: Ad 16(eum=U) 47 169 277 287 (401) 482 521 548 553 591 (639) 854 (958); An 18 265 265 269 312 414(huc=F) 593 667 717 724 742 776 861

874 899 914 964; E 85 98 269
460 463 486 488 538 540 556
676 677 679 762 802 897 912
920 922 992 1030 1087; Hc 158
327 408(4) 409 429 434 530
(om=DTU) (540) 641 651 676
815 832 863 875 880; Ht 23
146 169 180 (199) 337 413 527
535 571 585 658 757 858 1001
1055; P 18 141 278 285 345
351 366 453 528 529 536 539
605 659 842 844 851 962 985
1001(D) 1032

hic (adv; 151): Ad 156 169 175
180 235(aut=DT) 279 (291)
293 403 433 446 453 507 531
554 637(hoc(ac)=DF) 638 642
647 766(F) 767 769 782 901
947(DT) 949; An 267 389 433
454 458 506 606 638 714 715
720 747 750 763 783 797 804
806 811(U) 853 910 936; E 86
87 147 230 239 268(hisce(ab)=
T;om=FU) 272 286 286 471
530 534 549 625 636 649(F)
717 743 760 764 781(om=U)
800 891 895 923 975 985(hinc=
DFT) 1060 1061; Hc 92 98 167
174 216 217 222 229 230 336
340 341 400 412 430 453 455
(F) 471 597 650 774 805 807
867; Ht (54) 72 96 146 149
160 162 176 231 235 238 253
264 279 355 499(hinc=U) 502
517 601 619 629 696 709 734
742 829 829 833 929 960; P 71
(hinc=F) 89 95 209 221 229
256 258 308 406 450 463 471
541 569 611 633 739 744 747
839 869 926 941 1025 1055

hice (changes to **hicine** not noted
here; 30):
harunc: Hc 818(harum=FTU)
865(harum=4) Ht 746
hasce: Ad 633; Ht 837; P 664
(illasce=U) 734
hisce (ab): Ad 329(his=U);
E 268(T); Hc 363(his=U); Ht
564(his=U) 902(D); P 442 974
hisce (d): Ad 530; E 269 999;
Hc 450(his=U); P 892
hisce (np): E 249
horunc: Hc 172; P 290 518
(horum=F)
hosce: Ad 903; E 151 781 782;
Ht 514 752(hos=FT); P 609

huiusce: An 439; P 827
hicin (adv): Ad 183(sp=DTU)
hicin(e) (changes to **hice** not
noted here; 30):
hacin: Hc 283
haecin (ac): Ad 379 390 408
haecin (np): P 1012
haecin (ns): Hc 771; P 1013
hancin: Ad 758; E 771; Hc
282
hicin: An 478(sp=DT; hic=FU)
hicine: Ad 709; An 907; P
509 955 992
hiscin (d): Hc 70
hoccin (ac): Ad 237 304; An
186(sp=4); E 644(sp=4); Ht
1029(sp=4)
hoccin (n): Ad 237(sp=4); An
236(sp=4)
hoccine (n): An 236(sp=4) 625
hocin (ac): Ad 610a
hoscin: Ad 758; Ht 401
huncin: Ht 203(sp=4)
hilare: Ad 287(FT)
hilar-is (2):
-em: Ad 287(-e[m]=KL; hilare
(adv)=FT)
-ior: E 731
hilar-us (3):
-um (ac): Ad 756 842 [854]
(om=DFT)

hinc (102): Ad 225 230 361 384
433 435 517 560 618 661 816
841 843; An 126 221(DFT)
226 255(F) 317 337 590 600
682(DT) 707 708 726 734 759
786 833 848 892 908 935 979;
E 110 156 206 234 276 283 465
494 536 545 548 549 580 651
662(DF) 716 763 787 799 830
861 952 985(DFT); Hc 86 222
246 324 414 578 586 607 610
613 629 703 726(F) 729(DFT);
Ht 111 134 165(4) 173 174 211
212 239 340(huic=DFT) 446
499(U) 510 543(F) 572(4) 586
586 589 809 813 1001(F); P
71(F) 143 190 288 311 315
368(F) 466 542 551 559 566
567 604 635 719 741 779 782
847 857 891 930 978 1054

hoc (adv; 6): Ad 878; An 386;
E 394 501; Hc 348; P 152
hocedie: see **hodie**
hodie (79): Ad 159 212 215 400
527(hoc(ab) te(ac)=DFU) 551

570 587 838 842 892 959 967
975 979; An 196 238 254 301
321 322 348 354 370 388 410
413 418 529 534 603 607(U)
620 654 841 866 916; E 205
230 234 302 463 564 616 677
686 692 697(hocedie=FT) 712
719 800 803 951 1024 1031; Hc
386 437 508 788 802 814 816
873 876 879; Ht 5 162 176 344
501 574 678a(om=DT) 846 895
950(F); P 377 626 639 805
1009 1052

hol-us:
-era (ac): An 369

hom-o (177):
-ine: Ad 98 254 821; E 460
1083; Ht 193; P 629
-inem: Ad 38 154 183 259(-ini=
4) 281 304 446 562 579 891;
An 245 769 844; E 235 254 274
324 357 417 418 588 619 674
709 758 768 802 835 1009 1011;
Hc 214 524 555; Ht 380 530
567 666; P 2 195 252 292 305
335 476 591 592 598 620 632
845 977
-ines (ac): Ad 15 220; An 695
910; E 225 254 490; Ht 883;
P 327 764
-ines (n): E 268; P 454
-ini: Ad 200 228 259(4) 536
861; An 425 828 ae11; E 232
425; Hc 281 431; Ht 81 356 585
780; P 135
-ibus (d): Ad 833; Ht 422
-inis: Ad 367 572 734 736 966;
An 330; E 546 560(om=T) 696
833; Hc 439; Ht 313 580 848
-inum: Ad 218 594 739; An 78
246 629 745 967; E 248 404 409
561(omnium=T; om=U) 757;
Hc 198 861(omnium=4); Ht 61
503 887; P 853
-o (n): Ad 107 143 407 431 440
442(om=U) 540 716 883 934
959 982; An 344 663 744 965
974; E 232 239 261 358 408
543 549 676 804 960 976 1082;
Hc 459 828 861; Ht 77 205 731
825; P 123 362 375 411 509
562 642 774 808(om=U) 991
1041
-o (v): Ad 111 218 336; An
721 778; E 756; Ht 1003; P
853 1005

homuncio: E 591
honeste (3): An 798; E 716;
P 912
honest-us (8):
-a (ab): An 123; E 132 230
682
-a (ns): An 141
-um (ac): Hc 403
-um (n): Hc 151
-us: E 474
hon-or (4):
-or: E 1023(-os=KL)
-ore: Et 260(F); Ht 687
-orem: E 260(-ore=F)
-oris: P 928
honos: see honor
hor-a (2):
-a (n): E 341
-am: P 514
horreo: E 84
horresco: Ad 633
horrid-us:
-a (ns): P 106
-am: Ht 297(DT)
horsum (2): E 219; Hc 450
hortament-um:
-is (d): Ht 836(pro alimentis
=4)
hortor: Hc 64
hort-us:
-o (ab): Ad 908
hosp-es (13):
-es (n): Ad 529; An 914
-es (v): An 817
-ite: E 119; Hc 195
-item: An 810; Hc 432 801 804;
P 67 605
-ites (ac): P 328
-itis: An 843
hospit-a:
-ae (g): An 439(4)
-ai: An 439(-ae=4)
hostis: Hc 789
huc (86): Ad 435 525 526 550
635 646 649 673 731 757 766
(hic=F) 775 889 921(4) 970;
An 70 266 414(F) 485 507 567
579 594 712 748 807 808 818
850(FT) 900 909 952 980; E
99 120 158 189 228 289 342 343
345 352 470 472 493(DT) 517
671 706(FT) 708 774 777 796
944 945 996 1025; Hc 91 169
175 190 262(F) 285 298 384
408(hunc=4) 462(FU) 502 504
683 720 733 754 793; Ht 150

174 604 723 739(DFT) 744 745
762 903 904; P 177 309 464 480
482 776 865 878 981 982
hui (15): Ad 216 411 567; An
474; E 223 376(F) 407 805
1052(om=DTU); Hc 283; Ht
92 480(huic=F) 606; P 302 558
791
huiusmodi: see modus
humane: Ad 145
humanitus: Ht 99
human-us (7):
-a (np): Ht 552
-i (g): An 113; Ht 77
-um (n): Ad 471 687; An 236;
Hc 553
humil-is:
-es (n): Hc 380
hum-us:
-i (loc): An 726
hymenae-us (subs; 2):
-um (ac): Ad 905 907

I

-i-: found in hicin(e) and
sicin(e)
iact-us:
-u: Ad 740
iam (see also iamdudum; 243):
Ad 41 79 135 (150) 152 181
184 186 202 209(om=DU) 223
(tanti(g)=F) 236 276 279(F)
286 290 293 325 330 338
361 384 388 389(U) 440 (441)
526 552 571 589 590 602 619
620 631(nunc=4) 687 700(eam=
F) 700(eam=F) 700 700 723 734
754 769 780 782 838 853 853
860 (884) (911) 931(4); An 95
181 190 211 284 341 352 362
374 469 471 505 508 512 579
581 586 601 617 622 631 672
682 683 684 687 704 704 715 776
779 784 786 806 813 814 820
821 827 845 847 849(F) 854
864(om=F) 874 922 953 971
(T); E 15 29 41 85 204 219
348 379 433 492 510 514 518
(4) 550 587 611 633 663 673
703 704 725 725 733 739 765
783 811 814 882 891 914 986
1000(4) 1002(4) 1008 1016
1021 1041 1085; Hc 22 126
219(4) 246 273 280 296 348
358 378 394 407 465 467 505
543 593 594 620 630 650 664
673 737 761 806 865(meo(ab)=
DF; om=T); Ht 98(om=F)
104 183 234 238 238 238(4) 274
330 341 350 359 376 410 439
451 497 540 594 612 618 621
634 679 694 705 738 759 799
817 820 822 835 848 858 879
(inquam=DFU) 900 919 948
979 999(DFT) 1008 1012; P 22
37(4) 110 166 179 182 219 308
321 326 327 347 351 361 362
423 436 445 487 525 559 559
628 [650](om=4) 662 668 676
677 699 796 798 816 816 850
944 959 963(F) 995 1007 1021
1023 1029 1034 1043 1055
iamdiu (sep=4; 4): Ad 931; E
518 1000 1002
iamdudum (sep=4; 20): Ad 401
517 720; An 228 948(sep=DFT;
sp=U); E 448 448 734(sep=
DFT; sp=U) 743 816 917; Hc
336 722; Ht 171 230 409 758
882; P 289 471(sep=DFT; sp=
U)
iampridem (sep=4; 2): Hc 219;
P 37
ianu-a (2):
-a (ab): An 759
-am: An 725
ibi (48): Ad 29 181 402 576
584(illi=F) 584 846 867; An
106 118 131 149 223 356 357
379 523 634 638a 839 927 928
936(U); E 22 108 187 216 261
290 512 571 584 612 622; Hc 87
128 129 610; Ht 111 154(FT)
365(om=U) 472 813(DTU) 967
983 1063; P 101 194 284(illic=
DU; subito=FT) 364 847
ibidem: An 777
ic-io:
-tus: E 178(F)
idcirco (3): An 690 ae7; Ht 516
idem (78):
eadem (ab): Ad 128; Hc 73
309 747(om=F); Ht 329 368;
P 404 406 900
eadem (ac): Ad 599 751; An
578 599 930; Hc 199; Ht 114
550; P 487
eadem (ns): Hc 544 764; Ht
265 1010; P 126 716 913
eandem: Ad 812; Hc 71 691;
Ht 442; P 495
easdem: E 7; Hc 18 242 791

eisdem (ns): Ht 898(D)
eodem: Ad 695; An 885; E 241;
Hc 10 18 203; P 780
eundem: Ad 424; E 226 1022
idem (ac): Ad 568 801 823;
An 582; E 453 783 810 1083;
Hc 249 609 722 754(item=
DFT); Ht 164 493 678a; P
426 491(om=F) 726 888
idem (ns): Ad 73; An 521([i]-
dem=KL; w tamen=KL and U)
599(itidem=DTU); E 9 1071;
Hc 408(item=F); Ht 265 522
(itidem=FT) 881 888 898
(eisdem(ns)=D; isdem(ns)=U)
1021(DFT); P 516 879
isdem (ab): E 35(eisdem=D)
isdem (d): Ht 300(eis=DFT;
sp=U)
isdem (ns): Ht 898(U)
ideo: Hc 218
idone-us (5):
-a (ns): Ht 133
-i (n): An 757
-um (ac): Hc 361; P 721
-us: An 492
igitur (27): Ad 746; An 48 103
(DFT) 154 375 383 519 598 749
853 932; E 46 281 700(om=F)
823 854 966 1040; Hc 181 355
462; Ht 818 857; P 549 573
812 813 924
ignar-us (5):
-am: Ht 226
-um (ac): Ad 160; Hc 675 682
-us: E 136
ignav-os (5):
-e: E 777(used subs)
-issime: E 239
-om (ac): An 277; Hc 853
(ingratum=F)
-os (n): E 662
ign-is (3):
-em: An 129 140; E 85
ignobil-is:
-em: P 120
ignomini-a:
-as: Ad 262(U)
ignor-o (7):
-abant: E 1089
-aret: P 874
-arier: P 931
-as: Ht 105
-atur: P 357
-es: Ht 269 1059

ignosc-ens (pa):
-entior: Ht 645
ignosc-o (14):
-am (ind): Ht 647
-as: Ht 1049 1066
-e: Ht 1052; P 1035
-enda (sit): P 1015
-endi (g): Ht 218
-ere: An 678; E 42
-es: Ht 933
-i: Hc 737
-o: E 879; P 1044
ignotum (est): Ad 474
ignot-us (2):
-a (ns): P 751
-um (ac): P 548
ilicet (5): Ad 791(scilicet=DF);
E 54 347; Ht 974; P 208
ilico (33): Ad 156 203 369 536
618 623; An 125 514; E 133
417 576 622(occipit=F) 740
1012; Hc 159 182 188 332 367
376 824; Ht 144 182 214 487
489 616 656 697 905 1001(U);
P 88(ei loco=FT) 195 796
ilign-us:
-is (ab): Ad 585(salignis=F)
ill-: for forms other than those
listed below see **inl-**
illac (2): E 105; Ht 512 931
(FT)
ille (617):
illa (ab): Ad 284 349 448 552
666(DTU) 851; An 265 299
325 386 400 519 853 889 918
ae3; E 511 637 748 749 804
1073; Hc 62 136 139 161 390
(ns=F) 694; Ht 442 658 751;
P 433 794 811 934
illa (ac p): Ad 31 86 387 422
857; E 620; Hc 604(4)
illa (np): An 283; Ht 325
illa (ns): Ad 488 620; An 126
135 229 301 549 772; E 67(F)
343 437 441 524 537 576 622
625; Hc 222 390(F) 475 655;
Ht 133 310 361 435 618 655
660 663 794 935; P 45 113 134
717(F) 784(illam=F) 813 960
(F)
illae: An 126 380; E 593; Hc
312 618(F); Ht 243; P 749
illam: Ad 191 192 194 268 277
311 473 477 600 622 661 662
666(illa(ab)=DTU; ea(ns)=F)
667 692 694 702 745 812 845

(75)

921; An 80 271 316 349 371
372 428 430 654 659 689 833 892
936(meam=F) 952 952; E 65 71
141 172 223 282 293 360 406
581 626 684 736 739 740 766
797 807 892 1016 1053; Hc 142
155 162 259 260 265 279 451
472 485 492 494 580 602 604
(illa[m]=KL; illa(ac)=4) 605
643; Ht 127 136 176 312 312
605 653 703 781 854(F) 1060
(puellam=F) 1061; P 109 114
117 226 304 437 438 548 564
627 671 675 692 755 784(F)
877 910 916 926 974
illarum: E 374; Hc 250 371; Ht
215
illas: Ad 481 498 623 632 656
917; E 78; Hc 792; P 576 727
ille: Ad 36 44 50 72 84 213 265
339 360 395 397 412 436 457
476 550 556 565 702 863 866
871 915(DTU); An 58 147 787
924 934(F) 971(FTU); E 12
(U) 159 163 260 417 431 587
607(DFT) 616 618 660 662
(illic=U) 681 693 954 974 986;
Hc 99 120 142 262 444 465 560
747 826; Ht 14 30 97 136 150
154 156 192 197 199(illicine=4)
217 222 478 515 541(illaec=U)
544(FT) 708 747 898 910 978
(F); P 18 43 109 120 144 266
267 281 340 341 582 638 669
736 754
illi (d): Ad 96 126 143 341
451 602(4) 624 651 665 824
872 (915)(ille=DTU) 948; An
86 143(ei=F) 233 287 438 467
599 810(F) 868; E 448 648 667
723 911 916(isti=F) 965 1015;
Hc 95 239 258 344 401 490 713
760 829 833; Ht 138 139 196
(199) 246 322 329 363 415 436
496 565 605 639 650 715 777
(F) 779 781 792 802 861 930
942(illius=F) 1021; P 66 97 121
259 260 468 636 678 796 808
944
illi (n): Ad 17 227; An 535; E
189 412; Ht 21 390 511(D)
918(F); P 676 876(F)
illis (ab): Ad 125(DTU) 678;
An 107 562; E 372 385(4); Ht
74 325 642 994; P 332 332 866
illis (d): Ad 18 719 814 819

826 868 940; An 65 491 834;
E 383; Hc 328 370(4) 599 755
785; Ht 249 586; P 331 677
923
illius (illi(u)s often in KL):
Ad 261 (441) 533 572 722; An
810(illi(d)=F); E 370 444 620
(eius=F) 741(eius=F); Hc 232
589; Ht 33(eius=FT) 195 203
367 397 544(huius=DT) 687
942(F); P 648
illo: Ad 147 237 362 594; An
148 156 170 927 937; E 119 371
572(eo=4) 572 622 795(F) 837
991 1023; Hc 528 534 718 837;
Ht 317 473 475 536 595 603
760; P 21 22 269 304 337 373
512 629 769 980 1038(FT)
illorum: An 83; Hc 67 248 334
535; Ht 66
illos: Ad 313(om=F) 454 809
829 835; E 787; Ht 472 495
583 719 880; P 126 159
illud (ac; illut sometimes in
U): Ad 67 228(4) 314 426 523
766 952; An 146 968; E 81 387
447 498 591 670; Ht 467 487
678a(DFT) 790 795(4) 918
(illi(n)=F); P 208 921
illud (n; illut sometimes in U):
Ad 299 740 741; An 125 237
426 526 843 963; E 419 547
639 784 833(DT); Hc (112)
125 647; Ht 119 421 476; P 238
illum: Ad 97 107 132 140 296
306 315 338 357 359 384 395
396 436 493 535 541 569 659
676 872 873 873 874; An 142
210 342 430 564 [581](om=
DFU) 772 835 853 858 900 918
977; E 12(F) 65 151 160 161
239 300 302 303 331 356 371
372 419 479 544 615 618 623
(F) 643 657 667 681 739 754
822 946(eum=DFT) 962 963
1045; Hc 19 87 118 161 196
212 441 464 537 541 643(4)
811; Ht 152 153 155 159 165
198 203 204 437 466 554 577
591 707 854 878 943 990 1017;
P 123 262 362 368 391 424 721
1042
illī (adv; 10): Ad 116 525 526
(F) 577(F) 584(F) 716; An
638 745(illic=DT); Hc 94(4)
217(4) 438 802; P 91 572 772

(76)

illic (adj and p; 26):
illae: Hc 618(F)
illaec (ac): Ht 541(U)
illaec (np): Hc 618(illae=F)
illaec (ns): Ad 489 508; E 947; Ht 931(illac(adv)=FT); P 717 (illa=F)
illanc: Ht 751(illancin=KL; sp=DTU)
illasce: P 664(U)
illic (d): Ad 602(illi[c]=KL; illi=4)
illic (n): Ad 438; An 458 607 (ille=DFT) 742 934(ille=F) 971(ille=FTU); E 12(ille=U; illum=F) 662(U); Ht 199 (illicine=4); P 183
illoc: E 795(illo=F) 1083; P 1038(illo=FT)
illuc (ac): Ad 228(illud=4); Ht 678a(illud=DFT) 795(illud=4)
illuc (n): E 782 833(illud=DT; illut=U); P 184
illic (adv; 10): Ad 526(illi[c] =KL; illi=F) 577(illi[c]=KL; illi=4); An 720 745(DT); E 130; Hc 94(illi[c]=KL; illi=4)• 185 217(illi[c]=KL; illi=4) 370 (illis(d)=4); Ht 834 882; P 284(DU)
illice: see illic (adj)
illicin: see illic (adj)
illicine: see illic (adj)
illim (2): Ad 226(F) 674(illinc =DTU); An 814(F); E 628 (F); Hc 297(illi[m]=KL)
illinc (5): Ad 226(illim=F) 232 674(DTU) 731; An 814(illim= F); E 628(illim=F)
illo: An 362
illoc: E 572
illuc (9): Ad 168 190 225 843; An 81 266; E 537; Ht 793; P 310
imb-er:
-rem: E 585
Imbr-os:
-o (ab): Hc 171
imm-: see inm- (except immo)
immo (64): Ad 247 483 604 928; An 30 201 523 550 618 629 655 673 708 823 854 889; E 329 355 408 409 436 562 608 759 812 877 896; Hc 228 437 463 726 809 869 877; Ht 94 197 335 350 402 599 677 706 770 797

799 852 911 928 936 983 1010 1058 1064; P 146(om=F) 338 419 506 528 640 644 877 936 1043 1047
imp-: see inp- for words other than those below
imperat-or (2):
-orem: E 495
-oris: E 778
imper-ium (7):
-io (ab): Ht 233; P 196
-ium (ac): Ad 66; E 415; Ht 635; P 232 232
imper-o (16):
-a: An 897; Ht 1055; P 223
-abat: An 490
-abit: Ht 828
-abo: E 493
-are: Ad 77
-as: E 213; Ht 704
-at: E 578
-avi: An 484; E 252
-em: Hc 244
-ent: E 594
-o: An 842; E 389
impetr-o (12):
-abis: P 452
-abo: An 313
-are: An 544; E 181; Hc 52
-asti: An 832
-avi: E 1091
-em: Hc 729
-es: An 315
-et: Ad 490
-o: An 422 528
in (509): Ad 3 8 9 11 20 20 20 24 30 30 38 49 88 93 124 140 148 171 174 185(om=F) 216 222 229 240 243 263 267 269 272 278 312 316 331 333 340 344 354 356 359 370 377 415 415 428 428 455 479 509 510 522 528 537 552 563 579 585(illi (adv)=F) 589 592 594 597 (esse=DFT) 682 685 692 694 709 719 725 747 756 773 773 785 818 821 826(4) 827 858 863 863 869 900 908 954 967 994 997; An 5 13 15 33 40 46 50 61 94 104 115 129 136 140 166 190 196 198 199 203 212 214 233 266 269 276 283 292 294 297 303 303 317 339 347 356 364 369 379 420 424 425 430 467 478 480 532 542 546 548 566 573 600 602 620 629

(om=DT) 649 667 681(om=
DTU) 693 701 718 730 758 758
771 776 777 782 786 796 798
819 829 830 830(om=F) 845
857 857 874 885 911 916 931
935 941 944 948 974 975; E 3
4 10 13 30 32 57 59 126 164
170 190 233 240 309 310 322
344 365 367 381 382 389 400
401 401 415 420 422 429 451
476 477 477 495 498 539 540
542 567 579 583 585 588 588
593 626 630 631 648 666 754
764 768 771 774 775 775 807
816 844 845 846 846 859 876
885 893 897 906 910 942 946
948 960 963 987 1020 1022 1032
1035 1038 1039 1047 1054 1055
1062 1064 1084 1093; Hc 4 7b
(DT) 14 21 24 25 26 26 37 38
50 52 53 102 109 126 132 171
175 203 229 249 250 291 292
296 297 299 303 308 326 335 335
341 391 402 405 410 411 421
431 432 472 475 485 493 515
536 549 560 572 574 603 627
666 667 685 691 700 705 721
734 778 782 801 828 830 834
842 851 851 852 866; Ht 31 46
47 [49] 51 (54) 57 63 68 73 74
104 108 111 117 140 151 181
191 193 198 (199) 211(om=
DTU) 213 232(F) 258 259 271
292 315 323 342 359 364 385
398 418 437 [437] 440 442 484
505 513 537 563 568 609 630
634 646 665 669 689 695 708
710 721 727 764 781 798(w
lautum=F) 800 827 845 862(F)
876 877 878 886 889 902 932
(om=DFU) 947 954 955 962
963 968 982 986 992 992 997
997a(om=4) 998 1005 1006 1007
1009 1028 1032; P 2 16 57 58
60 66 66 77 86 88 108 139 154
157 175 190 215 225 229 246
249 251 252 261 266 270 291
319 321 323 325 332 332 363
(DFT) 367 368(DFU) 370 383
415 443 446 449 451 464 470
473 476 476 508 544 548 566
634 652 653 696 706 707(TU)
734 779 780 781 802 803 814
821 825 825 862 873 891 930
(DU) 936 [937](om=4) 966 979

979 981 981 988 1004 1014
1019 1021 1029 1032
-in: found in **hicin, nuncin**, and **sicin**
inan-is:
-em: Hc 344
inaud-io:
-ivi: P 877
inced-o (2):
-ere: E 918
incessit: An 730
incend-o (5):
-am (subj): P 186
-atur: An 308
-eret: Ht 367
-or: Hc 562
incensam: P 974
inceptio: An (218)
incept-o (4):
-as: P 629
-at: An 925; Ht 600(D) 734
-et: Ht 600(-at=D)
inceptor (v): E 1035
incept-um (2):
-o (ab): Ht 811
-um (n): An 236(DU); Ht 119; P 456(U)
incert-us (19):
-a (ab): Hc 17
-a (ac): E 61
-a (np): An 390
-as: An 830
-ior: P 459
-o (ab): Ht 123
-um (ac): Hc 251; P 578
-um (n): An 264 264; Ht 95 188(-us=FT); P 239
-us: E 295; Hc 121 450 614; Ht 188(FT); P 660 675
incid-o (fall; 10):
-ere: Ht 395
-erit (subj): Ht 484
-es: Ht 442
-i (perf): An 782; P 175
-isset: P 157
-it (perf): Ad 615; An 501
-it (pres): An 359; Ht 598
incip-io (23):
inceperat: E 725(4)
inceperunt: Ad 227
incepi: An 821 832
incepta (ns): An 539
incepta (sc sunt): An 836
inceptu: An 236(inceptum(subs n)=DU); P 456(inceptum(subs n)=U)

inceptum (est): Ht 862
incepturus (es): An 724
-ere: Ad 237; E 1046; Ht 495; P 710
-iam (subj) E 967; Ht 676 1044(capiam=DTU; inveniam=F)
-ias: An 493; Ht 1058
-ienda (ab): P 225
-ies: E 51
-it: An 285 709 772
inclement-er:
-ius: E 4
incogit-ans (2):
-ans (n): P 155
-antem: P 499
incolum-is (2):
-em: An 611; Ht 194
incommode (3): E 329; Hc 370 838
incommodit-as (2):
-as: An 567
-ates (ac): Ht 932
incommod-o:
-et: An 162
incommod-um (6):
-a (ac): Hc 165 840
-a (n): P 248
-i: Hc 400
-is (ab): An 627
-um (n): P 652
incommod-us (5):
-a (np): E 330
-am: Hc 603
-um (ac): Hc 153 415
-um (n): Hc 417
inconstantia (ab): P 949(4)
incredibil-is (5):
-e (n): Ht 624; P 239 247
-i (ab): Hc 377
-ia (ac): E 1049
incurvos: E 336
incus-o (3):
-amus: P 471
-as: Ht 960
-averas: P 914
inde (26): Ad 41 47 440; An 137 200 368; E 26 521 626 725 781 845 846; Hc 377 831 832; Ht (54) 125(F) 183(om=F); P 90 181 312 681 704 878 892 1006
indic-ens:
-ente: Ad 507
indic-ium (7):
-io (ab): E 1024; Ht 415
-io (d): Ad 4; Ht 384; P 1045

-ium (ac): Ad 617; Hc 546
indic-o (I; 14):
-abit: E 469
-ans (n): E 53
-are: E 621; P 961
-ares: E 1014
-arit (ind): Ht 584
-as: E 1022
-asse: Ad 630
-at: Ad 338; An 132 878; E 658 705; Hc 395
indict-us:
-um (n): P 951
Indic-us:
-is (d): E 413
indig-eo:
-eas: An 890
indign-e (6):
-e: Ad 308; Hc 401; Ht 565; P 730(indigna(ab)=DTU)
-issume: Ad 91
-ius: P 1009
indign-us (19):
-a (ab): P 730(DTU)
-a (ac): Ad 409; E 946
-am: Ad 349; Hc 477
-as: P 376
-is (ab): Ad 166; E 710
-um (ac): Ad 166 173 447; An 145 854; E 70; Hc 376; P 511 613
-um (n): Ad 669; P 1040
-us: E 866
indiligens: Ad 684
indiligenter: P 788
indotat-us (4):
-a (ns): Ad 345 729
-am: P 120
-is (d): P 938
induc-o (18):
-as: An 399 834; Ht 1028
-ere: Hc 99
-es: Hc 603
-ite: Ht 41
-o: Ad 68; Hc 264
induxeris (subj): E 490
induxerunt: Hc 277; Ht 723
induxi: Ad 597; Hc 50; Ht [49]
induxti: An 572 883; Hc 292 689(adduxti=T; adiunxti=F)
indulg-eo (5):
-ebant: Ht 988
-endo (g ab): Ad 988
-eo: E 222
-es: Ad 63; Ht 861

indu-o (3):
-it (perf): E 702
-tum (esse): E 1016
-tus (est): E 708
industri-a (3):
-a (ab): An 795
-ae (d): Hc 32
-am: Ad 25
indutiae: E 60
-ine: found in hicine and sicine
in-eo (7):
-eas: P 344
-eat: Hc 795
-eo: Ad (914)
-eunda (est): Ht 674
-ibo: E 557
-ire: Ht 303
-itum (ac): An 824
inepti-a (3):
-am: Ad 749; E 741
-as: P 648
inept-io (2):
-is: Ad 934; P 420
inept-us (15):
-a (ac): Ad 430
-a (ns): Ad 375 390
-a (vs): An 791(used subs); E 1007(used subs)
-am: An 257
-e: Ad 271(used subs); E 311 (used subs)
-i (n): P 949
-um (ac): Ht 1005
-um (n): Ad 944
-us: Ad 63; E 227; Hc 802; Ht 577
iners (3): Ad 481; An 608; Ht 1033
inesc-o:
-are: Ad 220
inexorabil-is:
-i (ab): P 497
infami-a (3):
-a (ab): Ht 259
-a (n): Ad 303
-ae (d): An 444
infam-is:
-em: Ht 1037
infand-us:
-um (ac): E 664
infect-us (2):
-a (ab): E 53
-um (n): P 1034
infelicit-as:
-atis: Ad 544
infeliciter: E 329

infel-ix (10):
-icem: An 245; E 943; Hc 282
-ix (n): Ad 540 667; E 244 828; Hc 444; P 175
-ix (v): P 428
infensus: An 212
infer-us (2):
-i (n): P 687
infimos: E 489
infirmit-as:
-atis: Hc 176
infirm-us (2):
-as: P 733
-um (ac): Hc 311
infiti-ae (2):
-as: Ad 339 347
infortunat-us:
-um (ac): E 298
infortun-ium (3):
-io (ab): P 1028
-ium (ac): Ad 178
-ium (n): Ht 668
infra: E 489
infringo:
infregit: Ad 200
ingen-ium (37):
-i: An 113
-ia (ac): E 250 932
-iis (ab): An 93; E 198
-io (ab): Ad 297(4); An 98 487; E 880; Hc 164 200 302 474 489; Ht 24 151 420 880; P 172 497
-ium (ac): Ad 71 683 829; An (53) 275 466; E 812; Hc 113 152 170 860; Ht 284 384 401; P 520
-ium (n): An 77; Ht 47; P 70
ingen-s (3):
-tem: An 876
-tia (ac): Ad 721
-tis (ac): E 392
ingenu-us:
-am: P 168
inger-o (2):
-am (subj): An 640
-e: P 988
-ere: Ht 564(DFT)
ingrati-a (3):
-is (ab used adv): E 220; Ht 446; P 888
ingrat-us (2):
-um (ac): An 278; Hc 853(4)
-um (n): Ht 934
ingred-ior (2):
-i: E [1010a](om=4)

ingressus (es): Hc 419
inhoneste: An 797
inhonest-us (2):
-ae (n): E 938
-um (ac): E 357
inhumane: Ht 1046
inhuman-us (5):
-issimo (ab): Hc 86
-issimus: P 509
-o (ab): E 880
-um (ac): An 278; Hc 499
inic-io (5):
-ere: An 140
inieci: Ad 228; P 954
iniecisse: Ht 892
iniecta (est): P 691
iniic-io:
-it: Ad 710(sp=4)
inimiciti-a (4):
-ae (n): E 60
-as: An 852; Hc 231; P 370
inimic-us (adj):
-issimus: Hc 309
inimic-us (subs; 8):
-i (n): An 668; Hc 211
-is (d): Ht 1015
-os (ac): An 695
-um (ac): E 174 176 802
-us: Hc 767
iniqu-e (4):
-e: Hc 54 274; P 41
-ius: Ad 211
iniqu-os (adj; 16):
-a (ac): Ad 187(used subs)
-a (ns): Hc 475
-am: An 257(om=F)
-as: Hc 278
-i (g): An 187
-i (n): Hc 54; Ht 213
-ior: Ht 201
-o (ab): E 212; P 763
-om (ac): P 411(used subs)
-om (n): Hc 740
-os (n): An 825; Hc 485; Ht 1011
iniqu-os (subs; 2):
-is (ab): Ad 2
-om (g): Ht 27
initi-o:
-abunt: P 49
init-ium (4):
-ium (ac): An 709; Hc 361
-ium (n): Hc 351 821
iniuri-a (41):
-a (ab): Ad 166 197; An 60 (used adv) 214 377(used adv); E 433(used adv) 762; Hc 22; Ht 581(used adv) 992; P 730
-a (n): Ad 189 207; An 156; P 407 983
-ae (g): Ht 147
-ae (n): E 59; Hc 307(FT); Ht 204
-am: Ad 148 162 595; An 488 639; Hc 256 401 690 692 740 742; Ht 565; P 349 769
-arum: P 329
-as: Hc 165 301 303 307(-ae (n)=FT); Ht 137
-is (ab): An 827; Hc 168
iniuri-us (6):
-um (n): Ad 106 205; Hc 71 72
-us: An 377; Ht 320
iniuss-us (3):
-u: Hc 562 704; P 231
iniustiti-a (2):
-a (ab): Ht 134
-a (n): Ad 303
iniust-us (3):
-a (ac): Ad 990
-a (np): Ht 839
-ius (n): Ad 98
inlaut-us:
-um (ac): Ht 798(F)
inlic-io:
-is: An 911
inliberal-is (2):
-e (ac): Ad 449
-em: Ad 886
inliberaliter (2): Ad 664; P 371
inlud-o (5):
-as: Ht 741
-atis: An 758
-itis: P 915
inluseris (subj): E 942
inlusi (perf): An 822
inluvi-es (2):
-e: Ht 295
-em: E 937
inmem-or (2):
-ores (n): An 477
-ori: An 44(4)
-oris: An 44(-ori=4)
inmer-ens:
-enti: Hc 740
inmerit-o (8):
-issimo: P 290
-o: Ad 615; Hc 208 209 223 597 760; P 290
inminu-o:
-ta (est): Ht 390(DTU)

inmisericorditer: Ad 663
inmodestus: Ht 568
inmortal-is (4):
  -es (v): Ad 447; E 232; P 1008
  -ium: P 351
inmortalitas: An 960
inmund-us:
  -a (ns): Ht 295
inmutat-us:
  -um (ac): An 242
inmut-o (5):
  -ari: Hc 369
  -arier: An 275; E 225; P 206
  -ata (est): Ht 390(im-=KL; inminuta=DTU)
innat-us (pa; 2):
  -a (ns): An 626
  -urn (n): Hc 543
innoc-ens:
  -enti: Ad 155
innu-o (3):
  -eram: Ad 174
  -erim: Ad 171
  -it (perf): E 735
inopi-a (7):
  -a (ab): Ad 105; An 71; Ht 367 528; P 167
  -am: E 937; Ht 929
in-ops (5):
  -opem: An 396; Ht 137; P 298 (used subs)
  -opi: Ad 156(used subs)
  -opis: Ht 1026
inparat-us (3):
  -um (ac): An 478; P 180
  -us: P 314
inpediment-um:
  -o (d): An 707
inped-io (3):
  -itae (sunt): Ht 245
  -iunt: An 260
  -ivit: P 442
inpedit-us (pa; 3):
  -am: An 619
  -um (ac): An 617; Hc 297
inpell-o (12):
  -at: P 608
  -ebant: Hc 426
  -itur: An 266(im-=KL)
  inpepulerim: Ht 165(in[pe]pulerim=KL; pepulerim=4)
  inpulisset: P 158
  inpulisti: P 320
  inpulit: An 524; Hc 625; P 733

inpulsi (n): Ht 389
inpulsus: An 99; Hc 484 485 (DFT)
inpend-eo:
  -ent: P 180
inpendio: E 587
inpense (2): Ad 993; E 413
inperit-us (3):
  -a (ns): E 881
  -o (ab): Ad 98(im-=KL)
  -os: An 911
inpert-io (2):
  -ire: Ad 320(DFT)
  -iri: Ad 320(-ire=DFT)
  -it: E 271
inpetro: see **impetro**
inping-o:
  -am (ind): P 439
inpi-us (2):
  -um (ac): Ad 304; E 643
inplor-o:
  -at: Ad 489
inpluvium (ac; 2): E 589 (pluriam=TU); P 707
inpon-o (3):
  -e: An 897; P 561
  inposita (est): An 129
inportunit-as:
  -atem: An 231
inportunus: Ht 197
inpot-ens (2):
  -ens (n): Ht 227(DT) 371
  -enti (ab): An 879
inpotenti-a:
  -am: Ad 607
inprob-us (2):
  -o (ab): Hc 383(used subs)
  -um (ac): An 192
inprovis-us (6):
  -o (ab used adv w **de**): Ad 407 610a; An 360 417; Ht 281; P 884
inprud-ens (17):
  -ens (ac): E 597
  -ens (n): Ad 711; An 642 643; E 136 633; Hc 877 880; Ht 369; P 268 294
  -entem: An 227; Ht 633; P 499 660
  -entes (n): P 745
  -enti: E 430
inprudent-er:
  -ius: An 130
inprudentia: E 27
inpud-ens (9):
  -ens (ac): E 597

-ens (n): E 838; Ht 38
-ens (v): An 710; E 425(used subs) 856(used subs)
-entem: Ht 313; P 499
-entissuma (ns): An 634
inpudenter: An 755
inpudentia (ab): Hc 213
inpuls-or (3):
-ore: Ad 560; E 988
-orem: Ad 315
inpuls-us (3):
-u: Hc 242 242 687
inpun-e (7):
-e Ad 824; An 910; E 852 942 1019; Hc 464
-ius: Ht 560
inpurat-us (pa; 2):
-um: P 962(used subs)
-us: P 669(used subs)
inpur-us (8):
-a (ns): Ht 629
-issime: P 372(used subs)
-issimo (d): P 83
-issimum (ac): Ad 281
-um (ac): Ad 183; E 235; P 986
-us: Ad 360(used subs)
inqu-am (55):
-am: Ad 622 696 781 934; An 409 593 715 785 862; E 237 239 414 425 534 809; Hc 214 376 496 824 847; Ht 85 91 346 348 378 694 770 879(DFU) 894; P 217 390 620 633 713 753(T) 987
-e: Ht 829; P (919)
-ies: An 388
-it: An 134 254 451 453; E 337 342 580 594 624; Hc 386; P 93 110 650 662(om=DFT) 667 674 865 911
inrid-eo (9):
-eant: Hc 54
-eat: P 669
-ens (n): P 956
-eor: An 500
-ere: E 425 1018
-es: An 204; Ht 982
inrisas (esse): E 710
inritatus: see irritatus
inrit-us:
-um (n): P 951
inru-o (3):
-at: Ad 550
-imus: E 788
-it (perf): Ad 88

insani-a:
-am: Ad 111
insan-io (11):
-iam (subj): Ad 147; E 556
-iant: An 535
-ias: E 63
-ibat: P 642
-iens (n): Ad 561
-ire: Ad 197
-is: Ad 727 937; E 657
-it: An 692
insan-us (5):
-a (v): E 861(used subs)
-o (d): Ht 32
-os: E 254
-um (ac): P 6
-us: E 616
insci-ens (5):
-ens (n): An 782; Ht 632 970
-ens (v): P 59(used subs)
-entem: Ht 633
insciti-a (3):
-a (n): E 1071; P 77
-am: Ht 630
inscit-us:
-um (ac): Hc 740
inscribo:
inscripsi: Ht 144
inser-o (insert):
-ere: Ht 564(ingerere=DFT)
inserv-io:
-ire: Ht 418
insidi-ae (3):
-as: E 532; P 274
-is (ab): P 229
insidi-or:
-abere: Hc 70
insign-is (2):
-e (ac): E 1001
-em: E 771
insimul-o (2):
-abis: P 359
-at: Ht 204
insist-o (3):
-am (subj): E 294; P 192
-as: Hc 484
insolens: An 907
insomnia: E 219
insper-ans:
-ante: An 603
insperat-us (2):
-am: E 605
-um (ac): Ht 414
inspic-io (3):
-ere: Ad 415 429
-iundi (g): E 21

instig-o (4):
-a: An 692
-asti: P 969
-em: P 186
-emus: P 547
institu-o (4):
-ere: Ad 38; P 240
-i (perf): P 604(U)
-it (perf): E 19
-it (pres): An 67
inst-o (14):
-a: Ad 278
-abat: Ad 307
-abit: P 717
-are: An 661; E 619; Hc 827; Ht 895
-at: An 147; Hc 121
institeris (subj): P 848
institerit (ind): Ad 55(insuerit =4)
institi: P 604(institui=4)
institit: Hc 381
-o: Ht 738
instrenu-us:
-i (g): Ht 120
instru-o (4):
instructa (siet): Ht 450
instructa (sunt): P 321
-e: E 781
instruxit: E 782
insuesco:
insuerit (ind): Ad 55(4)
insul-a:
-am: An 222
insulsus: E 1079
insult-o:
-abis: E 285
in-sum (8):
-erat: E 584
-esse: Ad 826; Ht 609
-esset: P 108
-est: An 857(est=F); Hc 326
-sunt: Ad 822; E 59
insuper (3): Ad 246; E 645 1014
integ-er (14):
-ra (ab): An 72; E 473; Hc 80; Ht 4
-ra (ns): Hc 145; Ht 1010 (DFT)
-ram: Hc 150; Ht 4
-ro (ab used adv w de): Ad 153; An 26; Ht 674 1010(U); P 174
-rum (ac): Ad 10; Ht 1010 (-ra(ns)=DFT; -ro(ab)=U); P 451

integrasc-o:
-it: An 688
integratio: An 555
intellegentia: Hc 31
intellegens: E 232(used subs)
intelleg-o (44):
-ant: An 17
-as: An 731
-at: Hc 413
-endo (g ab): An 17
-ere: Ad 827; An 589; Ht 578 881 984; P 876
-eret: P 9
-es: P 806
-is: P 846
-it: An 4
-o: Ad 308; An 194 348 729 737 756; E 371 883; Hc 483 657 794; Ht 253 412 603 776 843 979; P 440
intellexeras: An 517
intellexerat: P 594
intellexerit (ind): Ht 478
intellexi: An 33 207; E 737; Hc 260
intellexti: An 201 500 506; E 768; P 198
intend-o (5):
-am (subj): An 343
-as: E 312
-enda (est): Ht 513
-eram: An 733
-it (pres): E 525
inter (prep; 41): Ad 212 271 392 393(U) 752 796 804 828; An 117 220 552 575 697 794 (U) 852; E 233(w est=DFT) 629 685(U) 726 734 872; Hc 93 178 180 192 207 305 310 313 351 479 511 533 635 (659) 723; Ht 53 472 511 849; P 431 621 639 876
interced-o (4):
-et: P 583
intercesserit (ind): An 961
intercessisse: Ad 349
intercessit: Hc 305
intercip-io:
-it: E 80
interdic-o (2):
-o: Hc 563
interdixit: P 708
interdius: Ad 531
interdum (3): Ad 216; E 368; Hc 307

(84)

interea (38): Ad 785; An 69 117 129 153 181(U) 314 359 363 398; E 125 126 218 255 343 592 601 627 894; Hc 39 42 157 171 287 371 422; Ht 88 138 242 257 391 619 833; P 91 365 703 734 860 878
inter-eo (3):
-ii: An 346; Hc 322; Ht 659
interfic-io:
-i: E 551
interim (8): Ad 284; An 108 127; E 607 842; Hc 178; Ht 377 882
interimo:
interemptam (sc esse): Ht 635
inter-ior (3):
-iore: E 579
intumum (ac): E 127
intumus: An 576
interloqu-or:
-ere (ind): Ht 691
intermin-or (2):
-ata (sum): E 830
-atus (sum): An 496
intermitt-o:
-it: Ad 293
internunt-ius (subs; 2):
-ii (n): Ht 299
-ius: E 287
intero:
intristi: P 318
interoscit-ans (pa):
-antis (ac): An 181(interea oscitantis=U)
interpol-o:
-atam: Ht 289(T)
interrog-o:
-asti: E 981
inter-sum (4):
-esse: An 794(sep=U)
-est: Ad 76 393(sep=U); E 233 (DFT)
-siet: E 685(sep=U)
intertriment-um:
-o (ab) Ht 448
interturb-o:
-at: An 663(om=F)
interven-io (8):
-erit (subj): Hc 351
-ire: E 553; Ht 679
-it (perf): Ad 406; Hc 2
-it (pres): An 732; P 91
-tum (est): Ht 281
intro (adv; 66): Ad 168 181 277 506 538 609 706 712 854; An 28 171 363 365 424 467 523 590 850(4) 861 956 978(DT); E 83 87 206 377 442 492 715 842 906 909 917 921 964 970 996 1003; Hc 237 314 324 327 329 332(4) 345 348 358 365 373 429 551 565 611 754 787(4) 793 879; Ht 173 211 277 409 618 664 871 903 906; P 706 819 864 879 1054
introduco:
introduxit: P 865
intro-eo (sep=4; 3):
-eam: Hc 787
-ii: An 850
-isse: Hc 332
intu-eor (2):
-ens (n): E 580
-itur: Ht 403
intus (24): Ad 284 389 569 759 765 778; An 117(F) 491 789 847 851 978 980 981; E 611 763 993 1010; Hc 98 582; Ht 454; P 564 765 866 876
inult-us (2):
-um (ac): An 610; Ht 918
inutil-is:
-es (n): An 287(utiles=T)
invado:
invasit: Hc 356
inven-io (64):
-erit(ind): An 381
-erit (subj): Ht 1040
-ero: Hc 300; Ht 108
-i (perf): E 247 308; Ht 229 597; P 616 817
-iam (ind): E 719; Ht 329; P 185
-iam (subj): Ad 569; An 338 468; E 643; Ht 1044(F); P 200 534 728
-ias: An 66 460; P 540
-ies: An 571 863
-iet: An 396
-imus (perf): Hc 778
-io: Ad 540; An 356
-ire: E 210; Hc 361; P 14 747 827 845
-iri: An 939
-is: Ht 657
-isse: An 407 ae3; Hc 845
-isses: E 453
-isti: Ht 846
-ite: An 334
-iundis (d): Hc 821
-iundum (est): Ht 512

-iundus (est): Ht 840
-ta (ac): Ht 841
-ta (est): An 643; E 953; Ht 774 989 989 1018; P 647
-tam (esse): E 1036(sc esse); Ht 880
-tas: P 559
-ti (sc sunt): An 891
-tum (ac): An 683 684
-tum (est): P 778
-turum (sc esse): An 615; Hc 299(sp=U)
-tus (est): P 872
inventor (v): E 1035
invent-um (2):
-o (ab): Ht 811
-um (n): An 513
invenust-us:
-um (ac): An 245
inverto:
inversa (ac): Ht 372
investig-o (3):
-ari: Ht 675
-atur: P 736
-em: E 294
inveterasc-o:
-erent: Hc 12
invid-eo (2):
-ere: E 410 412
invidi-a (2):
-a (ab): An 66
-am: P 276
invid-us:
-os: Hc 469
invis-us (pa; 5):
-a (ns): Ad 989
-ae (n): Hc 274
-am: Hc 597
-os: Hc 328
-um (ac): Hc 788
invit-o (3):
-at: E 622
-atum (sc esse): Ht 185
-et: E 619
invit-us (15):
-am: Ht 734
-is (ab): Ad 158
-o (ab): Ad 198; An 603 891; Ht 795
-o (d): Hc 482
-um (ac): Hc 173; Ht 535; P 214 (919) 920
-us: Hc 142; Ht 806; P 236
invocat-us (adj):
-o (d): E 1059

invol-o (2):
-em: E 648 859
ioc-or (2):
-abar: E 378
-ari: Ht 729
iocular-is:
-em: P 134
ioculari-us:
-um (ac): An 782
ioc-us (3):
-o (ab used adv): E 179; Ht 541
-um: E 300
ips-e (214):
-a (ab; asterisk indicates eapse in F): Ad 733* 773 860* 888* 955(reapse=T)*; An 265 359* 946; Hc 417(reapse=T)* 473 778(reapse=T)*; Ht 266* 636 (reapse=T)*; 658 824*; P 108 227 889(reapse=T)*
-a (ns): Ad 338 479 479 730 761; An 551 945 948; E 79 112 347 375 449 515 535 658 659 705 848; Hc 375 395 711 783; Ht 271 663 722 851; P 100 106 358 575 738 960
-ae: Ad 656
-am: Ad 321 796; An 202 297 816 873; E 231 *319*(nunc=DU) 564 646 738 774 788; Hc 128 (540) 567 748; Ht 285; P 571 718 750 809
-e: Ad 4 39 64 78(U) 99 139 264 437 628 (640); An 112 151 174 487 752; E 14 77 319 (ipsus=FT) 543 702 782(DTU) 891 893 905; Hc 161 560 574 670 784(om=U); Ht 772 804 894 1023; P 23 196
-i (d): Ad 314 318 608; An 905; E 770; Hc 151; P 721 753
-i (g): Ht 576(FT)
-i (n): Ad 595; Hc 360 511; P 876(illi=F)
-is (ab): An 916; E 263; Hc 126
-is (d): An 225
-ius: Hc 818(ipsi(u)s=KL); Ht 576(ipsi(u)s=KL; ipsi(g)=FT); P 725
-o: Ad 229 848; An 532 974; E 392; Hc 255 627 851; Ht 969; P 1011
-orum: Ad 820(FU)

-os: Hc 73; Ht 1047; P 222
-um: Ad 81 89 172 209 266 461 484 583 608 627 690 720; An 95 193 312 345 350 350 415 532 533 580 605; E 358 566(-us=DFT) 635 743 835 908 908; Hc 260 352 428 521 692; Ht 116 166 313 426 486 497 622 758 779 844 1057; P 260 355 356 425 464 472 508 600
-us: Ad 78(-e=U) 328 472 538; An 360 377 442 495 527 576 598; E 319(FT) 546 566(DFT) 782(ipse=DTU) 974; Hc 343 344 455 812; P 178 215 852
ir-a (22):
-a (ab): Hc 484 485(F) 562
-a (n): Hc 305 505 711 781
-ae (g): Hc 351
-ae (n): An 552 555; Hc 289 307(iras=D)
-am: Ad 312; Hc 291 313 729 780; Ht 189; P 323 435
-as: Hc 253 307(D) 310
-is (ab): Hc 485(-a=F)
iracundi-a (7):
-a (ab): Ad 310; Ht 920
-ae (g): Ad 146; P 185
-am: Ad 755 794; P 189
iracund-us (2):
-o (ab): Hc 568(FT)
-us: Hc 309(used subs) 503
irasc-or (3):
-ere (ind): Ad 136
-i: An 394; E 618
irat-us (pa; 21):
-a (ns): Ad 31
-o (ab): Hc 568(iracundo=FT); P 74
-os: An 664
-um (ac): Ad 403; Ht 990; P 316 477
-us: An 137; E 64 450; Hc 308 505 623 780; Ht 37 198 820; P 213 350 (426)
iri (in vp): see eo(verb)
irr-: see inr- (except words below)
irritatus (pa): An 597(inr-= KL)
irrit-o (3):
-atus (siet): Ad 282
-atus (sum): P 240
-or: P 932
is (851):
ea (ab): An 94 198 200 226 385 392 433 547 587; E 30 33 (FT) 215 309 368 509 522 573 708(eam=F) 1029; Hc 105 190 235 297 299 348 411 554 617 705 737 797(TU); Ht 609 768 850 1007 1013 1036 1054; P 227 444(4) 472
ea (ac): Ad 29 54; An 186 337 920 972; E 631 1012; Hc 254 552(om=DF) 561 578 674; Ht 76 195 573; P 345 449
ea (np): An 799
ea (ns): Ad 321 615 618(FU) 666(F); An 156 250 445 693 837 [945](om=DFT) 945; E 67(T) 107 526 747 752; Hc 160 172 255 633 679 771 847; Ht 271 282 294 334 446 450 454 602 603 604 655 720 851; P 83 97 275 397 525 629 738 1013 1015 1019
eam: Ad 7 12 18 618(4) 630 700(F) 700(F) 895 932 977 977 989; An 88(F) 188 192 231 442(id=FT) 515 694 781 818 932 971(iam=T) 979(4); E 53 58 135 144 322(om=DFU) 435 445 523 525(F) 570 578 593 621 708(F) 797 805 808 869 876 928(eum=DT) 952 953; Hc 6 30 31 38 137 146 149 181 189 237 238 295 339 387 389 392 [393](om=4) 467 515 519 649 685 749 780 787 863; Ht 190 190 191 232(FU) 364 774 799 822; P 8 90 347 720 913 (viduam=F) 917 (919) 943 1018
earum: Hc 15 163 369
eas: Ad 581 648(has=U) 752; An 727; E 31(ea(ab)=FT) 33 385; Hc 147 178 180 305 307 (T) 313 479 772; P 575 1039
ei (d): Ad 345 584(F) 854; An 106(om=F) 143(F) 189(F) 213(F) 263 [390] 443 484(4) 641 809(FT) 813; E 70(T) 303 (om=DFT) 352 520 540 564 926 968(dicam(subj)=4); Hc 2 (D) 124 204 573 581 695 798 eius=FT) 818 846; Ht 121 186 196 [228] 253(4) 270 455 484 (F) 629 747 753 777(illi=F) 784 823 966 P 36 40 61 88(FT) 119 188 414 525 538 631(4) 645 889 972 1030.

(87)

ei (n; see also i): Ht 393(FT)
eis (ab; see also is (ab)): Ad 870; An 33
eis (d; see also is (d)): An 837(F): E 250; Ht 300(DFT)
eius (ei(u)s often in KL): Ad 146 351(DT) 452(DTU) 466 515 519 600; An 93 115 210 226(F) 232 274 439(DT) 557 579 799 809(ei(d)=FT; enim= DU) 831 831 878 928; E 131 (quoius(rel)=FT) 203 565 620 (F) 621 741(F) 839 900 952; Hc 8 129 372 373 388 404 412 478(4) 569 658 798(FT) 840; Ht 33(FT) 97 168 201 (287) 299 347 366 414 453 455 528 555 567 773 878 945 1026; P 39 64 113 147 154 [176](ius (n)=FU) 185 188 354 481 483 569 619 631(ei(d)=4) 649 652 737 776 783(huius=DFT) 821 843 873 880 1045
eo: Ad 49 474 844; An 15 49 639 719; E 557 572(4) 795; Hc 402 421 474 491 539 545 548 560 781 797(ea=TU) 832; Ht 63 183; P 149 171 188 605
eorum: An 64 217 576 634 912 960; E 250; Ht 572
eos: Ad 312 704 [827](om=F) 875; An 575 852; E 665 726 734; Hc 311; Ht 142 711
eum: Ad 9 10 16(U) 206 272 358 363 400 510 525(D) 560 586 658; An 136 315 417 519 531 561(F) 599 639 927 ae7 16(U); E 403 698 701 928(DT) 946(DFT) 955 1016; Hc 50 54 261 311 343(TU) 399 437 497 550 555 759 805 830 846; Ht [49] 134 261 313 359 432 592 617 651 733 750 800 950(quidem =4) 1002; P 114 155(om=FT) 175 284 309 369 480 562 630 718 738 763 866 1028(U)
i (n): Ad 23(ei=4) 421(ei= DFT; hi=U); An 87(ei=F; hi= DTU); P 41(ei=4)
id (ac): Ad 5(4) 70 105 186 193 205 206 236(4) 257 270 313 328 364 368 382 490 499a(om=4) 616 623 627 675 741 791 817 860 862 939 986 987 [992] 995; An 2 15 42 60 157 162 167(F) 178 179(FT) 180 185 242 255 258 306 307 308 322 331 335 349 362 376 414 442(FT) 444 502 508 511 518 521 522 528 (4) 530(om=4) 535 548 556 585 592 610 613 614 671 701 727 749 764 808 825 840(om=DU) 841([i]d=KL) 882 896 934 (FT) 943 ae6 15(om=U) 18; E 29 34 140 142 150 162 173 251 251 262 322 323 356 393 424 545 586 620(sp=U) 724 736 748 829(sp=U) 829 862 954 956 957 [979] 998 1005 1045 1057 1070; Hc 7c(DT) 220 259(om=F) 266 322 368 391 403 457 471 476 487(F) 519 542 546 553 616 712 739(om= DU) 745 748 751 776 826(om= F); Ht 3 9 18 [21] 105 107 136 307 324 336 382 468 471 472 477 492 496 514 532 [605] 632 637 638(F) 641 661 716 748 (om=FT) 769 779 802 867 874 888 888 897(T) 900 918(F) 924 943 944 944 958 974 983 1004 1008(F) 1039 1042 1051; P 21 (DFT) 38 45 84 116 197 222 238 246 251 259 296 (387) 409 452 461 513 519 573 590 614 615 698 724 734 746 785 902 906 909 911 959 961 979 1016 1022 (DFT)
id (n): Ad 49 87 106 255 357 371 422 451 552 578 596 682 687 688(om=F) 730 807 880 881 950; An 86 96 109 116(om=U) 249 305 314 327 377 399 449 489 629 629 [686](om=FT) 700 811 (hic(adv)=U) 835 848 896 931 950; E 27 129 150 382 439 502 503 571 736 851 908 908 930 1072; Hc 105 249(om=F) 261 (F) 287 321 397 463 493 543 618(om=4) 661 676 696 781 839; Ht 180(om=F) 204 324 332 485 539 548 581 607 792 827 848(F) 856 856 911 922 934 985(om=FT) 993 1019(om= U); P 157 400 506 515 540 587 593 628 683 723 768 774 818 (DFU) 850 940
is (ab): E 168(eis=F; his=DU) 385(illis=4); Hc 14(eis=4); Ht 121(eis=4); P 789(eis=4)

is(d; eis=4) An 63; E 3(his=
DTU) 1001 1089; Hc 359 755
787 788; Ht 501; P 78 126 771
is (n): Ad 40 41(D) 78 84(F)
115 255 293 326 352 435 439
452 (eius=DTU) 499a(om=4)
514(4) 538(4) 542 548 653 825
893 924; An 51 222 223 331 393
577 653 802 906 926 928 935;
E 5(FT) 12 16 132 137 205
253 328 353 414 546 570 606
701 826 835 894(F) 963 991;
Hc 6 500 554 699; Ht 220 225
527 615 616 653 724(FTU) 726
896; P 16 27 67 124 178 188
371 461 477 604 618 722 742
(F) 754(F) 852 945 1039 1046
istac: Ad 575(F); Ht 437(F)
588
ist-e (95):
-a (ab): Ad 405(FT) 967
(DFT); Ht 763; P 167(istac=
DT) 777
-a (ac): Ad 185
-a (np): Ad 677
-a (ns): An 216 483(DTU);
Hc 637(DT) 747(DFT); Ht 621
791 973
-ae: Ad 836; Hc 593(4) 772
-am: Ad 158 174 511 558 814
(istanc=F) 842 974(F); An
307(FT) 483(F) 939; E 160
282 287 359 505 564 695 792
951; Hc 725; Ht 177 712 736
(4) 869(4); P 773
-as: Ad 641; An 332; E 285;
Ht 590
-e: Ad 139 837; An 324; E 617
711 823 824 953(F); Ht 338
(FT) 579(4) 731; P 530 704
-i (d): An 295; E 246 705 862
916(F) 970; Ht 382; P 530 753
(TU) 976 993
-i (g): Ht 387(F)
-i (n): Ad 15 43 986; An 15;
E 183 207 1089
-is (ab): An 644; E 153 765
941; Hc 209
-is (d): Ht 987
-ius: Ht 387(-i(g)=F) 571
869; P 969
-o: Ad 852; E 192(4) 722(F)
1086(DFU); Hc 134(4)
-orum: Ad 412; An 21; Hc 595
697(istorsum=F)

-os: Ad 962; E 469; Hc 469;
Ht 88 730 1032
-ud (ac): P 524(U)
-ud (n): An 941(DFT)
-um (ac): Ad 281 377; An 307
(-am=FT); E 214 358(F) 365
777 944 949 1021(DFT) 1080;
P 306 307 380
-um (n): Hc 825
ist-ic (adj and p; 222):
-ac: Ad 405(-a[c]=KL; ista=
FT) 997; An 32 317; E 434
457 613 720 868; Hc 741 747
(ista(ns)=DFT); P 167(DT)
798 930
-ae: Hc 593(4)
-aec (ac): Ad 275 478 599 838;
An 28 921; E 90 828; Hc 784;
Ht 783 1038; P 170 639
-aec (np): An 456; Hc 593
(istac=4); Ht 870(haec=4); P
77 202 517
-aec (ns): Ad 274 388 418 805
985; An 43 483(ista=DTU;
istam=F) 501 730 924 ae5; E
317 381; Hc 74; Ht 566; P 325
558 588
-anc: Ad 755 814(F); E 494;
Ht 736(istam=4) 869(istam=4)
994; P 618 658
-ic (d): P 753(-i[c]=KL; isti=
TU)
-ic (n): E 953(iste=F); Ht 380
562 579(iste=4) 593; P 995
-oc (ab): Ad 437 521 732
(istocin=KL) 981; An 760; E
192(isto=4) 883 1086(isto=
DFU); Hc 134(isto=4) 347
607; Ht 557 699 713 811 972;
P 392 465 742 744 747
-uc (ac): Ad 100 172 221 450
551 845 945; An 186 270 422
565 566 572 584 589 652 953;
E 94 175 176 212 349 497 562
597 657 761 819 830(istucine=
KL) 990 1019; Hc 103 354 464
527 536 613 754 862 877; Ht
84 110 237 332 338(iste=FT)
346 353 437(istac(adv)=F) 558
593 624 647 653 683 775 787
816 866 910 921 1028 1031; P
212 294 493 524(istud=U) 566
726 811 855
-uc (n): Ad 133 210 219 324
386 465 622 670 733 956(U)

984 997; An 321 350 350 361
645 651 721 883 885 941(istud=
DFT); E 121 237 395 416(F)
446 451 536 650 652 656 675
745 947 1020; Hc 272 588 608
743 874; Ht 82 95 109 238 251
348 562 612 648 888 985 1015
1053(U); P 58 139 156 257 330
343 503 508 800 816 990
-unc: Ad 424 960; E 358(istum=
F); Ht 358 530
istic (adv; 14): Ad 133 350 644
956(istuc(n)=U); An 420 572
849; E 171 388 909; Hc 114;
Ht 354 518 1053(istuc(n)=U)
isticin: see istic (adj)
istim: E 706(F)
istinc: Hc 339
ita (266): Ad 139 143 161 257
287 298 310 334 399 431 437
483 519 521 521 570 594 601
601 602(D) 635 642 655 681
739 749 755 787 827 839 855
875 894 927 928 930; An 11 46
(54) 65 77 80 148 173 192 202
243 298 304 322 371 386 399
459 461 492 492 522 542 550
550 553 563 572 643 715 761
803 849 875 876 883 909 915
916 926 937 947 949 955 ae18
20; E 19 29 47 76 97 117 124
188 207 240 264(item=FT) 306
364 366 474 504 509 536 591
(itidem=FT; item=U) 600 615
630 673 682 697 708 721 724 725
748 750 758 814 831 846 861 868
870 877 881 882 897 950 959
1008 1018 1037 1052 1058; Hc
4 21 30 68 102 103 106 128 141
164 206 233 252 258 276 277
285 300 302 313(T) 354 357
357 380 418 423 443 500 518
536 579 579 604 604 612 613
642 815 843 847 847 864 870;
Ht 66 95 140 158 161 211 288
296 308 309 318 383 463(FT)
490 502 503 524 562 569 599 610
660 665 666 667 669 686 688
702 749 753 783 815 853 874
(F) 874(tam=DT) 887 890 938
941 948 948 949 953 954 979
1030; P 4 155 165 169 172 180
202 231 240 265 269 281 284
315 326 369(om=DU) 382 392
396 413 418 427 453 466 527
536 542 542 568 588 612 651

716 731 768 776 807 810 855
855 868 883 888 900 905 908
954 968 974 1047(D)
itaque (9): Ad 258 710; An 505;
E 317 945; Hc 201 207 802; P
870
item (12): Ad 50 131 230 688;
An 77 89 354; E 264(FT) 398
591(U) 845; Hc 408(F) 754
(DFT) 866(FT); Ht 417 1036;
P 413(4) 663
it-er (6):
-er (ac): E 1065; Hc 194 415
-er (n): P 66
-inere: Ht 271; P 566(sp=T)
iterum (9): Ad 159 426 525; Hc
7 7 186 339; Ht 456; P 404
itidem (13): An 599(DTU); E
93 235 385 591(FT); Hc 150
251 312 866(item=FT); Ht 522
(FT) 698 1021; P 397 409 413
(item=4) 476
iti-o (2):
-one: An 202
-ones (n): P 1012
iub-eo (72): •
-e: Ad 285 908 (914); An 546
955; E 691 836; Hc 494; Ht
585 737 800; P 922
-eam: An 741; E 389 572 790
-eas: P 544
-eat: E 618 1026; P 828
(suadeat=DT)
-ebit: Ht 775; P 1046
-eo: Ad 416 429 461; An 533;
Ht 702
-es: Ad 924; An 228 952; E
389; Hc 612; Ht 547 1047; P
795
-et: Ad 924; Hc 185 186 301;
P 126 296 409 414
-ete: E 469
iussa (est): P 416
iusse: Ht 1001(adripuisse=F)
iusseram: Ht 661
iusseras: Ht 786(suaseras=4)
iusseris (ind): E 174
iussi: An 484 590 955; E 100
207 262 470; Hc 467 733; Ht
794; P 599
iussisse: Hc 466
iussisti: Ad 958
iussit: An 412 464 687; E 364
510; Hc 466 847; P 639
iussus (sum): P 683
iusti: E 831

iud-ex (10):
-ex: Ht 352; P 279 1055
-ice: Hc 255
-ices (ac): P 129 282
-ices (n): Ad 4; Ht 213
-icibus (d): P 400
-icum: P 275
iudic-ium (6):
-io (ab): P 214
-io (d): P 1045
-ium (ac): Ht 12; P 404 406
-ium (n): E 339
iudic-o (9):
-are: E 29; Hc 549
-as: Ad 100; Ht 880
-avi: Ad 892
-et: E 198
-o: Ad 564 960; Ht 381
iugul-o (2):
-ares: E 417
-o: Ad (958)
iunce-us:
-am: E 316(DTU)
-as: E 316(-am=DTU)
iung-o:
-et: Hc 798(-it=U)
-it: Hc 798(U)
Iuno (v; 2): Ad 487; An 473
Iuppiter (21):
Iove: Ht 1036
Iovem: E 584
Iuppiter (n): Ad 714; P 807
Iuppiter (v): Ad 111 196 366 731 757; An 464 732 930; E 550 709 946 1048; Hc 317; Ht 256 630 690; P 816
iurand-um:
-o (ab): Hc 870(4)
-um (ac): Hc 697(4) 751(4) 754(4)
-um (n): Ad 165(DFT) 306(4)
iure (adv; 2): An 394 607
iurg-ium (4):
-io (ab): Ad 404; P 778
-ium (ac): E 626; Hc 513
iurg-o (3):
-abit: Ad 80; An 389
-antem: An 838
iur-o (4):
-abat: Ad 332; Hc 60
-andum (est): An 728(iurato (ab)=4)
-ans (n): Ad 473
-ato (ab): An 728(4)
iu-s (law; 19):
-re: Ad 52 217; An 214; Hc 10 11 870(DT)
-ri: Hc 870(FU)
-s (ac): Ad 163 201 801; E 768; Hc 243 697(4) 751(4) 754(4); Ht 642; P 936 [937] (om=4) 981 981
-s (n): Ad 165(DFT) 306(4) 490(DF) 686; Hc 387; Ht 796; P 176(FU) 412
iu-s (soup):
-re: E 939
iusiurand-um (sep=4; 7):
iureiurando (ab): Hc 870
iureiurando (d): Hc 870
-um (ac): Hc 697 751 754
-um (n): Ad 165(sep=DFT) 306
iustitia (ab): Ht 646
iust-um:
-a (ac): P 280
iust-us (7):
-a (ac): Ad 990
-a (np): Ad 660
-a (ns): An 36
-am: Ht 41 704; P 226
-issima (ns): P 710
iuv-o (3):
-ant: Hc 460
-at: Ad 255
-ero: Ht 86

L

labasc-o (2):
-it: Ad 239; E 178
labefacio:
labefecit: Ad 244
labefact-o:
-arier: E 509
labi-a:
-is (ab): E 336
lab-or (24):
-or: Hc 286(-os=KL)
-ore: Ad 870 871 875; An 78 831; E 399; Hc 23 390; Ht 40 841 1040; P 46
-orem: Ad 263; An 720(dolorem =F) 870; Hc 17 344; Ht 165
-ores (n): Ht 399
-ori: Hc 226
-oris: Ht 42 82 91
laborios-us (2):
-a (ns): Ht 44 807
labor-o (3):
-a: Ht 89
-ans (n): Ht 139
-at: An 268

(91)

labos: see **labor**
labrum (lip; ac): Ad 559
lacer-o (2):
 -arem: Ad 315
 -es: Hc 65
lacess-o (4):
 -ere: E 16; P 19
 -isset: P 13
 -ito (3): P 1027
Lach-es (12):
 -e (v): Hc 134 206 232 633 647 664 722 732 751
 -es (n): Hc 727
 -es (v): Hc 263 785
lacrima: see **lacruma**
lacrimo: see **lacrumo**
lacrimula (ab): E 67
lacrum-a (9):
 -ae (n): Ad 536; An 126 558; P 107
 -arum: Hc 675
 -as: Ad 335; Ht 167
 -is (ab): Ht 306; P 975
lacrum-o (14):
 -a: Ht 84
 -ans (n): Ad 472; E 820; Hc 377 379; P 92
 -as: Ad 679; Hc 355
 -at: E 659 829
 -em: Hc 385
 -et: P 522
 -o: Ad 409; Hc 405
lact-o (2):
 -as: An 912
 -asses: An 648
lac-us (2):
 -um: Ad 583 715
laed-o (6):
 -ere: Ad 864; E 2 18
 -eret: P 11
 -it: P 11
 laesit: E 6
laetiti-a (5):
 -a (ab): Ad 522
 -a (n): Ht 680
 -am: Hc 816; Ht 186 292
laet-or (4):
 -etur: Hc 835
 -or: Hc 833; Ht 683 687
laet-us (12):
 -a (ns): E 392 576
 -ae (n): Hc 368
 -i (n): E 256
 -ius (ac): Ad 366
 -um (ac): Ht 888
 -us: Ad 252; An 340; E 555 559 1034; P 820
lament-or (2):
 -ari: An 121; P 96
lamp-as:
 -adas: Ad 907
lan-a (2):
 -a (ab): An 75
 -am: Ht 278
langu-or:
 -orem: Ht 807
lan-ius:
 -ii (n): E 257
lap-is (3):
 -idem: Hc 214
 -is (n): Ht 917
 -is (v): Ht 831
larg-e:
 -ius: E 1078
larg-ior (2):
 -iendo (g ab): Ad 988
 -itor (2): Ad 940
largit-as (2):
 -as: Ad 985
 -ate: Ht 441
lascivia (ab): Ht 945
lass-us (3):
 -am: Hc 238
 -us: An 304; E 221
lat-er:
 -erem: P 186
Latine: P 26(FT)
Latin-us (adj; 3):
 -as: E 8 34; Ht 18
Latini: P 26(Latine(adv)=FT)
lat-us (subs):
 -ere: Ht 672
laud-o (29):
 -abat: P 595
 -abis: Ht 374
 -abit: E 443
 -ant: E 476
 -are: Ad 269; An 97
 -arier: Ad 535(sp=DFT)
 -as: Ad 565; E 1053; Ht 537
 -at: An 845; E 438
 -em: Ad 256; E 565 1044
 -er: Ad 592
 -o: Ad 564; An 443 455; E 154 251 251 279; Hc 488; Ht 381 538 1065; P 140 285
lau-s (9):
 -dem: Ad 18; An 66; E 925; Hc 461; Ht 315
 -di: Ad 5 105 382 418
laute (2): Ad 764; E 427
laut-us (pa; 3):

-a (ab): Ht 798(inlautum(ac)=F)
-um (ac): P 339
-um (n): Ad 425
lav-o (12):
lautum (sup): P 973
-amur: E 595 (-amus=DFT)
-amus: E 595(DFT)
-ato (2): E 596
-atum (sup): E 592 600; Ht 655
-em: P 186
-erimus (ind): E 596
-erit (subj): Ht 618
-et: An 483; E 582
-it: E 593
lectul-us (2):
-os: Ad 285 585
lect-us (bed; 4):
-o (ab): Ad 520; E 593
-os: Ht 125
-us: Ht 903
lego (III):
lectum (est): P 53
Lemn-os (7):
-i (loc): P 680 942 1013
-o (ab): P 873 1004
-um: P 66 567
len-io:
-irent: Ht 127
len-is (adj; 8):
-em: P 262
-i (ab): An 262; Hc 270; Ht 151 438 912
-is (ns): Ht 45
-ius (ac): Ht 459
lenitas (2): Ad 390; An 175
len-o (15):
-o (n): Ad 161 187 188; Ht 39; P 508
-o (v): Ad 184 196
-one: Ad 328; P 171
-onem: P 491 847
-oni: Ad 8; P 83 829 1039
lentiginos-us:
-a (ab): Hc 441(F)
lepide: E 427
lepid-us (12):
-a (ns): Hc 753
-am: Ht 1060
-is (ab): E 652
-issime: Ad 911
-issimum (ac): E 531
-o (ab): Hc 837
-um (ac): Ad 966; An 948; P 559

-um (n): E 1018
-us: Ad (911) (914)
lepus: E 426
Lesbi-a (2):
-a (v): An 459
-am: An 228
lev-is (light; 9):
-e (n): Hc 781
-es (n): Hc 426; Ht 399
-i (ab): Hc 312; P 5
-ia (ac): Hc 784(F)
-ia (n): Hc 292
-ibus (ab): Hc 310
-iorem: Hc 759
-ius (n): Hc 568
lev-o (lighten):
-atum (esse): Ht 746
le-x (25):
-ge: An 200 799; E 102; Hc 172; Ht 1054; P 116 214 533 984
-gem: Ad 85; An 880
-ges (ac): Ht 998
-ges (n): Ad 652; P 292
-gum: P 374
-ibus (ab): An 780; P 455 626
-x: P 125 126 236 238 296 409 414
libenter: see lubenter
lib-er (adj; 10):
-er: Ad 970
-era (ns): Ad 194
-eram: Ad 973; E 805
-eri (g): An 330
-ero (d): E 430
-erum (ac): Ad 828 960; E 477
liber (child): see liberi
lib-er (free person; 3):
-er: Ad 182
-erae (n): An 771
-eram: P 438
Lib-er:
-ero (ab): E 732
liberal-is (12):
-e (ac): Ad 684
-em: P 168
-i (ab): Ad 194; An 123 561 (-is(g)=F); E 473 682; Hc 164
-is (g): Ad 464; An 561(F); P 282
-is (ns): P 623 905
liberalit-as:
-ate: Ad 57
liberaliter: An 38
liber-e (3):
-e: An 911; Hc 93

(93)

-ius: An 52
liber-i (9):
-i: An 891
-is (d): Ad 77; An ae9
-os: Ad 57; Hc 212 655; Ht 151 949
-um: Ad 793
liber-o (3):
-a: An 351
-atus (sum): An 370
-o: An 352
libert-as:
-atem: Ad 183
libert-us (subs; 2):
-um: E 608
-us: An 37
libet: see lubet
libido: see lubido
licenti-a (2):
-a (ab): Ht 483
-a (n): Ad 508
lic-et (45):
-eat: E 466; Hc 11 207; Ht 36 981; P 165
-ebat: Hc 94
-ebit: E 640
-ere: Ht 21 103 401 561 1053; P 116
-eret: Ad 334; E 262
-et: Ad 108(4) 179 824 824; An 805 893 ae18; E 35 36 550 639; Hc 464 501 873 874; Ht 345 666 672 797 797 973; P 347 405 549 813
-itum (est): An 443; Hc 30 837; Ht 819
-uit: Ht 965
ligurr-io:
-iunt: E 936
limen (ac): Hc 378
lim-us (adj):
-is (ab): E 601(used subs)
linea (ab): E 640
lingua (2): E 977; Hc 761
liqu-eo:
-et: E 331
liquido (adv): An 729
li-s (10):
-tes (n): Ad 792; E 734; Hc 180; P 133
-tibus (ab): P 634
-tis (ac): Ad 248; An 811; P 219(sp=FU) 408
-tium: P 623
litig-o (3):
-ant: An 745

-as: Hc 507
-at: An 853
litter-ae:
-is (ab): E 476
locit-o:
-as: Ad 949
loc-o (2):
-aret: P 646
-atam: P 759(FT)
-avi: P 752
loc-us (55):
-i (g): An 206 601; E 126 234 255 801; Ht 257; P 979
-o (ab): Ad 216 344 827 994; An 292 406 718 760; E 241 542 782; Hc 41 303; Ht 104 537 827; P 32 88(FT) 446 473
-um: Ad 9 10(om=F) 13 272 572 572; An 233 320 356 681; E 973; Hc 21 42; Ht 359 586; P 33 175 522 548
-us: An 154 354; E 541 1059; Ht 218 233 587; P 547 818
log-os:
-i (n): P 493
long-e (9):
-e: Ad 65; E 335 519 633
-ius: Ad 524 882; E 662; Ht 212 984
longinquitas: Hc 596
longitud-o:
-inem: Ht 963
longule: Ht 239
long-us (5):
-um (ac): Hc 684
-um (n): An 977; Ht 335; P 495 515
loqu-or (50):
locuta (es): Hc 537
locuti (sumus): Ht 264
locutus (es): An 202; P 798
-ar (subj): Ad 215; Hc 674; P 186
-atur: P 777
-ere (imp): An 537; Hc 114; Ht 93 611 622 649 694 673 973 1012; P 473 488 557
-eris: Hc 317(sp=DFU)
-i: Ad 187; An 195 265 308 (eloqui=FT) 873; E 817; Hc 94 453; Ht 559 921; P 278 372 639 1011
-imini: P 549
-imur: E 255
-itor (2): Ht 828
-itur: Ad 309; An 183 267

(94)

783; E 86 298; Ht 178 517
983; P 737 739
lor-um:
-is (ab): Ad 182 182
lubenter (6): Ad 535; E 1074
(1074) 1086; Hc 469; P 488
lub-et (32):
-eat: Hc 56; Ht 542
-ens (n): Ad 887 896; An 337;
E 591; Ht 763; P 565
-entem: Ad 756
-et: Ad 246 445 991; An 310
816(sp=U) 825(cupis=4) 862
958; E 548; Hc 511; Ht 586
643 738 780 934; P 347 981
-itum (est): Ad 766(-uit=U);
An 263
-itum (fuerit; ind): An 213; P
970
-uit: Ad 766(U); E 796; P
643(libuit=KL; quantum(ac)=
FTU)
lubid-o (9):
-ine: Ht 216
-inem: An 78; Hc 534; Ht 201
-ini: Hc 245
-o: An 308 557; Ht 573; P 716
Lucina (v; 2): Ad 487; An 473
lucisc-o:
-it: Ht 410
lucr-um (8):
-i: Ht 747; P 61
-o (ab): Ad 817; P 246 251
-o (d): Hc 287
-um (ac): Ht 609
-um (n): Ad 216
luct-o:
-at: Hc 829
luct-us:
-um: Hc 210
luculent-us:
-a (ab): Ht 523
ludibr-ium (2):
-io (d): Hc 149 526
ludific-or (3):
-abere: E 717
-amini: P 948
-atus (est): E 645
lud-o (12):
-as: Ad 739; E 373; P 347
-atur: E 386
-ere: Ad 377; An 787; E 269
-ier: Ad 607(DFT)
-is: Ad 697; Ht 824
-itur: P 332
-o: Ad (639)

luserat: E 586
lud-us (10):
-o (ab): Hc 203; P 88
-o (d) Hc 204
-os: An 479; E 1010; Hc 45;
P 945
-um: E 300 587; P 86
lugubr-is:
-i (ab): Ht 286
lup-us (3):
-o (d): E 832
-um: P 506
-us: Ad 537
lut-um (mud; 2):
-o (ab): An 777; P 780
lu-x (3):
-cem: E 278; Hc 852
-ci (loc ab): Ad 841
luxuria (ab): Ht 945
lux-us (luxury):
-u: Ad 760

M

macellum (ac; 2): Ad 573; E
255
maceri-a:
-am: Ad 908
macer-o (4):
-abo: E 187
-are: An 685
-entur: Ad 381
-o: An 886
mact-o:
-atum (ac): P 1028(-us=DFT)
-atus: P 1028(DFT)
macul-a:
-am: Ad 954
maer-or:
-ore: An 693
maestus: Ht 122
mage (**magis**=4; 46): Ad 259 270
605 680 701 708 736; An 308
698 774; E 36 227 227 324 436
507 879 935 1002; Hc 159 220
239 259 337 473 827; Ht 223
425 425 699 802 808 889 889
936(malis=F) 1018; P 10
[11a](om=4) 104 203 328 467
472 726 737 878
magis (80):
magis (36): Ad 56 179 282 606
664 698 705 993; An 162 954;
E 356 414 507 561 587 935 1053
1077 1077; Hc 122 137 249 268
553 [617] 738; Ht 133 197 377

(95)

423 542 895 1036; P 717 721
1024
maxume (44): Ad 340 352 501
503 518 534 609 740 926; An
818 823 835; E 173 189 334 866
1044 1070; Hc 51 115 160 228
(331) 348 396 474 708; Ht
[50]   158(maxumum(n)=DU)
284 339 393 408 428 488 788
997 997a(om=4); P 28 204 241
241 295 385
magist-er (3):
-er: An (54)
-rum: An 192; P 72
magistr-a:
-am: Hc 204
magistrat-us (2):
-us (ac): P 403
-us (ns): E 22
magnifice (3): Ad 257; Ht 556
709(magnifico(verb)=U)
magnificentia (ab): P 930
magnific-o:
-are: Hc 260(DU)
-o: Ht 709(U)
magnific-us (2):
-a (ac): E 741
-a (ns): Ht 227
magnus (82):
magn-us (44):
-a (ns): Ad (441) 577; E 874;
Hc 741(-am=DFT); Ht 183
(DT); P 56 458
-ae (n): An 553
-am: Ad 710; E 123; Hc 741
(DFT); Ht 184
-arum: Ht 539
-as: E 391; Ht 621; P 894
-e: E 709
-i (g; used subs): Ad 879; Hc
260(magnificare=DU); P 723
800
-i (n): Hc 380
-o (ab): An 179 903; E 399; Ht
448 621
-o (d): Ht 753
-um (ac): Ad 509; An 92; E
508 968; Hc 304 319 335; Ht
609; P 193 644
-um (n): Ad 687 687(DTU);
An 366; E 997; Ht 298 314
-us: Ad 714; E 785; Hc 440
ma-ior (7):
-ior: Ad 462; E 527
-iorem: Ad 47 (used subs); P
63
-ioris: Ht 64

-ius (ac): Ad 941; An 954
maxum-us (31):
-a (ab): P 761
-a (ns): Hc 595
-ae (n): E 734; Hc 307(DFT)
307
-am: Ad 18 116; E 1091; Hc
7b(DT); Ht 8
-as: E 397; Hc 307(-ae(n)=
DFT)
-i (g): Ad 891; An 293(used
subs) 574(used subs)
-o (ab): Ad 773 875; E 532;
Ht 40 626; P 760
-os: E 665
-um (ac): Ad 377; Hc 50; Ht
[49]
-um (n): Ad 216 231 941; An
526; E 959; Hc (112) 457; Ht
158(DU)
-us: Ad 881
maior: see magnus
maior-es:
-um: Ad 411
maius (adj): see magnus
maiuscul-us:
-a (ns): E 527
mal-a (cheek; 2):
-a (ab): Ad 171
-as: Ht 289(F)
male (35):
male (33): Ad 34 100 164 (191)
(199)(w facta=4) 523 655; An
23(w dicere=F) 436 754 873
940; E 7 438 634 655 669 774
799(DT); Hc 337 590 600 606;
Ht 531 560 648 664; P 15 331
359 372 394(U) 678 697 751
peius: Ht 643
pessume: Ht 437
maledic-o:
-as: E 799(sep=DT)
-ere: An 23(F)
maledict-um (6):
-a (ac): Ad 263 795
-is (ab): P 3
-is (d): An 7; Ht 34
-um (ac): Ad 17
malefac-io:
-iant: P 394(sep=U)
malefact-um:
-a (ac): Ad 200(4); An 23
malefic-ium:
-io (ab): P 336
malevol-us (adj; 2):
-i (g): An 6
-us: Ht 22

malevol-us (subs; 2):
-i (n): Ad 15; Ht 16
malign-us:
-a (ns): Hc 159
maliti-a (5):
-a (ab): An 723(4); P 273 659
-a (n): Ht 796
-ae (g): P 359
-am: Hc 203
maliv-: see malev-
mal-o (21):
-im: Ad 311 727; An 529 963 (D); E 66; Hc 794; Ht 268; P 658
-is: Hc 110 465; Ht 326 936(F)
-le: An 427
-lem: Ad 222; An 963(malim =D)
-o: An 332; E 762; Ht 858 928
-uit: An 430
mavis: Ad 782; E 796
mavolo: Hc (540)
malum (evil; 85):
-a (ac): Ad 546; An 215 340 640; Hc 207; P 556
-a (n): Ht 196; P 180
-i: Ad 357 443 610a; An 73 116 458 547 604 720 843 967; E 547 995 999 1029; Hc 333 418 782; Ht 82 229 236 238 750 1003 1013; P 80 158 184 469 543 698
-is (ab): An 562 627 649; Ht 258
-o (ab): Ad 69 320; An 179 431; E 714; Hc 275; Ht 135; P 505 544
-o (d): Ad 300; An 468 615
-um (ac): Ad 509 544 557; An 143 431 611 672 782 921; E 508 780 968; Hc 132 319 335; Ht 318 716; P 193 503 555 644 723 851 948 976
-um (n): An 688; E 987 997; Hc 570; P 781
malus (27):
mal-us (20):
-a (ab): Ht 208 289(malas (cheeks)=F); P 169 622
-a (ns): An 164; Ht 233
-am: An 317; E 536; P 368 930
-as: E 37; Hc 836
-is (ab): P 688
-is (d): P 766
-o (ab): E 515 874
-um (n): E 274; P 1008
-us: Ad 480; An 164

pe-ior (3):
-iore: E 344
-iorem: Ad 3; E 632
pessum-us (4):
-a (ns): Ht 599
-a (vs): E 152 1017
-um (n): An 629
mamm-a:
-am: Ad 975
mancup-ium (2):
-ia (ac): E 364
-ium (n): E 274
mand-o (4):
-atum (est): E 208
-es: Ad 372; P 689
-o: An 296
mane (5): An 83; E 340; Ht 67 519; P 531
man-eo (61):
-e: Ad 253 264 264 467 820; An 658 682 760 ae6; E 379 534 764 765(om=4) 788 909; Hc 495 496 745 844; Ht 273 338 613 613 736 736 890; P 217
-eam: E 579; Hc 442
-eas: P 489
-eat: E 502; Ht 737; P 322 512 813 926
-ebat: P 570
-ebit: Ht 380
-ebo: An 739; E 216
-endum (est): E 637
-ent: E 581
-eo: Ad 279; An 363; E 894; Hc 845; Ht 737; P 737
-ere: Ad 235; Hc 723; P 815 926
-erem: E 512
-eret: Hc 222
-es: P 849
-et: P 716
-eto (2): Hc 443
mansisset: Ht 540
mansit: E 622
mansum (sc esse): Ht 200
mansurus (est): P 480
manipulus: E 776
mansi-o:
-ones (n): P 1012
mansuet-us:
-i (g): An 114
man-us (16):
-ibus (ab): Ad 563; An 161 676
-u: Ad 194 980; Hc 493 666; P 830
-um: Ad 576 781; An 297; Ht

563 565 818(FT); P 634
-us (ac): Ad 565; Ht 590
mar-e (3):
-e (ac): Hc 419
-i (ab): E 519
-ia (v): Ad 790
maritus (subs): Ad 938
mastigia (v): Ad 781
mat-er (49):
-er (n): Ad 478 657 747(4)
929; E 107 116 130 156 518
840; Hc 378 480 547 625 660;
Ht 233 270; P 49 130 569
-er (v): Hc 353 355 358 590;
Ht 1024
-re: Ad 650; Hc 174 236 700;
P 873
-rem: Ad 471 598 910; Hc 184
299 602 613 678; Ht 335; P 96
750
-res (n): E 313; Ht 991
-ri: E 108; Hc 477
-ris: E 111; Hc 301 318 481 495
materfamilias: Ad 747(sep=4)
maternus: Ht 637
matrimonium: Hc 548
matron-a (2):
-am: An 364
-as: E 37
mature (2): E 208 933
matur-o (5):
-a: An 715 956; P 716
-em: An 577
-ent: Ht 496
mavolo: see malo
maxumus: see magnus
mecastor: Hc 83 611(DFT)
med-eor:
-eri: P 822
medic-or (2):
-arer: An 831
-ari: An 944
medic-us (subs):
-um: Hc 323
mediocris (g): Ad 966
mediocriter (2): An 59; Ht 286
medit-or (5):
-ari: Ad 195; P 242
-ata (sunt): P 248
-atus: An 406
-or: Ad (896)
med-ium (6):
-io (ab): Ad 479; Hc 620; P
16 967 1019
-ium (ac): Ad 316
medi-us (3):
-am: An 133 776

-um (ac): E 774
mehercle (2): E 67(sep=FU) 416
meliuscul-us:
-a (ns): Hc 354
membr-um:
-a (n): Ad 612
memin-i (18):
memento: Ad 426
-eris (subj): E 801 815; Ht 550
1026
-erit (subj): E 340; Ht 951
-i: An 429 977; E 216; Hc 822;
Ht 732; P 74 227
-isti: An 943; Ht 626; P 224
(387)
mem-or (3):
-or: An 281 282
-orem: Ad 251
memorabil-is (2):
-e (n): An 625; Ht 314
memori-a (6):
-a (ab): An 40 723(malitia=4);
E 170
-am: An 943; P 383 802
memoriter (2): E 915; P 394
memor-o:
-are: Hc 471
Menand-er (4):
-er: An 9
-ri (g): E 9 20 30
mendic-us (subs):
-um: An 816
Menedem-us (19):
-e: Ht 159 427 440 464 861 883
908 921 931 954 1047
-i (g): Ht 749
-o (ab): Ht 610
-o (d): Ht 768
-um: Ht 180 185 608 739 1001
men-s (23):
-s: An 164; E 729
-tem: Ad 432 528; E 233 451
498 666 910; Hc 405 536 734;
Ht 484 764 886 889 986 997
1005; P 77 154 157 652
mens-is (10):
-es (n): Ad 691
-ibus (ab): Ad 396; E 331; Hc
393
-is (ac): E 277(sp=FU); Hc
822; Ht 118; P 520
-is (ns): Ad (475); Hc 394
menti-o:
-onem: E 437
ment-ior (6):
-iare: Ht 701(sp=U)
-iri: Ad 55; Ht 549

-ita (es): E 1017
-itam (sc esse): E 703
-itum (sc esse): An 863
mercator (3): An 222; E 109 114
mercat-us:
 -um: Ad 231; P 838 893
mercennar-ius:
 -ium: Ad 541
merc-es (2):
 -ede: Ht 145
 -edem: P 414
merc-or (4):
 -atus (es): Ht (54)
 -atus (est): E 357
 -atus (fuerat): E 569
 -atus (sum): Ht 146
mer-eo (11):
 -eat: An 331
 -ita (es): E 750
 -itam (esse): An 281; Hc 487 (sc esse); P 1014(F)
 -itum (sc esse): P 1014(-itam =F)
 -itus (es): An 621; Ht 815
 -itus (est): Hc 760
 -itus (sit): P 272
 -itus (sc sum): Ht 815
 meruisti: Ht 83(commeruisti= DF)
meretrici-us (4):
 -a (ab): E 960
 -ae (g): Ht 226
 -am: E 382
 -os: An 913
meretr-ix (22):
 -ice: E 927
 -icem: Ad 9 149; E 352; Hc 539 689 716; P 413
 -ices (ac): E 37
 -ices (n): Hc 776 834
 -ici: Hc 789; Ht 563
 -icibus (d): Hc 58
 -icum: E 48, 932 994
 -ix: Ad 747; An 756(om=F); E 986; Ht 522 599
meridi-es:
 -e: Ad 848
merito (13): Ad 946; An 531 574; E 186 387; Hc 240 470 505 580 839; Ht 360 915; P 894
merit-um (8):
 -o (ab): E 458; P 337 338 1031 1033
 -um (n): Ht 92; P 305 1051
mer-us:
 -am: P 146

-met (31): Ad 166 208(om=F) 209 329 402 604 628 628 712; An 82 115 636 838; E 230(U) 252 586 629 690 964 1024; Hc 664; Ht 172 374 385 507 511 (U) 799 1064; P 172 217 222 581 961
metu-o (35):
 -am (subj): An 918
 -as: Ad 830; E 786 1080
 -at: E 140
 -ebant: E 433
 -ebat: P 118
 -ens (n): An 585
 -ere: P 556
 -i (ind): Ad 193 403; An 106; E 855; Ht 569
 -i (inf): An 494
 -is: Hc 257; Ht 338(metus(ns) =FT) 720 1017 1032; P 743
 -isti: Ad 217
 -it (pres): Ad 85; E 449; P (428)
 -o: Ad 627; An 914; E 610 758; Hc 337; Ht 720 808; P 491 555
 -ont: Hc 772
met-us (20):
 -u: Ad 58 75 612; An 181 251 351 937; E 977; Ht (199) 328; P 57 564 825 843
 -uis (g): P 482(4)
 -um: Ad 736; An 339; Ht 337 341
 -us (g): P 482(-uis=4)
 -us (ns): An (54); Ht 338 (FT)
me-us (336):
 -a (ab): Ad 65 250 427 629 881 (913) 944 959; An 738; E 320 849 980 1070; Hc 28 55 228 476 510 591 593 632 666; Ht 41 128 134 315 686 793 1006 1067; P 133 335 389 533 563 673
 -a (ac): Ad 815; An 964; E 128; Ht 575 841 942 1050
 -a (np): P 248
 -a (ns): Ad 68 989; An 31 347 820 933 969; E 130; Hc 248 587 595 [709](om=FU); Ht 227 354 648 691 782; P 585 746 903 1024
 -a (vs): Ad 288 289 343 353; An 134; E 190(DFT) 455 656 664 834 913(4); Hc 318 325 353 358 856 856; Ht 381 398 617 622 731

(99)

-ae (d): An 943; E 898; Hc 48 49 477 559 585; Ht [48] 646
-ae (g): Hc 257; P 736
-ae (n): Ht 669; P 201 473 820
-am: Ad 179 198 869 874 898 973; An 535 635 887 936(F) ae 20; E 102 118 163 309 702 798 806 809 854 1036; Hc 52 226 596 750 799; Ht 714 795 P 218 232 500 510 571 719 764 1043
-arum: Ad 294; E 1034; Hc 361
-as: Ad 536; An 97 609 655; Hc 303; Ht 137
-i (g): E 234 1048; Hc (331); P 253 788
-i (v): E 1031(F)
-is (ab): Ad 170 563 879; Hc 720 863; Ht 491; P 548
-is (d): Ad 712; Hc 247 271 564
-o (ab): Ad 40(4) 48 52 117 262 313(U) 875 892; An 153 502 646 843 ae4; E 149 231 293 920 971 1024; Hc 57 474 562 687 704 816; Ht 230 401 408 429 1035; P 74 231 511(4) 732 1031 1033
-o (d): An 263; E 200 1038; Hc 226 516 865(DF) 870; Ht 148 259; P 842
-orum: Ad 160; An 453 ae12; Ht 574; P 587
-os: Ad 701; Hc 578; Ht 1027
-um (ac): Ad 68 163 263 593 597 797 799 802 952; An 49 81 185 260 312 540 652; E 700; Hc 42 108 243 297 370 616 743 788; Ht 106 351 397 417 634 1016; P 198 217 232 288 520 730 739 795
-um (n): Ad 249; E 429; Ht 47 92 549
-um (v): E 456
-us: Ad 115 651 770; An 651 934; E 135 196 560(T); Hc 780(F) 785; Ht 150 219 431 432 875 896 1016; P 35 587
mi: Ad 268 269 323 336 674 681 901 922 935 936 956 983; An 286 685 721 788 889 890; E 86 95 [95] 144 190 351 455 535 560(F) 743 756 1034; Hc 206 232 235 352 382 389 455 456 523(DFT) 577 585 602 605 606 824 841; Ht 291 406 406 622 631 644 645(F) 684 692 1005 1015 1028 1048 1052 1060(om=F); P 254 478 882(4) 991 1002 1005
miis (d): Ht 699(sp=4)
Mici-o (15):
-o (n): Ad 923
-o (v): Ad 60 92 96 132 598 720 737 800 836 943 952 979 988
-onem: Ad 512
Mida: P 862
migr-o (2):
-arunt: Ad 649
-es: Hc 589
mil-es (32):
-es (n): E 31 125 353 623 626 654 737 752 1041; Ht 733; P 532
-es (v): E 806 1063
-ite: E 192 287 733; Hc 85 91
-item: E 38 395 538 618 755 1072; Hc 96; Ht 365
-ites (ac): E 815
-iti: E 288
-itis: E 26 229 454
-itum: E 778
Milesius: Ad 702(used subs)
Milet-us (2):
-i (loc): Ad 654
-um: Ad 655
miliens (3): An 946; E (422); P 487
militi-a:
-ae (loc): Ad 495
milit-o (2):
-atum (sup): Ad 385; Ht 117
mille (ac; 2): Ht 601 606
milu-us:
-o (d): P 330
min-a (19):
-ae (g): Ad 370
-ae (n): Ad 223 742; E 471; P 557
-am: Ht 475
-as: Ad 242 (915); An 210; E 169; Ht 724 835; P 410 662 667(om=F) 897 1038
-is (ab): Ad 191; E 984
Minerv-a:
-am: Ht 1036
minime: see **parum**
minimus: see **parvus**
minit-or (4):
-abitur: Ht 489(minabitur=DU)
-are (ind): Hc 427
-atur: P 851
-emur: Hc 718

minor (adj): see parvus
min-or (verb; 2):
-abitur: Ht 489(DU)
-are (ind): E 1020
-atur: E 957
minu-o (5):
-am (ind): Hc 616
-atur: Ht 42
-e: P 435
-eris (subj): An 392
-it (perf): P 1013
minus (adv): see parum
minut-us:
-os: An 369
mir-a (2):
-a (ac): Ht 896
-a (n): E 288
mirabil-is:
-e (n): Ht 387
mirand-us (pa; 2):
-o (ab): An 938
-um (n): Hc 661
mire: Ht 898
mirific-us:
-issimum (ac): P 871
mir-or (22):
-abar: Ad 642; An 175; P 490
-abere: Ht 374
-ari: Ad 374; E 547 661; Hc 732; Ht 943
-arier: P 92
-or: Ad 197; An 750; E 290 738; Ht 383 518(demiror=U) 525 612 897 1001 1004; P 806
mir-us (18):
-is (ab): Hc 179
-o (ab): Hc 489
-um (ac): Hc 709(used subs)
-um (n): An 598 651 755; E 230 268(DTU) 344 403 508 (DTU) 711 784(DTU) 1083; Hc 160 220 220; Ht 1 245 663; P 848
misc-eo:
-eto (2): Ht 783
mis-er (122):
-er: Ad 633; An 649 702 851; E 237 260 378 580 (used subs) 953 966 1024; Hc 133 293 296 300 373 385 422 701; Ht 148 809 857 956; P 44 178 200 534 997
-era (ns): An 264 268 693 719; E 98 179 615 643 660 822 827 945 1008; Hc 87 336 340 379 517 536; Ht 404; P 357 728 1006 1021

-erae (d): Ad 308 327; An 743; Hc 401
-erae (g): E 646 (used subs) 666
-erae (n): Ht 649(DU); P 470 747
-eram: Ad 291 305 330 486 566 692; An 240 251 271 761 788; E 81 197; Hc 74 205 271; Ht 1029; P 96(misere=F) 564 749 750
-eras: An 803
-eri (g): E 487
-erior: Ht 224 263
-eriorem: Hc 566
-eris (ab): E 955
-erius (n): Ht 255
-ero (d): Ad 155(used subs) 173(4) 200 301 357 383 666; An 302; Hc 605; Ht 234 250 917
-eros: An 689
-errimus: E 846
-erum (ac): Ad 310 558; An 243 351 617 646 882; E 71 419 1014(used subs); Hc 285 702; Ht 134 192 192 401 413 526 (misere=DFT); P 187 537
-erum (n): P 94
miserand-us (pa):
-um (n): P 1008
misere (9): Ad 522 667 698; An 520; E 68 412; Ht 190 365 526 (DFT) 649(miserae(n)=DU); P 96(F)
miser-eo (13):
-eas: Hc 64(U)
-eat: Hc 64(-eas=U)
-et: An 869; E 802 945; Hc 446; Ht 168 260 750; P 188
-itum (est): Hc 379; Ht 463; P 99 501
miseresc-o:
-at: Ht 1026
miseri-a (12):
-a (ab): Ad 602
-a (n): Ad 555
-am: Ad 173(misero(d)=4) 867 876; E 406; Ht 127
-arum: Ad 294
-as: Hc 420; Ht 420
-is (ab): Hc 570
-is (d): Ad 545
misericordi-a (9):
-a (ab): Hc 167; P 498
-a (n): Ad 306; An 126 261; Ht 637

-am: An 559; Ht 995; P 277
mitis: Ad 276
mitt-o (50):
miserat: Ad 347(amiserat=DT)
misit: E 480 528; Hc 800; Ht 191
missa (ac): Ad 906 991(missam =F); E 90 91 864
missa (erat): Ad 618
missa (est): An 514
missam: Ad 991(F); Hc 780
mississe: E 585
missos: An 833
missum (ac): An 680; Hc 408; P 946
missus (est): E 83
missus (sum): P 881
-am (subj): Ad 292(om=F); E 926; Hc 420; P 648 675
-amus: E 442
-as: Hc 342; Ht 177
-e: Ad 185 335 780 838; An 764 873 904 919; Hc 556; Ht 319 947
-enda (sunt): Ht 325
-ere: An 898(DU); P 175(DT)
-imus: P 812
-is: Ht 736
-it: P 860
-o: Ad 626 795 820; Ht 900; P 232 293
-undi (g): P 50
moder-or:
-antur: Ht 216
modeste (3): E 580; Hc 552; P 170
modestia (ab; 2): Hc 478 591
modest-us (3):
-a (ns): Ad 930; Hc 165
-o (ab): An 120
modo (97): Ad 87 187 202 205 280 289 313(modo(ab)=U; om=F); 364 386 399 423 507 538 560 563 645 835 842 845 982; An 173 202 207 253 302 353 409 594 612 618 630 685 850 855 882 899; E 65 185 282 309 320 323 344 372 380 454 497 697 714 724 766 890 1003 1050 1073; Hc 76 97 208 365 436 458 468 582 785 830; Ht 188 316 343 344 457 466 563 617 641 731 774 901 981; P 59 68 93 95 109(4) 142(4) 149 198 221 420 496 566 624 670 711 773 859 865 938 951

mod-us (47):
-i (g): Ad (441); An 93 746(w hui(u)s) 873 (w hui(u)s); Ht 205 339 387 812; P 505 529 821
-is (ab): Ad 166 315; An 248 (w quot=U); E 384 710 955; Hc 179 701(omnimodis=F)
-o (ab): Ad 313(U) 469 534(4) 605 614 636(4) 695; An 153; E 716(4) 841 920 931; Hc 266 325 724; Ht 401 476 815 1004 1040 1042; P 181 499(FT) 756 869 962 972
-um: Ad 424; An 95 826; E 57; Hc 676; Ht 755
moech-us (4):
-is (d): E 957
-o (ab): E 960 992
-um: An 316
molesti-a (5):
-a (ab): E 928
-ae (g): E 630
-am: Ad 819; Hc 344
-as: E 77
molest-us (14):
-a (np): Ad 122 142
-a (ns): E 529
-ae (n): An 438
-um (n): Ad 806; An 43 358; E 484; Ht 582
-us: Ad 181; An 641; E 414; Ht 568; P 635
mol-ior:
-iuntur: Ht 240
moll-io (2):
-iri: P 498
-irier: P 632
molliter: Ad 763
mollities: E 222
mol-o (3):
-am (subj): An 200
-endo (g ab): Ad 847
-endum (esse): P 249
moment-um:
-o (ab): An 266
mon-eo (21):
-eam: An 918; Ht 58
-eas: E 216
-eat: Ad 857; An 551
-ebat: Hc 375
-eo: Ad 427 429; An 22; E 16; Hc 64 766
-ere: Ht 78 169
-es: An 873; Hc 719; Ht 592
-et: An 904
-ui: Ad 963
-uimus: P 221

-uisse: Ht 261
monit-or (3):
 -or (n): Ht 875
 -or (v): P 234
 -ore: Ht 171
mon-s:
 -tis (ac): P 68
monstrati-o:
 -one: Ad 714
monstr-o:
 -abo: Ad 570
monstr-um (7):
 -a (n): P 705
 -i: An 250; E 334 656(F); P 954
 -o (d): E 860(DFT)
 -um (ac): E 860(-o(d)=DFT)
 -um (n): E 656(-i=F)
 -um (v): E 696
monument-um (2):
 -is (ab): E 753
 -um (ac): E 13
mor-a (13):
 -a (ab): Ad 354; An 424 467
 -a (n) Ad 171; An 420 593 971
 -ae (d): Ad 712 904
 -ae (g): An 166
 -am: Ad 719; An 615; Hc 127
 -as: Ht 239(F)
morat-us:
 -am: Hc 644
morb-us (13):
 -i (g): E 225; Hc 323 357
 -o (ab): Hc 366
 -um: An 300; Hc 239 373; P 244
 -us: Hc 330 334 337; P 574 575
mord-eo (3):
 -eat: E 445
 -ere: E 411
 -et: Ad 807
moriger-or:
 -atus (esses): Ad 218
moriger-us:
 -a (ns): An 294
mor-ior (13):
 -eretur: Ht 652
 -i: E 66. 772
 -iar (ind): P 483
 -iens (n): Ad 457; An 284
 -itur: An 105; Hc 171
 -tua (erat): Ht (287)
 -tua (est): E 130; Ht 602
 -tui (essent): E 518
 -tuos (est): An 928
moror (delay; 6):
 -emur: Ht 834

-or: An 114; E 184 460; Ht 172; P 718
mor-s (15):
 -s: An 297 697; P 750
 -te: An 799; P 166
 -tem: Ad 90 874; An 111 223; Hc 422 596; Ht 271 636; P 244 1019
mortu-os (pa; 4):
 -am: P 96
 -om (ac): Ad 493; Hc 852 875
mortu-os (subs):
 -o (d): P 1015
mo-s (37):
 -re: An 152 967; Ht 203
 -rem: Ad 214 431 708; An 641 880; Hc 599 860; Ht 947
 -res (ac): Ad 758 984; An 189; E 932 1089; Hc 163 239 478 578 735; Ht 239(moras=F) 260 1032
 -res (n): An 696; Ht 382; P 55
 -ribus (ab): An 395; Hc 644; Ht 839 1019
 -rum: Ad 160
 -s: Ad 532; E 188; Ht 393 562; P 454
mov-eo (7):
 motus (est): P 32
 -e: An 731; E 912
 -entur: An 516(removentur=F)
 -eo: An 921; E 913
 -et: Ht 939
mox (8): Ad 204 889; An 485 507; E 219 788; P 161 606
mulc-o (2):
 -abo: E 774
 -avit: Ad 90
muliebr-is:
 -i (ab): Ht 289
muli-er (60):
 -er (n): An 69 229 381 755; E 627 1080; Hc 661; Ht 231 243 305 521 1006; P 726 794 1046
 -er (v): An 742; Hc 214 525 736
 -erem: Ad 90 172 566 974; An 133 230; E 357(used adj); Hc 188 566 662; Ht 751; P 436 829 920
 -eres (ac): An 117; E 296; Hc 754 777
 -eres (n): Ad 229 647; Hc 199 312 710; P 375
 -eri: Ad 599; An 460; E 575 589; Hc 757; Ht 281 953; P 726

-eris: Hc 446 643; Ht 662; P 307
-erum: E 665 812; Hc 35 600; Ht 239
muliercul-a (2):
-am: Ht 444; P 1017
multa: see multum (subs)
mult-i:
-os: E 2
multimodis (4): An 939; Hc 280; Ht 320; P 465
multum (adv, 36):
multum (6): An 641; Hc 82 460 728; Ht 668 668
plurimum (4): Ad 460; E 458 1092; P 194
plus (26): Ad 200 903 996; An 738; E 62 85 96 96 160 184 221 (422); Hc 139 236 421 462 730; Ht 27 63 198 220 451 507; P 554 584 797
multum (subs; so listed here for convenience; 23):
mult-um (13):
-a (ac): Ad 225 (913) 961; E 496 746; Ht 573 648
-a (n): An 511; Ht 232(FTU) 839; P 611
-is (ab): An 114
-um (ac): E 1075; P 145
plurim-um (ac; 2): Ad 813 868
plu-s (8):
-ra (ac): Ad 124; Ht 33
-s (ac): Hc 879; Ht 74 116 659
-s (n): An 547 720
multus (15):
mult-us (11):
-a (ac): An 354 640 ae13(DT); E 17 568
-a (np): Ad 821; Hc 840
-ae (n): E 145; Ht 232(-a(np) =FTU)
-as: Ht 17
-i (n): An 931
-um (n): Ad 950
plurim-us (3):
-a (ab): E 270
-is (ab): E 2; Hc 570
plu-s:
-ra (ac): Hc 281
-ris (ac): Ht 65(F)
mund-us (adj):
-ius (n): E 934
muner-or:
-arier: Ht 300(demunerarier= DT)

mun-us (9):
-ere: E 269 353 1023; Hc 853; P 47
-us (ac): Ad 764; E 214 275
-us (n): P 40
music-a:
-is (ab): E 477
music-us (4):
-a (ab): Hc 23
-am: Hc 46; P 17
-um (ac): Ht 23
mussit-o:
-anda (est): Ad 207
mustelin-us:
-o (ab): E 689
mutatio (2): E 671; Hc 633
mutil-o:
-es: Hc 65
mutio: see muttio
mut-o (14):
-a: E 609
-are: Ad 738
-ari: Hc 569
-at: An 949
-avit: Ad 984; An 242
-em: E 572 610
-es: E 612
-et: An 393; P 512 774 775
-o: An 40
mutt-io (2):
-ire: An 505
-ito (ab): Hc 866
mutuom (ac): Ht 601
mut-us (3):
-a (ns): An 463
-um (ac): An 864(F); Ht 748
-us: E 417
mutu-us:
-as: P 267
Myconi-us (3):
-um (ac): Hc 435 801
-us: Hc 803
Myrrin-a (9):
-a (ab): Hc 632
-a (n): Hc 445 830 870
-a (v): Hc 523 541 560
-am: Hc 811 845
Mys-is (10):
-is (n): An 226
-is (v): An 267 282 282 686 693 714 722 748 802

N

-n: see -ne
Naev-ius (2):
-i (g): E 25
-ium: An 18

nam (240):
nam (causal; 223): Ad 15 55 86
106 131 143 181 190 194 293 352
353 406 422 433 469 521 552
590 602 618 642 654 680 683
704 803 859 893; An 5 43 51
(52) 60 85 87(eam=F) 93 142
187 218 252 391 395 401 458
464 501 519 530 586 612 673
690 707 808 813 827 922 952 960
964; E 80 123 144 203 219 290
330 487 490 610 617 667 737
752 865 916 926 965 973(F)
1000 1032; Hc 67 94 141 174 195
233 240 267 273 276 278 286
299(FT) 301 308 326 328 343
349 365 374 383 393 403 410 420
446 448 464 489 517 525 538
543 554 567 572 582 606 624
640 674 691 695 696 699 704
711 714 735 737 739(nunc=F)
742 747 760 762 779 789 792
796 814 822 851 863; Ht 16 43
61 136 183 (199) 202 204 218
225 228 265 267 282 300 328
345 365 384 388 399 409 416
423 449 455(namque=F) 457 478
483 566 594 634 671 689 696
714 776 834 873 891 919 930
997 1020 1021; P 39 164 182
188 205 269 361 369 422 468
483 507 529 579 587 615 624
636 652 676 717 730 789 815
830 832 837 854 861 888 908
927 1011 1016
nam (w interrogatives; see also
numnam, quinam, quisnam, and
ubinam; 17): Ad 265 488
(DTU); An 235 325 361 591
(DTU); E 272 286(DTU) 656
897 947(DTU) 1015; Hc 267;
Ht 429 517(DTU) 700 708; P
191(DTU) 200 291 732 911 917
namque (7): Ad 193 278; An 67
624; E 680; Hc 474; Ht 455
(F); P 77
nancisc-or (10):
nacta (sis): Hc 65
nactus (es): Hc 681 825; P
168(sp=F)
nactus (est): Hc 170(sp=F);
P 81(sp=F)
nactus (sum): Ad 421
-or: P 543
nanctus (siem): E 556
nanctus (sim): An 967

narrati-o:
-onis: An 709
narr-o (72):
-a: E 421 562 970; P 1000
-abat: P 366
-abit: Hc 350
-abo: Ad 513 604; An 312
-andi (g): An 354
-ando (g ab): P 697
-andum (g): An 706; P 818
-are: An 504; E 1010(-ari=F);
Hc 110 362; Ht 319
-ari: E 1010(F)
-as: Ad 398 448 557 559; An
367 461 466 970; E 408 672
916; Hc 152 784; Ht 520 851
896; P 136 368 401 685 806 935
1002(dices=4)
-asti: An 591
-at: Ad 777; An 434; E 482; Hc
145; Ht 192 220 272 579 655;
P 995
-ato (2): Ht 702
-avit: E 1050; Hc 97 582 711
-em: An 962; Ht 336; P 685
-emus: Ad 336
-es: An 477 734
-et: An 6; Ht 222 706 711; P
846 1001
-o: Ad 536; An 591; Hc 831
nasc-or (26):
-i: Ht 214
nata (est): Ad 805; E 526; P
1018
nata (esset): Hc 279(4)
natam (esse): Hc 797; P 792
(sc esse; natum=4)
nati (sc sunt): Ad 46 867
natum (esse): Ad 545 658; E
460(sc esse); Hc 399(sc esse)
832(sc esse); Ht 1020(sc esse);
P 792(4)
natus (es): Ht 62 1030
natus (est): Ad 40 728; An
486 833; Hc 639 681 749
natus (sis): Ht 1036
natus (sum): Hc 270; Ht 421
nas-us:
-o (ab): Ht 1062
nata: see **gnata**
natalis: P 48
natur-a (7):
-a (ab): Ad 126 902; E 316;
Ht 24 645(F)
-a (n): An 795
-am: Ad (885); Ht 503

nat-us (pa; 3):
-a (ab): Ad 295
-um (ac): Ad 297
-us: E 693
nat-us (subs; birth; 4):
-u: Ad 881 930; Ht 645(natura =F)
-um: Hc 643
natus (subs; son): see **gnatus**
Nausistrata (v; 8): P 784 813 986 987 1014 1037 1046 1052
nauta (ab): P 576
navig-o (2):
-are: Hc 417
-o: An 480
nav-is (6):
-em: Ad 225 703
-a (ab): An 923; Hc 421; Ht 182
-im: An 222
naviter: see **gnaviter**
ne (interj; 18): Ad (441) 540 565; An 324 772 939; E 285; Hc 274 799; Ht 217 222 556 621 747 816 825 868 918
ne (negative; see also **nequis**; 199): Ad 22 36 54 113(n[e]=KL) 160 171 219 270 278(non=DT) 279 282 354 375 403 421 550 684 711 712 797 802 830 835 882 942; An 23 149 182 201 205 227 259 270 291 300 327 329 330(w utiquam=U) 335 349 384 393 400 424 444 467 496 509 543 582 699 704 706 787 F) 789 834 868 899 902 980 ae2; E 14 16 46 76 81 82 95 129 138 140 161 183 212 218 273 278 322 380 388 439 450 (DT) 511 529 552 578 578 611 611 639 664 681 751 786 807 809 855 942 945 956 961 965 988 1080; Hc 13 19 27 54 64 105 125 308 337 342 403 413 438 470 484 493 545(F) 563 565(4) 575 587 630 634 729 735 738 765 839 842 844; Ht 27 30 37 84 85 85 89 212(DT) 231 235 269(nequid(ac=FU) 292 302 357 435 468 511 564 577 577 652 665 670 745 769 783 808 809 860 896 899 975 1017 1028 1049 1052; P 3 31 157 168 213 245 (nequid(n)=F) 314 325 412 419 508 514 585 635 664 675 720 725 730 742 745 768 779 794 803 803

819 839 887 902(me(ac)=DF) 910 916 945 975
-ne (see also **anne, hicin(e) illicin(e), necne,** and **sicin(e)**: changes to **-n** or **-ne** not noted here; 388):
-n: Ad 5 83 127 136(4) 177 178 185 329 336 400 402 405 448 478(DFT) 517 539 539 543 573 579 581 620 732 770(om=DFU) 780 906 [924] 937 969; An [201] 245 247 256 271 277 278 299 315 317 337 342 384 399 437 441(F) 469 476 492 495 (om=DT) 497 500 504 581 584 609 612 616 639 683 689 742 (om=4) 749 757 784(FT) 785 803 849 850 865 875 [879](om =4) 908 912 943 [975](om=4); E 65 86 101 101 153 [162](om =4) 217 225 240 241 265 279 328 338 349 350 351 380 392 405 415 434 437 462 563 567 573 603 608 651(om=4) 651(om=F) 674 691 706 724 731(4) 744 754 757 768 777 778 783 793 800 803 808 809 812 817 836 851 852 861 894 992 1007 1018 1037 1063(om=U) 1093; Hc 78 81 122 199 214 316 323 340 353 415 418 451 497 524(T) 532 547 549 662 665 665 725 748 753 787 803(U) 843 849(om=DFT) 852 862; Ht 180 217(om=4) 237 242 243 246 252 297 405 494 527 563 585 591 608 624 626 707(4) 731(FT) 738 740 761 784 813(4) 820 [830](om=4) 884 890 980 986 1006 1014 1016 1050(om=DU); P 50 64 111 152 153 177 194(U) 224 256 260 [275] 304 339 368(om=U) 372 373 413 427 431 497 499 506 510 518(om=F) 527 568 577 (om=DT) 612 613 636 683 753 790(4) 802 807 810 810 811 875 968 970 996 999 [1033](om=4) 1040(4) [1047] 1048(om=DFT) 1052
-ne: Ad 13 38 78 175 186 236 241 330 336 382 400 438 528 569 638 676 853 939; An 17 209 243 253 263 270 301 425 435 450 492 535 629 643 716 726 768 787(F) 801 804 804 882 893 909 910 910 916 926 932; E 76 110 129 143 191 208 218

(106)

286(DFT) 305 356 360 361 389
428 492 550 553 559 577 697
698 712 713 721 830 848 851 914
915 974 978 1012 1026 1045(om
=F) 1058; Hc 66 157 272 442
509 523 558 645 [661] 692 813
847 873; Ht 75 102 199 [313]
343 407 454 541 562 564 616
660 742 774 778 848 887 912
921 945 948 950(om=F) 954
973 1006(om=F) 1061; P 57
102 186(om=U) 194(DT) 198
210 211 231 238 315 392 445
448 466 504 517 527 536 542
546(om=T) 740 749 754 774
805 816 852 856 874 905 923
930 932 938 945 977
nebul-o (3):
-o (n): E 785
-o (v): E 717
-onem: E 269
nec (61): Ad 85(4) 141 292(om
=F) 292(om=F) 485(neque=DT)
485 542 611 716 932; An 138
180(U) 209 230 287 392 614
614 654 657 971; E 73 227 249
324 [699](om=F) 935 935 1009
1077; Hc 127 140(4) 279 362
(U) 392 404 512 512(F) 556
569 (659)(neque=F) 701 706
728 759 772; Ht 55 141 141 149
153 154 156 186(U) 314 560
755 808 959 975 976 977(FT)
977 977; P 176(F) 176 232 356
391(neque=DT)
necessario: An 632
necesse (6):
- (ac p): Ad 51
- (ns): An 372 (necessus=4);
E 969 1075; Hc 304; Ht 209;
P 296(4)
necessitas: Hc 492
necessum: P 296(necesse=4)
necessus (2): An 372(4); E 998;
Ht 360
necleg-: see **negleg-**
necne: Ht 95
necopin-ans (sep=U; 3):
-anti: Hc 362; Ht 186
-antis (ac): An 180
nedum: Ht 454
neglect-us (pa):
-a (ns): Ht 295
neglect-us (subs):
-u (d): Ht 357
negleg-ens (pa):
-entem: An 397

neglegenter (2): An 253; Ht 291
neglegenti-a (5):
-a (ab): Ad 14; An 71; P 1016
-am: An 20; P 571
negleg-o (6):
-ere: Ad 216; P 366
-itur: P 358
-untur: Ht 299
neglexisse: P 54
neglexit: Hc 670
neglig-: see **negleg-**
neg-o (40):
-a: An 384; Ht 564; P 803
-abant: Hc 805
-abas: Hc 538
-abis: Ht 350
-abit: Ad 484
-abo: An 612
-ando (g ab): An 630(F)
-ant: E 251 822; P 459
-are: An 147; E 619; Hc 120
-aris (fp): An 379
-as: An 909; P 740
-at: Ad 542; An 358; E 31 252
692 714; Ht 18; P 113 116 352
353 353 354 356
-ato (2): E 712
-es: An 405; Ht 632
-et: An 149
-o: Ad 798; E 252; P 383 524
1014
negot-ium (16):
-i: Ad 638 642 707; An 2 521
849 953; E 404 544; Hc 97;
Ht 498; P 710 816
-io (ab): Ad 20; Hc 26
-iis (ab): Ht 418
nem-o (51):
-inem: Ad 259(-ini=4; used
adj) 291; An 363 364 506 750;
E 147 553 680; Hc 66 66; P 591
-ini: Ad 259(4); An 64 250; Hc
281 398; P 953
-o: Ad 208 353 434 529; An 396
697 963; E 52 226 487 549 549
561 757 1032 1078 1078 1082
(used adj); Hc 67 141 187 189
237 323 329; Ht 64 65 263 574
975; P 152 338 765 808(used
adj)
nempe (14): Ad 742; An 30 195
371 387 567 618 950; E 158
563; Hc 105; Ht 639; P 307 310
ne-o:
-bat: Ht 293
nep-os (2):
-os: Hc 639

-oti: Ad 974
Neptun-us:
 -i (g): Ad 790
ne-quam:
 -quior: Ad 528
nequando: E 450(sep=DT)
neque (191): Ad 27 59 84 85
(nec=F) 85(nec=4) 102 102 103
103 141 164 193 306 306 306
307 307 328 349 349 459 459
463 464 481 485(DT) 611 615
649 658 716 745 745 861 987;
An 94 178 179 183 205 206 279
279 279 280 320 320 377 420
420 551 564 564 826 826; E 50
51 57 57 77 113 113 122 122
148 148 200 200 243 244 244
293 293 306 306 374 374 482
482 483 543 547 570 619 659
667 722(om=F) 722(aeque ac=
F) 729 729 749 867 881 903 904
958 965 972 972 1080 1082; Hc
3 3 140(nec=4) 151 151 180 200
228 245 261 374 375 476 479
512(nec=F) 529 573 590 641 659
(F) 713 747 747 772 805 834
851 851 865 868 868 877; Ht
19 64 67 70 100 215 224 229
261 321 485 554 581 642 642
779 779 792 874 894 963 964
964 977(nec=FT) 982 1044; P
84 97 98 98 114 176(nec=F) 181
181 293 330 354 391 391(DT)
443 498 498 502(atque=D) 505
507 507 519 519 522 589 736
806 826 959 971 1016 1016 1018
1044 1044 1044
nequ-eo (16):
 -eam: P 240
 -eas: E 75
 -eat: Ad 520; Hc 575
 -eo: Ad 374 544; An 434(F); E
181 547 661; Hc 361 385 645;
Ht 320; P 512 983
 -it: Ad 76
nequiquam: Ht 344
ne-quis (sep=DT; 31):
 -qua (ab): Ad 626(used adv)
 -quam: An 212; E 616 963; Ht
927
 -quid (ac): Ad 624(sep=U);
An 73; Hc 730; Ht 198 269
(FU) 352 361 369 555 623 690
939; P 415(sp=U) 469 491 554
713 783
 -quid (n): An 61; Hc 227 338;
P 245(F)

 -quis: E 287(sep=U) 847 (not
sep=T)
 -quod (ac): An 739; Ht 90
 -quoi (-cui=U): Hc 595; Ht
1(not sep=T)
nequiti-es (2):
 -em: Ad 358; Ht 481
nequo: Ht 212(sep=DT)
nequoquam: Hc 565(sep=4)
nerv-os (3):
 -om: P 325 696
 -os (ac): E 312
nesc-io (see also **nescioqui** and
nescioquis; 73):
 -iam (subj): E 690 881; P 980
 -ias: Ad 857; Hc 206(F) 618
(-io=DU); Ht 345 1008
 -iat: Ht 946
 -iatis: E 961
 -ibam: E 155 736
 -ies: Ht 748(DFT)
 -imus: Hc 571
 -io: Ad 571 697; An 477 663
734 (746) 841; E 305 321 657
711 716 818 826 953 961; Hc
205 206(D) 321 323 323 444 453
618(DU) 849; Ht 308 396 541
658 660 897 944 958 1009 1038;
P 137 474 683 775 807 871 952
 -ire: Ad 77; Hc 215; P 117 809
 -is: Ad 220 723; An 649 764
791 966; E 722 799 1062; Hc
206(-ias=F) 418 875; Ht 748
(-ies=DFT) 934; P 57
 -it: Ad 548; P 993
nescio-qui (sep=4; 6):
 -quam: Hc 186
 -quo: Ad 605 658; Hc 383
 -quod (ac): Hc 319; P 193
nescio-quis (sep=4; 18):
 -quam: Hc 828
 -quid (ac): Ad 79 211; An 340;
E 291 298; Hc 304 321 336 827;
Ht 236 620 625 759
 -quid (n): E 649
 -quis: Ad 635; An 855(nescio
qui=DTU); Ht 510
neu (see also **neve**; 4): An 291;
Hc 545(ne=F) 587; P 158
neut-er (2):
 -er: An 839
 -ra (ab): Hc 667
neutiquam (sep in KL and 4; 4):
An 330 (not sep=U); Hc 125
403; Ht 357
neve (see also **neu**; 2): Ad 198;
E 278

ne-x (3):
-cem: Ad 182; An 199; P 327
ni (see also **quidni**; 25): Ad 173 (U) 662 701; An 551 598 648 (DFT) 918; E 230 268(DTU) 344 508(DTU) 711 784(DTU) 1014 1083; Hc 7b(DT) 220 473; Ht 8 529 663 917; P 107 155 170 269 278 369 544 547 826
Nicerat-us:
-um: An 87
nihil (often used in other texts for **nil**; ac; 2): Ht 896; P 940
nihil-um (13):
-i (nili=DT): Ad 167 452; E 94
-o ab used adv): An 507(FU); E 62; Hc 137 727(subs) 850 (subs); Ht 377(nilo=DT) 1012 (nilo=DT); P 472 530(subs; nilo=DT) 535(subs) 597(nilo=DT)
nil (nihil always in U and usually in F; 196):
nil (ac; often w adv value): Ad 99 134 142 244 266 273 300 366 405 414 562 592 641 656 728 777 861 922 935; An 17 32 58 90 116 160 187 202 204 306 315 331 337 365 365 435 435 440 448 505 516 582 638 638 640 683 713 716 737 788 858 863 949; E 24 152 184 221 320 615 666 703 735 735 765 884 913; Hc 154 234 462 544 593 618 697 732 767 810 811 865; Ht 43 76 77 140 171 197 224 228 309 337 519 520 571 643 667 717 776 881 894 900 939 976 1002 1056 1057; P 80 132 142 146 263 331 334 475 521 543 644 669 715 722(non=DTU) 806 846 997 999 1042
nil (n): Ad 141 157 177 233 264 311 394 528 613 644 653 816; An 120 166 206 314 326 340 350 437 449 601 604; E 15 50 144 243 243 273 361 427 435 535 542 638 638 641 934 1051 1094; Hc 400 736 782; Ht 175 234 238 267 415 672 675 676 682 699 834 878 999 1021; P 85 105 208 250 300 305 361 421 474 563 565 605 696 738 763 861 995 1000

nil-um:
-i: Ad 167(DT) 452(DT); E 94(DT)
-o (ab used adv): An 507(nihilo =FU); Ht 377(DT) 1012(DT); P 530(DT) 597(DT)
nimirum (sep=DTU; 3): E 268 358(F) 508 784
nimis (9): Ad 522 899; An 61; E 222 380(F) 786; Ht 440 519 1045 1046
nimium (adv; 16): Ad 63 64 (169) 392 684 835 954; An 450 455; E 380(nimis=F) 597 1018; Hc 853; Ht 770 861; P 767
nim-ium (subs; 2):
-ium (ac): P 643
-ium (n): P 664
nimi-us (5):
-a (ab): Ht 441
-a (ns): Ad 508
-o (ab): Ht 109 506
-o (d): Ad 63
nisi (85): Ad 99 153 173(ni=U) 231 394 454 483 523 545 594 785 806 943; An 249 306 337 373 373 516 519 565 578 642 648(ni=DFT) 664 668 671 697 776 858 950; E 74 160 333 524 548 662 735 736 796 803 827 902 998; Hc 94 142 193 280 300 528 615; Ht 34 109 142 150 391 542 592 614 643 658 668 670 730 880 881 932 935 959 1003 1022; P 15 85 146 179 220 322 436 475 735 782 850 953 963 988
nitor (subs): E 242
nit-or (verb):
-ar (ind): Ad 497
nobil-is (6):
-em: E 204 952; Ht 609
-es (n): Ad 502
-is (ac): Ad 15
-is (ns): Ht 227
nobilit-as (2):
-as: E 1021
-atem: Hc 797
noctu (2): Ad 532; E 219
nod-us:
-um: An 941
nol-o (54):
-et: An 155(-it=F)
-i: Ad 781; An 385 685; Hc 109 316 467 654; P 556
-im: Ad 695; Hc (331)
-int: Hc 199

(109)

-is: E 272 813
-it: Ad 711 851; An 155(F) 172 531; Hc 559
-ite: Hc 46
-le: Ad 162; Hc 183; Ht 412 627
-lem: Ad 165 775; An ae7; Hc 487; Ht 82; P 796
-les: P 797
-o: Ad 140 192 379; An 573 819; E 906; Hc 348 593 674 758; Ht 701; P 950 950
-ueram: Hc 712
-ui: Ad 143; Ht 262
-uit: Hc 6
-unt: E 813; Hc 834; Ht 206 206; P 335 336
nom-en:
-en (ac): Ad 571; E 3 111; P 385 385 386 739
-en (n): An 86 928 928 942; Hc 1 735; Ht 662; P 804 1048
-ine: P 392 742 744
nomin-o (9):
-abit: E 440
-ant: P 26(-at=F)
-are: P 691
-as: Ht 303
-at: Ad 658 778; P 26(F) 193 739 990
non: (see also **nondum**; 581): Ad 26 35 40 51 59 94 101 102 104 112 119 122 136 137 142 148 149 149 159 163 168 174 177 180 187 219 219 250 271 274 278(DT) 284 (291) 302 308 337 341 343 344 346 364 379 386 (393) 396 410 419 423 480 484 507 526 527 530 530 554 560 562 567 568 569 578 596 629 (639) 641 648 659 661 661 686 709 709 716 727 727 727 733 737 738 740 744 748 751 754 762 778 781 798 802 803 803 824 825 838 880 903 931 936 941 942 943 952(nunc=DFT) 966 987 990; An 6 11 16 47 60 103 109(4) 149 172 177 186 194 194 194 194 205 208 225 237 276 305 327 352 354 356 361 367 367 371 372 376 384 386 392 394 402 405 452 455 475 [489] 490 499 503 518 524 563 581 582 587 587 621 623 647(DFT) 656 669 670 672 692 695 698 700 704 710 727 729 743 752 762 766 774 775 778 781 787(ne=F) 790

805 816 832 844 852 915 920 921 932 942 952 953 955 958 ae5 6 7 9 13; E 6 8 23 28 31 35 41 46 48 49 52 54 58 65 83 87 96 111 140 179 184 185 218 223 226 249 274 291 295 332 359 368 381 389 392 398 411 433(4) 451 452 460 463 465 480 484 502 503 527 530 534 546 591 615 621 638 639 666 673 675 679 684 696 699 710 713 713 779 798 799 818 819 838 839 852 854 854 (F) 864 869 878 880 884 888 898 901 901 902 959 964 968 980 988 995 997 1010 1066 1071; Hc 42 43(4) 70 74 79 90 100 104 110 133 136 140 148 156 160 183 206(nescio=D) 214 221 227 228 231 236 238 248 269 271 277 289 307 322 322 327 341 342 360 397 416 438 439 442 443 453 494 499 509 509 520 526 555 558 560 568 572 577 603 606 616 617(om=U) 647 649 657 663 666 671 673 678 698 699 700 704 709 710 727 732 737 762 775 784 804 804 866 868 874; Ht 11 18 71 79 91 91 99 107 110 120 154 163 163 165 181 187 196 202 204 216 219 229 239 247 248 270 314 323 324 376 378 387 388 401 405 433 436 436 439 448 476 482 486 491 501 524 527 544 549 553 565 570 583(4) 596(4) 611 611 612 612 620 636 656 666 666 677 686 694 712 714 720 728 741 752 761 766 780 781 782 784 797 807 819 820 821 874 894 894 894 919 919 920 921 923 953 965 984 985 991 993 995 1001 1012 1013 1016 1017 1018 1035 1035 1039 1041 1047 1051 1051 1053 1062; P 1 13 19 23 54 68 119 143 145 147 148 159 160 181a(om=4) 182 204 206 208 211 216 232 233 260 272 280 283 292 296 299 303 303 303 326 330 337 345 382 384 388 388 392 401 402 419 422 455 486 489 495 514 525 525 543 568 568 570 620 631 638 640 647 694 718 722(DTU) 724 724 740 742 758 799 799 802 803 804 818 839 844 849 852 893 902 912 927 969 978 987 992 994 998 1002 1003 1004 1014 1025 1034

nondum (sep=DTU; 11): Ad 467; An 201 340 659 807; Hc 192 745; Ht 596(non[dum]=KL; non=4); P 147 445 (not sep=T) 492
nonne (13): Ad 660; An 238 239 647(non[ne]=KL; non=DFT) 869; E 165 334 736; Hc 552; Ht 545 583(non=4) 922; P 768
nonumquam: An 109(sep=4)
nosc-o (80):
  noram: An 502 934; E 511; P 391 941
  noras: Ad 465; E 698; P 384
  norat: P 362 804 805
  norimus (subj): Ad 271
  noris (ind): P 265(cognoris=FU) 265
  noris (subj): An 489 914; E 566; Ht 889
  norit (ind): An 10
  -ant: An 23
  -ere: Ad 503 862; An (53); E 523 932; P 279
  -i (inf): Hc 572 573
  -ite: Hc 8
  nosse: Ad 648; An 952; E 940
  nossem: Hc 863; P 278 382
  nosses: P 382 388
  nosti: Ad 177 573 780; An 441; E 328(novisti=4) 349 351 405 563; Ht 180 239 527; P 64
  noveram: An ae19; E 778
  noveras: Ht 153; P 390
  noverim: Ad 573
  noveris (subj): Hc 439
  noverit (ind): An 10
  noverunt: Ht 248
  novi: Ad 165 223 572 577 683; An 789; E 350 [351](om=4) 563 812 1056; Hc 264 439; Ht 371 570; P 217 328 694 1032
  novisti: E 328(4); Ht 370
  novit: An 772; E 374
nost-er (97):
  -er (n): Ad 432 768 951; An 19; E 974; Hc 459 770; P 32 80 110 117 1055
  -er (v): Ad 831 883 (885) 961; An 846; E 154; P 398 609
  -ra (ab): Ad 326; An ae8(-rae (g)=U); Hc 764; Ht 389 505 940; P 695 761 766 800 940
  -ra (ac): Ad 546; An 296; Hc 575
  -ra (np): Ad 678

  -ra (ns): Hc 188 225; Ht 660; P 134 182 275
  -rae (d): Ad 918; An 419; E 1052; Hc 32; P 274
  -rae (g): An ae8(U)
  -rae (n): Ad 331; Ht 254
  -ram: Ad 331; An 538 725; E 344 361 383; Hc 249 549 720 763 834
  -rarum: E 313 678
  -ras: Hc 777; P 897
  -ri (g): E 79; Ht 1061; P 63 172 812
  -ri (n): Ht 499; P 819
  -ris (ab): An ae8; Ht 263 652
  -ro (ab): Ad 409; Hc 548 807; Ht 255; P 364 722 962
  -ro (d): Ad 352; Ht 516 712 935 1002; P 66
  -ros: P 1013
  -rum (ac): Ad 330 465; E 214 962; Hc 670; Ht 180 191 1034
  -rum (gp): Ad 793
  -rum (n): Ht 578
noti: E 238
notitia (3): Ht 53
notus (pa; 2): E 760 843(used subs); P 981
novi: E 43
novici-us:
  -ae (g): E 582
nov-om (5):
  -a (ac): Ad 722
  -a (n): P 611
  -i: Ad 856; P 475 490
nov-os (29):
  -a (ab): Hc 5 37
  -a (ns): Ad 751; An 730 ae5; E 317; Hc 2(-ae(d)=FT) 298; P 9
  -ae (d): Hc 2(FT)
  -am: Ad 12; Hc 7a(DT); Ht 7; P 24
  -arum: Ht 29
  -as: Hc 12 14 19 57; Ht 34 43
  -i (g): P 709
  -o (ab): P 972
  -om (n): E 247; Hc 2; P 245 250 848
  -os (n): Ad 938; P 14 890
no-x (13):
  -cte: Ad 26 841; Hc 136 822; Ht 491
  -ctem: Ht 366
  -ctes (ac): An 676(sp=DFT); E 193 1079(sp=DFT)

-x: Ad 470 525; Hc 137; Ht 461
noxa (ab): P 266(noxia=4)
noxi-a (5):
-a (ab): P 266(4)
-am: E 852; Hc 276; Ht 298; P 225
-is (ab): Hc 310
nub-o (14):
-ant: P 126
-at: Ht 935
-ere: Ad 652; An 535
-et: Ht 691
nupsit: Ad 671
nuptam: Hc 538 656; P 817
nuptum (sup): Ad 346; An 301; Hc 528; P 720 752
nudus: P 106
nug-ae:
-as: Ht 621
null-us (51):
-a (ab): Ad 523; An 425; Ht 109
-a (ns): Ad 189; An 593 961; E 240 345; Hc 43(non=4) 240 521 626 650; Ht 289 679 805 987 1022; P 202
-am: Ad 148 719; An 364; Hc 566 631 800; Ht 1006(ullam= F); P 658
-i (d): Ad 864; Ht 685
-i (g): An 608
-o: An 247; E 841; Ht 1042; P 301 824
-orum: E 409
-um (ac): Ht 70; P 14
-um (n): Ad 96; E 41 88
-us: An 370(used adv) 599; E 216(used adv) 1023; Hc 79 (used adv) 319 653; P 179 547 942
num (see also numnam and numquis; 34): Ad 265 395(DT) 488(DTU); An 235 325 366 438 439(F) 477 496(numquid(ac)= F) 578 591(DTU) 697(4) 877 877 878 971; E 163 163(nunc-ubi=4) 286(DTU) 272 575 663 756 829 854 947(DTU); Hc 267 272 707; Ht 65(F) 429 514 517 (DTU) 738 793 794 794; P 411 524 846 846 848
numer-o:
-abatur: Ad 406
numer-us (2):
-o (ab): Ad 594
-us: P 53

numm-us (2):
-orum: P 38
-um (gp): Ht 606
numnam (sep=DTU; 5): Ad 488; An 591; E 286 947; Ht 517
numquam (see also enumquam and nonnumquam; 76): Ad 44 98 157 211 220 221 257 290 290 293 332 363 528 551 570 597 (640) 855; An 65 109(4) 178 384 410 589 610 660 694 808 917; E 360 368 376 390 421 421 678 791 958 1002 1009 1030 1092; Hc 30 49 62 98 108 181 278 295 303 406 419 465 486 542 580 819 836 861 863(nus-quam=FT); Ht [48] 67 155 157 347 395 453 559; P 93 121 369 377 505(F) 714 747 805 849
num-quis (sep=DT; 23):
-quem: E 283
-qui (ab): Ad 800
-quid (ac): Ad 247 265(FU) 432 689 689; An 235(FU) 496 (F) 943; E 191 213 272(FU) 272 341 363 475 1043; Hc 267 (FU) 272(FU) 865; Ht 429 (FU); P 151 458 509
-quid (n): Ad 947(F); An 325 (FU); E 994; P 474(sep=F) 563
-quis: E 549 549
nunc (see also nunciam; 349): Ad 10(F) 36 104 108 195 217 232 233 235 243 256 261 271 288 290 299 339 344 399 420 445 451 489 518 526 549 615 625 631(4) 632 667 697 701 717 730 738 784 791 799 805 850 859 870 877(F) (884) 921 947 (numquid(n)=F) 952(DFT) 957 989; An 8 153 157 160 168 179 186 189 220 258 259 265 282 287 289(DT) 326 333 339 341 343 354 376 390 405 414 419 432 434 446 454 468 480 483 495 497 508 512 513 520 524 527 545 575 585 593 595 597 598 606 611 612 614 644(4) 653 657 683(nuncin=KL) 689 693 706 719 722 730 775 810 823 824 832 848 936 958 962 976 978 ae4 10 *15*(om=U); E 9(om=FT) 17 19 46 64 70 144 158 160 198 253 275 282 284 286(U) 290 307 311 319(DU) 333 363 369

385 449 461 544 551 553 561 (nunciam=DU) 565 610 647 684 704 [706](om=U) [710](om =DTU) 720 730 752 767 785 786 795(F) 799 806 811 867 872 879 885 910 957 1001 1005 1025 1043; Hc 5 7a(DT) 28 43 177 205 250 272 276 290 325 327 339 348 384 390 395 [408] (om=4) 427 [430](om=4) 471 475 481 485 500 536 546 583 595 609 649 658 680 689 699 702 713 722 727 739(F') 745 763 778 796; Ht 7 10 43 93 95 161 166 187 191 197 216 221 222 223 244 253 260 262 267 318 326 343 376 377 385 398 448 450 476 494 507 524 543 554 558 593 604 605 607 610 644 657 665 667 669 676 686 688 690 696 719 724 739 749 792 808 820 836 840 842 851 859 915 945 983 988 991 993 1009 1026 1043 1065 1066; P 11 12 24 55 141 167 173 178 180 188 188 200 204 207 219 227 229 259 261 308 371 385 424 452 468 470 482 488 489 521 534 544(4) 546 564 633 654 656(4) 679 692 699 727 738 762 771 779 782 786 826 831 833 844 847 866 885 890 896 913 931(4) 960 973 991 1024 1027 1031
nunciam (16): Ad 156 168 170 175 184 877(nunc porro=F) (914); An 171 329 424 842 866; E 377 561(DU) 715; Ht 618 681
nuncin: see **nunc**
nuncubi: E 163(4)
nunti-o (14):
-a: Hc 314; Ht 618; P 777
-ans (n): Hc 371
-ant: Hc 469
-are: Hc 847
-as: Hc 642; Ht 184
-asti: Ht 884 891
-atum (sup): P 906
-es: E 339; Hc 844
-et: P 178
nunt-ium (3):
-io (ab): Hc 849 851
-ium (ac): Ht 427
nunt-ius (subs; 2):
-io (ab): Ht 176; P 193

nuper (6): Ad 150; E 9 131; Ht 31 53 597
nupt-a (3):
-a (n): Ad 751; Hc 789
-am: P 304
nupti-ae (68):
-ae: Ad 735; An 47 269 328 348 360 438 516 542 587 656 700; Hc 101 176; Ht 895
-arum: An 261 836; Ht 713
-as: Ad 899; An 157 168 173 182 332 341 378 514 521 529 577 595 602 620 667 674 690 711 740 766 830; Hc 147; Ht 777 885; P 258 666 701 733
-is (ab): Ad 756; An 196 207 212 300 413 478 913 916; Hc 126 714 835 838; Ht 863; P 442 543
-is (d): Ad 712; An 102 313 366; Ht 699
nupt-us (pa; 2):
-a (ns): Hc 534
-ae (d): Hc 757
nurus (ac): Hc 201
nusquam (11): Ad 227 246 539 540; An 357 743; E 281 543 660; Hc 861(FT); Ht 279; P 6
nutr-ix (9):
-icem: E 808 892; Hc 726 770; P 736
-ici: E 914
-ix (v): Ad 288; E 913; Ht 617
nut-us:
-u: E 590(F)

O

o (100): Ad 173 183 228 256 260 260 268 269 304 304 304 385 402(U) [407](om=DFU) (440) (om=U) [449] 724(DFU) 731 757 790 790 790 831 883 (885) 891 961 966 983 983; An 105 (oh=F) 267(oh=F) 282 318 344 345(DF) 401 464 492 533 (oh=F) 665(DFT) 767 769 783 802 817 846(oh=F) 846 868 (oh=F) 876 930 939(F) 948 956 965(F) 965 [974](om= DFU); E 70(om=F) 91 296 298 365 455 531 560(oh=F) 560(FT) 674(oh=F; om=U) 709(oh=F) 743 943(om=F) 944 946 1031 1034 1034 1048 1061; Hc 82 (oh=F) 352 376 382 406 418 856

(113)

856; Ht 240 256 313 [380](om=
DFT) 406 630 684 690 810(F);
P 72 136 233 233 247 324 360
504 559 609 816 841 841 [853]
882(4)
ob (often joined w rem in U;
78): Ad (199) 274 435 560 592
665 697 772 860 895 961 977 977
989; An 249 382 610 663 727
837 862 870 ae6; E 145 148 171
821 826 907 1001; Hc 6 205 319
382 453 498 530 562 660 696
698 749 780 787 790 800; Ht
10 137 336 337 436 745 775 780
780 800 897 909 944 944 956
990 1008; P 70(U) 241 370
(om=DFT) 418 526 550 661 663
704 715 730 798 861 864 1020
1025 1030(F)
obd-o (2):
-it: Ht 278
-o: E 603
ob-eo (3):
-iit: An 223; Ht 271; P 1019
obfero: see **offero**
obfirmo: see **offirmo**
obic-io (5):
-erem: Ht 186
-i: Ad 610a
obiectum (esse): P 503
obiectum (est): P 769
obiectus (est): Hc 286
obitus: Hc 859
obiurg-o (6):
-abis: P 1042
-andi (g): An 154 158
-andum (g ac): An 138 150
-es: An 142
oblect-o (7):
-a: Ad 284
-asti: Hc 84
-avi: Hc 85
-es: E 195
-et: P 434 435
-o: Ad 49
obliviscor (4):
oblitum (esse): An ae2
oblitus (es): Ht 848
oblitus (sum): An 841; E 306
obmutesco (2):
obmutui: An 257
obmutuit: An 421
obnixe: An 161
obnoxius: Hc 302
obnuntio: Ad 547
obol-us:
-o (ab): An 369

oborior:
oborta (est): Ht 680
obrem: see **res**(**rem**)
obsatur-o:
-abere: Ht 869
obscur-us:
-am: An 21
obsecr-o (92):
-a: An 543
-amus: Hc 387(obtestamur=F)
-ans (n): Ad 472; Ht 725
-are: E 261
-at: P 112
-aturum (sc esse): Ad 334
-avit: An 402
-et E 49
-o: Ad 155 281 288 309 325 487
550 622 655 661 679 697; An
232 326 351 473 548(F) 721 725
747 781 785 800 861 899 955;
E 95 356 362 421 428 562(oro=
F) 656 664 669 676 679 685 715
756 826 834 887 896 899 905
963 1006 1049 1054 1088; Hc
318 528 556 600 602 825; Ht
267 291 302 339 403 432 644
684 1015 1025 1028 1029 1048
1049; P 197 209 319 473 486
553 740 742 754(om=F) 803 944
990 996
obsecund-o (2):
-are: Ad 994([ob]secundare=
KL; secundare=DU)
-ato (2): Ht 827
obsequ-ens (pa; 4):
-ens (n): Hc 459; Ht 259
-entem: Ad 247; Ht 152
obsequium: An 68
obsequ-or (16):
obsecutus: Hc 688 690
-are: Ad 224; Ht 1040
-atur: An 163
-endo (g ab): Ad 880
-erer: An ae10
-eretur: Hc 122
-i: Ad 33; An 64 822; Hc 448;
Ht 419 578; P 79
-or: Ad 990
obser-o (III; 5):
-a: E 763
obsita (ns): Ht 294
obsitum (ac): E 236
observ-o (4):
-abam: An 83
-are: An 413
-ari: Ad 2
-es: An 169

obsid-o:
 -ere: Ad 718
obsonium: see **opsonium**
obsono: see **opsono**
obstetr-ix (6):
 -icem: Ad 292(om=F) 354 618 620; An 299 515
obstinate: An 243
obstipesco (3):
 obstipui: An 256
 obstipuisti: P 991
 obstipuit: Ad 612
obst-o (7):
 -are: An 944
 -at: An 103; E 483; Ht 498
 -et: Hc 587 596
 -o: Ad 137
obstupefacio:
 obstupefecit: P 284(stupefecit =FT)
ob-sum (5):
 -esse: Ht 974
 -fuit: Hc 463
 -siet: Hc 735
 -siit: An 160
 -sit: Ht 643
obtemper-o (4):
 -ant: Hc 512
 -at: Ad 434(-et=DFT); Ht 594
 -aturos (sc esse): Ad 705
 -et: Ad 434(DFT)
obtest-or:
 -amur: Hc 387(F)
 -or: An 291
obtic-eo (2):
 -et: E 820(op-=KL)
 -uisti: Ht 938
obtin-eo (5):
 -e: Ad 812 814(op-=KL; tibi =F)
 -es: An 817; Hc 858 860
obtingo: see **optingo**
obtrud-o (2):
 -i: An 250
 -it (pres): Hc 295
obtund-o (5):
 -as: Ad 113(op-=KL)
 -at: E 554
 -e: P 515(op-=KL; -es=DFT; -is=U)
 -ere: Ht 879
 -es: P 515(DFT)
 -is: An 348; P 515(U)
obturb-o:
 -at: An 926
obviam (14): Ad 311 322; An 532 590; E 256 328 843; Hc 359; Ht 249 340; P 52 196 253 617
occasi-o (3):
 -o: Ht 233; P 885
 -onem: E 604
occid-o (beat; 6):
 -isti: P 672
 -it (perf): Ad 559
 -ito (2): An 863; E 853; P 143
 -unt: Ad 899
occid-o (perish; 12):
 -i (perf): Ad 265; An 592 605 (om=F) ae6; E 292 701 827 993; Hc 638; Ht 908; P 198 641
occip-io (16):
 occeperat: E 125 725(inceperat =4)
 occeperis (ind): Ad 206
 occeperit (ind): E 299
 occepi: An 504; E 636
 occepit: Ad 327; Ht 885(F)
 occepta (est): E 22
 occeptum (est): Ht 649
 -io: Ad 633; P 862
 -it: An 79; E 622(F); Hc 116; Ht 319
 -iunt: Ad 197 289
occlud-o (2):
 -endis (ab): E 784
 occlusa (ns): An 557
occulte: Ad 328
occult-o:
 -ari: Hc 869
occulta (ac): Ht 575
occult-um:
 -o (ab): E 787
occup-o (4):
 -arat: Hc 5
 -at: An 297
 -ato (d): An 829
 -atus (esset): P 502
occurr-o:
 -it (perf): E 335(adcurrit=4)
oc-iter (9):
 -issime: Ht 868
 -ius: An 724 731; E 470 609 912; Ht 832 867; P 562
ocul-us (24):
 -i (n): E 740; P 735 1053
 -is (ab): Ad 170 329 669; E 401 677; Hc 363 863; Ht 491 564; P 548
 -os: Ad 170 318 701 903; E 68 623 648 794; Ht 1041; P 85
 -um: P 989

(115)

od-i (10):
-erint (ind): Ad 701
-erit (ind): Hc 543
-erit (subj): E 933; Hc 553
-erunt: Hc 201
-i: Ad 523
-isse: E 40 179 235
-isset: Hc 221
odiose: Ad 588(otiose=F)
odios-us (4):
-a (ns): E 754; Hc 619; Ht 1006(F)
-i (n): P 937
-um (n): Hc 424
od-ium (13):
-io (ab): Hc 123 134; P 849 1016
-io (d): Hc 343
-ium (ac): Ad 871; An 68; Hc 219
-ium (n): E 404 972; Hc 580 941
-ium (v): An 941
Oedipus: An 194
offend-o (6):
-am (ind): Hc 325
-ero: E 1064
-i (perf): Ht 365; P 758
-imus (perf): Ht 285
-issem: E 673
offer-o (12):
oblata (esse): Hc 281
oblatum (est): Ad 296; Hc 383
obtulerat: Ad 308; Hc 370
obtulero: P 579(F)
obtuli: Hc 816
obtulisti: Ad 322
obtulit: Hc 386
-ant: Ad 978
-re: Hc 740
-s: An 686; Hc 808
offic-ium (18):
-ia (ac): An 114; Ht 66
-ia (n): Ad 966
-io (ab): Ad 603(-ium(ac)= DFT); P 722
-ium (ac): Ad 69 464 514 593 603(DFT) 980; An 330; E 729; Ht 580; P 282 724
-ium (n): An 168 236(om=F); P 139
offirm-o (3):
-a: Ht 1052
-are: E 217(ob-=KL); Hc 454
oggann-io:
-iat: P 1030

oh (15): Add 402(o=U) 409 461 768; An 105(F) 267(F) 533 (F) 609(F) 616(4) 618 846(F) 868(F); E 129 236(om=4) 560 (F) 669 674(F) 709(F); Hc 82(F); Ht 1006 1010; P 51 70 (o=U) 286 857 945
ohe (6): Ad 723 769; An 616 (oh[e]=KL; oh=4); Ht 879; P 418 1001
oho: Ad 726 (eho=F)
oiei (2): E 716; P 663
ol-eo:
-et: Ad 117
olfacio:
olfecissem: Ad 397
olim (31): Ad 809; An 221 269 545 883 883 923; E 246 524 587; Hc 302 383 410 426 537 544 812 846; Ht 216 443 524 601(F) 661 665 667; P 9 224 (387) 523 745 873 912
om-en:
-ine: An 200
omiss-us (2):
-iores (n): Ad 831
-o (ab): Ht 962
omitt-o (14):
-am (subj): Ht 457
-e: Ad 172 267 754; E 765 989; P 486
-itis: Ad 942
-o: Ad 87 232 268 860; Ht 637; P 861
omnimodis: see **modus**
omnino (5): Ad 990; An 524 ae7; Hc 214 714
omn-is (258):
-e (ac): Ad 280 280 715 817; E 970(4); Hc 287 515; P 49 246 251
-e (n): P 318
-em: Ad 89 312 351 364 481 736 791 876 910; An 48 272 789; E 310 402 646 745 970(-e[m]= KL; -e(ac)=4) 1033 1038; Hc 194 350 468; Ht 341 480 706 713 955; P 323
-es (ac): Hc 286
-es (n): Ad 91 273 299 331 605 701 834 865 978; An 55 96 191 309 519 667; E 238 256 325 387 410 432 433 599 1092; Hc 199 201 203 274 275 367 805 867; Ht 399 483 649 798 810 991; P 123 172 264 470 519 624 687 976

-i (ab): An 391; E 723; P 571
-i (d): Ad 93; E 1052
-ia (ac): Ad 44 51 262(-is=F;
ignominias=U) 299 546 548 606
679 795 804 832 872 963 978
990; An 59 96 113 161 311 482
601 784 784 790 794 975 976; E
116 120 128 243 253 515 631
789 914 940 1077; Hc 199 264
322 831 867; Ht 141 189 460
575 633 830 853 864 878 884
926 942 1055 1058; P 78 130
264 293 423 427 521 612 875
1032 1045
-ia (n): Ad 141 505; An 248
389 525 836 847; E 59 158 396;
Hc 514 632; Ht 98 207 445; P
248 256 321 913
-ibus (ab): Ad 158 925; An
294; E 166 384; Hc 701(omni-
modis=FT)
-ibus (d): Ad 183 771 864 971;
E 781; Hc 71 247 380 [543]
(om=4) 598; P 16 546
-is (ac): Ad 244 262(F); An
62(sp=FU) 427 694 695 946; E
296 489 869; Hc 166 278 328
388 397 483 530(sp=U) 598
738; Ht 26 144 213 460 461
744; P 101(sp=U) 241 265 289
(sp=FU) 478 809 814 908
-is (ns): Ad 267 455; An 567
845; Hc 229; P 139
-ium: Ad (150) 331 415 765
953; An 77 872 963 ae12; E
136 248 276 560(DT) 797 1034;
Hc 117 369 861(4); Ht 267 274
364 386 503 842; P 290 853
Omphal-e:
-ae (d): E 1027
oner-o (4):
-are: An 827
-astis: P 842
-atas: Ht 452
-o: P 844
on-us (4):
-era (ac): Hc 359
-eris: An 897; P 561
-us (n): P 94
oper-a (49):
-a (ab): Ad 20 261 694; An
370 689 738; Hc 228 798 818;
P 10 363(opere=DFT) 563 685
786
-a (n): Ad 530; P 332
-ae (g): An 217; E 281; Ht
73

-am: Ad 95 532 933; An 5 157
243 307 327 ae2; E 44 63 363;
Hc 25 396 408 553 799; Ht 110
497 501 508 693 789 910; P 30
62 87 209 760
-as: P 267
oper-io (3):
-iam (ind): Hc 628(DFT)
-iere: Ad 182
-uere: Ht 906
-uit: P 816
operior: see opperior
opini-o (3):
-onem: An 510; Hc 763; Ht
232(4)
-ones (n): Ht 232(-onem=4)
opin-or (24):
-anti: Hc 362(U); Ht 186(U)
-antis (ac): An 180(U)
-or: Ad 648 920; An 179 367 367
387 929 ae3; E 563 829 1044;
Hc 95 598 772 845; Ht (287)
677 678(om=U) 693(-o[r]=
KL); P 320 355 555 603 616
opitul-or (2):
-ata (es): P 786
-or: An 210
oport-et (31):
-eat: Ad 5; An 544
-ebant: Ht 536(-ebat=4)
-ebat: Ht 536(4)
-ent: An 481(-et=FU)
-ere: Ad 659
-et: Ad 504 732 955; An 481
(FU) 786; E 80; Hc 273 449
775; Ht 546 562; P 222 223
242 527 851
-uit: Ad 214 672; An 238 239;
E 981 1012; Ht 200 247 635;
P 70 399
opper-ior (12):
-iamur: E 895
-iar (ind): Ad 446; An 235
-ibere: Ht 833
-ibor: Ht 619
-ire (imp): An 523 714; E 494
-iri: P 90 599
-irier: E 890
-tus (sies): P 514
oppido (8): Ad 322; Hc 238;
Ht 669 704 734; P 317 763 905
oppid-um (3):
-o (ab): An 342 382
-um (ac): Ad 715
oppigner-o:
-are: Ht 794

oppl-eo:
-et: Ht 306
oppono:
oppositus (est): P 661
opportune (10): Ad 81 266 322;
An 345 590; E 1047; Hc 626
808; Ht 179; P 679
opportunus: E 1077
oppressi-o:
-onem: Ad 238
opprim-o (7):
oppressisset: Ad 525
oppressit: Ad 229; Hc 30
-at: An 227
-e: P 986
-it: E 601
-i: An 181
op-s (7):
-e: P 842
-em: Ad 487; An 473
-es (n): Ad 331; P 470
-is (ac): Ht 592; P 553
opson-ium (2):
-i: An 360
-io (ab): Ad 286
opson-o (3):
-are: Ad 964
-at: Ad 117(scortatur=F)
-atum (est): An 451(-atus=F)
-atus (est): An 451(F)
optato: An 533
optat-um (3):
-a (ac): Ad 978: Ht 611
-um (ac): E 1057
opticeo: see **obticeo**
optineo: see **obtineo**
opting-o (8):
optigerit (subj): An 966(ob-=KL) 966(ob-=KL); P 577
optigisse: An 608(ob-=KL);
Ht 683(ob-=KL); P 820
optigit: P 239
-ant: Hc 579
opt-o (11):
-abam: Ht 758(exoptabam=F)
-abamus: Hc 651
-abit: Ht 756
-anda (est): P 164
-ant: Ad 874
-are: Hc 464; P 758
-atam: E 605
-ato (2): E 1057
-avit: An 797
-em: An 962(exoptem=F)
optundo: see **obtundo**
op-us (94):
-era (n): E 841

-ere (asterisk indicates tantopere in U): Ad 592* 945; An
868; E 533; Hc 283* 530*; Ht
73 142 626 786*; P 363(DFT)
760 909*
-eris: Ad 518: Ht 72
-us (ac): E 220; Ht 893; P
593 681
-us (n): Ad 254 335 342 354
601 625 706 740 753 996; An
32 99 165 337 424 446 490 523
638 638a 682 704 715 722 728
736 738 740; E 223 333 479
632 758 765 770 1088; Hc 104
409 431 608 665 698 768 865;
Ht 80 171 187 558 578 611 612
855 941; P 75 100 204 227 250
440 538 557 559 560 563 584
654 666 666 715 716 762 985
1003 1003
orati-o (19):
-o: Ad 805; An 141 251 634;
Ht 27 46 384 615 1010; P 224
649
-one: An 12; P 5
-onem: An 407; Hc 381; Ht 15;
P 783
-oni: An 736; Hc 96
orat-or (2):
-or: Hc 9
-orem: Ht 11
orat-um (2):
-a (ac): Hc 385 575
orb-a (2):
-ae (n): P 125
-am: An 224
orb-us:
-a (ns): Ad 650
Orc-us (2):
-o (ab): Hc 852 875
ord-o (7):
-ine: Ad 351 365 513; E 970
(4); Ht 706; P 580
-inem: E 970(-ine[m]=KL;
-ine=4)
-inis: E 234
or-ior (11):
-itur: Hc 223
orta (est): Ad 189; Hc 298
-ortum (ac): E 241
-ortum (esse): Ad 449; An 489;
E 966
ortum (est): Ad 593 (797);
Hc 351
ortum (sit): Ad 443
ornament-um:
-is (d): Ht 837

ornat-us (pa; 2):
-am: Ht 288
-issime: P 853
ornat-us (subs; 4):
-i (g): An 365; E 237 546(FT)
-u: Hc 9
-us (ns): E 546(-i(g)=FT)
orn-o (5):
-a: E 377
-antur: Ht 288
-arat: E 673(adornarat=4)
-ato (2): E 214
-atus (esses): Ad 176
or-o (49):
-a: E 715
-abam: Hc 498
-abat: E 533
-abo: An 312 528
-andi (g): An 821
-ando (g ab): An 544; Ht 330
-ans (n): Ad 472
-ante: E 956
-antem: Ht 366
-are: An 662 687 904; E 528; Hc 116 809; Ht 304(F); P 8 292
-as: An 373
-at: Ad 882(rogat=F): Ht 605; P 515 1035
-atos (sc esse): Ht 26
-avi: Hc 686
-avit: Hc 445
-emus: Hc 717
-es: An 826; E 502
-et: Ad 941; P 141
-o: Ad 253; An 190 [289] 538 548(obsercro=F) 556 592 595 823 834; E 562(F) 885 912(4) 1084; Hc 338 493 623 721; P 1020
o-s (mouth; 18):
-re: Ad 93; An 96; Ht 572 700 1062; P 625 917 1042
-ris: E 317
-s (ac): Ad 215 269 864; E 597 670 806; Ht 289(D) 306; P 986
-s (n): E 838
oscit-o:
-antis (ac): An 181(U)
oscul-or:
-ari: Ht 900
ostend-o (28):
-am (ind): Ad 124 364; An 867; P 892
-am (subj): E 808
-e: E 767

-ent: Ad 24
-ere (inf): Ad 142
-ere (perf): E 1033
-erem: Ad 986; P 793
-eret: Hc 757; P 597
-eris (ind): E 307(DU); Ht 438
-es: E 307(-eris=DU); Ht 933 (-is=F)
-i (ind): E 1089; Hc 7a(DT); Ht 7
-i (inf): An 198
-is: Hc 627; Ht 634 933(F)
-isti: E 914; Hc 544; Ht 155 616
-it (pres): Ht 219
ostenta (esset): P 826
ostentam: E 605(ostentatam= F)
ostent-o:
-at: E 483
-atam: E 605(F)
ost-ium (21):
-io (d): E 603
-ium (ac): Ad 634 637; An 362 474 507; E 267 763 843 895 975; Hc 428 854; Ht 276 410 906; P 816 876
-ium (n): An 682; Hc 521; P 840
otiose (2): Ad 156 588(F); Ht 342
otios-us (8):
-i (n): P 87
-o (ab): An 842
-um (ac): P 340
-us: Ad 279 533; An 398; E 919; Ht 508
ot-ium (12):
-i: Ht 75
-io (ab): Ad 20 863; Hc 26; Ht 109
-ium (ac): Ad 42; Hc 225; P 2 831
-ium (n): Ad 419; E 265; Hc 43
ov-is (2):
-em: Ad 534; E 832

P

pact-um (36):
-o (ab): Ad 342 365 732 844; An 49 247 792 804 884; E 420 585 613 716 939 1083; Hc 216 445 474 479 546 582 628 875; Ht 475 548 713 735; P 242 301 507 580 593 793 818 834 952

paedagogus: P 144
paene (9): Ad 272(om=4) 272 275; An 782 822; Hc 818; Ht 814; P 797 870
paenit-eo (4):
-ebat: E 1013
-et: Hc 775; Ht 72; P 172
paenuria: Ad (442)
palaestra (ab; 2): E 477; P 484
palam (10): Ad 328 339 624; E 104; Hc 105 713; Ht 640 721 994; P 169
pall-ium (3):
-io (ab): P 844 863
-ium (ac): E 769
palm-a (2):
-am: Ht 709; P 17
palmarium (ac): E 930
Pamphil-a (10):
-a (ab): P 517(F)
-a (n): Ad 619
-am: E 440 442 624 796 827 1036; P 310 510 517 (-a(ab)=F)
Pamphil-us (87):
-e: An 254 267 286 318 321 325 344 380 409 416 617 675 686 871 871 882 933 950 965 ae5; Hc 290 382 389 395 456 482 484 504 585 602 613 621 635 650 664 671 824 855 862 864
-i (g): An 549 765 765; Hc 77 152 341
-o (ab): An 166 216 486 497 512 603; Hc 269
-o (d): An 301 429 518; Hc 125 774 816
-um: An 90 145 209 227 234 310 338 412 685 717; Hc 173 428 575 743 752 796 804 808
-us: An 88 131 462 851 957 965; Hc 60 115 144 346
pando (III):
passus: Ht 290(4); P 106
pan-is:
-em: E 939
pann-us (2):
-is (ab): E 236; Ht 294
papae (4): E 229 279 317 416
par- (12):
-(ac): Ad 73; E 445; Hc 170; P 212
-(n): Hc 561 739 867; P 155 908
-em: E 719
-i: E 445; P 212
parasitaster: Ad 779

parasit-us (9):
-i (g): E 26
-i (n): E 264
-um: E 38
-us: E 30 228 347; Ht 38; P 28 122
parat-us (pa; 11):
-a (np): E 500
-ae (n): Ad 792; P 133
-as: Hc 127
-um (ac): An 316 719; E 969; P 907
-us: An 909; Ht 494; P 427
parat-us (subs):
-i (g): E 542
parce (3): Ad 45; An 74 450 455(FU)
parc-o (8):
-e: Ad 813; Ht 164; P 793
-ens (n): Hc 226; Ht 139
-unt: Ht 43
parsi: Hc 282
pepercit: Ad 562
parc-us (2):
-um (ac): Ad 95
-us: Ad 866
par-ens (subs; 13):
-ens: P 357 496
-ente: Hc 483
-entem: Ht 202
-entes (ac): Ht 1027 1039
-entes (n): Ad 31
-enti: Hc 448
-entis (ac): An 806 969; Ht 194
-entis (g): Ht 1035
-entum: Ht 204
par-eo (8):
-entur: Ad 706
-ere: Ad 931; An 472 797; E 149; Hc 564
-eret: Ht 1022
-et: Ht 948
par-io (24):
-erem: E 871; Ht 627
-it: An 68; Hc 414
-iundi (g): An 233
-iundo (g ab): An 771
-ta (ab): Ht 798(F)
-ta (est): An 961
-tam: E 399
-tum (sc sit): P 46
pepereris (subj): Ad 290
pepererit (ind): P 47
pepererit (subj): Hc 531

peperisse: An 497 506; Hc 519 638
peperisset: An 219 464
peperit: Hc 527 781
pariter (4): Ad 957; E 92; Ht 132; P 786
Parmen-o (52):
-o (n): E 129 570 694 700 925 974 1050; Hc 409 878
-o (v): Ad 168; E 83 99 189 221 277 286 307 330 351 362 369 462 964 975 1020 1034; Hc 82 83 103 109 131 133 149 301 304 314 320 340 359 416 808 841 875 879
-one: E 698
-onem: E 267 270 304 918 944 1005
-onis: E 718
par-o (prepare; 27):
-a: An 254 523; Hc 726; P 957
-are: Ad 39; P 821
-aret: E 488
-ari: Ad 285
-aris: Ht 976
-as: Hc 210
-asti: E 240
-at: P 3 191
-ata (erunt): Ht 356
-ata (sunt): Ad 787
-atas (sc esse): An 341
-ato (ab): An 523
-atum (est): E 608; Ht 737
-avi: An 741
-avit: Ad 477
-es: An 66
-et: Hc 68; Ht 948
-o: An 32; E 249 770; Ht 1002
par-s (31):
-s: E 92; Ht 42
-te: E 1055; Ht 57 798(parta (ab)=F; om=DTU)
-tem: Ad 3 23 24 116 130 174; An 193 ae9; E 123 632 876; Ht 7b(DT) 8 47 440; P 637
-ti (ab): E 579(sp=4)
-ti (d): An 419
-tim: Hc 15 15
-tis (ac): E 151(sp=U) 354; Hc 836; Ht 1 10; P 27 835
-tis (g): Ht 652
parsimonia (ab): Ht 441
parta (ac): P 788
parti-ceps (2):
-ceps (n): Ht 150(used subs)
-cipem: Ht 428

partim (4): Hc 167 168 363 363
partur-io (3):
-ire: Hc 392 413
-it: Ad 488
part-us (subs; 7):
-u: An 230
-um: Hc 384 446 531
-us (ns): Ad 307 619; Hc 396
parum (77):
minime (27): Ad 193 197 342 597 625 881; E 2 212 333 333 625; Hc 85 220 267 409 613 759 814; Ht 89 245 383 525 (misere=DFT) 629 742 785; P 526 1033
minus (38): Ad 605 800 993; An 19(in tenesis w quo) 655 700 ae13; E 227 435 535 737 757 760 760 760(used subs) 1027; Hc 260 606 630 647 730; Ht 147(used subs) 192 259 594 594 667 958 1012; P 11 208 271 362 554 597 690 787 1022
parum (12): Ad 425 993; An 671 679; E 900; Hc 703 742; Ht 334 924; P 508 546 735
parumper (2): An 714; P 486
parvol-us (adj; 7):
-a (ns): E 155 524
-am: Ad 274; E 108 892
-is (ab): Ad 494
-o (ab): Ad 48
parvol-us (subs):
-o (ab): An 35
parvus (28):
minim-us (4)
-a (ab): Ht 997a(om=4)
-o (ab): E 75(used subs): Hc 69; Ht 477
min-or (8):
-or: Ad 580; Ht 354
-orem: E 289
-us (ac; used subs): Hc 729; Ht 939; P 41
-us (n; used subs): E 1053; P 535
parv-us (16):
-a (ns): An 924; E 521 575
-ae (d): An 942
-ae (g): An 110
-am: An 224; E 197 766; P 810
-i (g; used subs): An 526; Hc 513 799(adj); Ht 715; P 646
-is (ab): An 539(used subs)
-om (ac): Hc 306(used subs)

Pasibula: An 945 945(DFT)
patefacio (3):
  patefeceris (ind): Ht 481
  patefecit: Hc 303
  patefit: P 825
pat-eo (2):
  -eat: E 1059
  -ent: E 89 282
pat-er (197):
  -er (n): Ad 76 125 126 452 456 538 637 902; An 227 353 375 380 403 549 699 732 872 950 970; E 386(F) 517 611 840 889 1016; Hc 116 121 173 258 295 571 582 670 702; Ht 179 229 439 718 826 954 983; P 119 129 133 147 205 480 541 601 712 737 762 872
  -er (v): Ad 643 661 663 669 674 679 681 696 700 703 901 911 922 927 935 936 956 982 983 995; An 139 151 417 889 890 893 897 900 939 947 955; Hc 455 486 494 612 655; Ht 179 181 187 198 459 571 1049 1051 1055 1056 1059 1062 1066
  -re: Ad 650 951; An 252 653 891; Hc 586; Ht 103 217 235 823; P 364 607 879
  -rem: Ad 55 283 517 707; An 224 295 387 410 868 918 925 948; Hc 191 396 449 527 652; Ht 313 328 370 377 402 526 700 705 925 929 960; P 118 154 199 262 354 608 731 804 835 874
  -res (ac): Ad 53
  -res (n): Ht 213; P 84
  -ri: Ad 629; An 112 394 612 661 903; E 340 386(pati=F) 1014 1039; Hc 154 452 820 865; Ht 156 259 681 1039; P 474 691
  -ribus (ab) An ae8
  -ris: Ad 333 391; An 187 236 262 880 890; E 111 310 327 1048; Hc 529; Ht 189 955 998; P 315 788 804 828
  -rum: Hc 117; Ht 101
patern-us (3):
  -a (ab): Ht 992
  -um (ac): Ad 450; P 128
patin-a (2):
  -as: Ad 428
  -is (ab): E 816
pat-ior (32):
  passa (sum): E 746
  passus (es): Ad 234
  passus (est): An 262; Ht 532
  passus (sim): An 203
  -ere (ind): Ad 726
  -erere: Ht 443
  -eretur: Ht 202
  -i: Ad 143; An 62; E 52 244 386(F); Hc 183 225 538 603; Ht 465 486 761; P 518
  -iamur: Ad 336
  -iar (ind): An 380 943; Hc 768
  -iar (subj): Ad 726; Ht 1037; P 304
  -iare: E 212
  -iatur: Ht 913
  -iemur: P 536
  -ior: Ht 958
  -itur: Ad 145
patri-a (7):
  -a (ab): Ad 275; An 798; Ht 137 257
  -am: E 112; Ht 194 398
patriss-o:
  -as: Ad 564
patri-us (5):
  -a (ac): Ad 871; E 235
  -o (ab): Hc 244
  -um (ac): E 13
  -um (n): Ad 74
patrocin-or:
  -ari: P 939
patron-a:
  -am: E 887
patron-us (3):
  -o (ab): E 770
  -um: P 307
  -us: Ad 456
patru-os (subs; 9):
  -e: P 254 263 270
  -om: P 199 480 482 607
  -os (n): P 872 878
pauc-a (9):
  -a (ac): An 536(-is(ab)=4) 893; Hc 135; P 648
  -is (ab): Ad 806; An 29 536 (4); E 1067; Hc 510; Ht 10
pauc-i:
  -os: Hc 47
paucul-us (2):
  -a (ab): Ht 828
  -is (ab): Hc 143
pauc-us (5):
  -ae (n): E 581
  -as: Hc 275(used subs): Ht 18

-is (ab): An 104
-os: Hc 58
paul-: see **paull-**
paullatim (4): Ad 591 898; Hc 169; Ht 870(paul-=KL)
paullisper (2): Ad 253; Ht 378
paullo (4): Ad 831; E 315; Ht 205 220
paullulum (adv; 7): Ad 217; An 622; E 706 706(paulum=F) 890; Ht 316 899
paullul-um (subs; 4):
-o (ab): E 75; Ht 444
-um (ac): E 281
-um (n): An 360; Hc 506(FT)
paullul-us (2):
-um (n): P 702
-us: Ad 779
paullum (adv; 6): An 630 794; E 672 685 706(F) 1068; P 741
paull-um (subs; 8):
-o (ab; for adv use see paullo): P 822
-um (n): Ad 949; An 903; E 857 1075; Hc 506(paullulum=FT); Ht 498 747
paull-us (6):
-o (ab): Ad 876; An 266
-um (ac): Ad 980; E 856 856
-um (n): Ad 950
paup-er (adj; 4):
-er (n): Ad 948; An 798; P 363
-eris: E 486
paup-er (subs; 2):
-erem: P 653
-eri: P 277
paupercul-us (2):
-a (ns): Ht 96
-ae (n): Ad 647
pauperi-es:
-em: Ht 111
paupert-as (3):
-as: P 94 903
-atem: Ad 496
pauxillul-us:
-um (n): P 37
pav-eo (2):
-eo: P 187
-es: An 349
-et: Ad 70(DTU)
pavit-o:
-are: Hc 321
pa-x (7):
-ce: E 53 466
-cem: Ht 998 1046

-x: E 61; Ht 291 717
peccat-um (24):
-a (ac): Ht 634
-i: Ht 218 625
-is (ab): An 888; Ht 33
-o (ab): Ad 773; An 903; Hc 737; Ht 992
-um (ac): Ad 263 593; Hc 561; Ht 434 990; P 217 244 958 973
-um (n): Ad 687 725; E 27 27; Hc 253; Ht 158
pecco (17):
-andi (g): An 233; P 23
-ando (g ab): Hc 234
-are: Ad 124; An 896
-asse: Hc 557
-at: Ad 115 116
-ato (2): Ad 174
-aturum (sc esse): P 1022
-avi: Ad 276; An 139; Ht 631 644 974
-em: Ht 1008
-es: P 803
pecto:
pexus: Ht 290(passus=4)
pect-us (2):
-ore: Ad 613(sp=F); E 314
pecuni-a (6):
-a (ab): P 60
-a (n): Ht 476
-ae (g): Hc 506; P 631
-am: Ad 216; Ht 480
pedetemptim: P 552
pedisequ-a:
-as: An 123
peior: see **malus**
peius (adv): see **male**
pellicio:
pellexit: P 68
pell-o (6):
-as: E 1080
-etur: E 1041
-ito (2): E 215
pepulerim: Ht 165(4)
pepulisti: Ad 638
pepulit: Ad 788
pulsus: Hc 485(inpulsus=DFT)
Penat-es:
-is (ac): P 311
pend-eo (4):
-ebis: E 1021
-ebit: Ht 727
-ens (n): P 220
-et: Ad 226
pend-o (9):
-ere: E 411

-erem: E 94
-eres: Ht 155
-et: Ht 728
-i: Ad 879(fieri=DTU)
-is: Ht 715
-it: Ad 452
-o: An 526
-unt: Hc 513
penes (2): Ad 388; Hc 535
penicul-us:
 -o (ab): E 777
pen-us:
 -um (ac): E 310
penuria: see paenuria
per (47): Ad 108 238 308 535 (FT) 921 931; An 157 289 290 290 326 326 455(FU) 486(in tmesis w scito) 538 540 593 694 699 701 783 834; E 39 113 589 602; Hc 29 46 58 387 388 622 773; Ht 36 219 470 471 640 929 965 1041; P 28 30 32 67 483 707(in=TU) 764 1038
perbenigne: Ad 702
percar-us:
 -a (ns): P 558
percello:
 perculeris (ind): E 379
perc-io:
 -itus: Hc 377
percip-io:
 percepi: Hc 363(DFT)
 -it: E 972
percont-or (8):
 -ari: Hc 810; Ht 78
 -arier: Hc 104
 -atum (sup): Hc 77; P 462
 -er: An 800; E 294
 -or: Hc 111
percontumax: Hc 504
percupio: E 896
percurr-o (2):
 -e: Ht 733
 -o: An 355
percutio:
 percussit: An 125
perdite (2): Ht 97(virginem=F); P 82
perdit-us (pa; 4):
 -a (ab): E 258
 -am: An 619
 -um (ac): E 418
 -us: E 431
perd-o (33):
 -ant: E 302 431; Hc 134(D) 469; P 688

-as: Ad 241
-at: Ad 134 714; Ht 465
-ere: Ad 234; Hc 282; Ht 474 964
-ideris (ind): Ht 891
-iderit (subj): Ad 383
-idi: An 642; E 237; P 76 386
-idisti: E 949
-idit: An 607(hodie=U) 803; E 9(DFT); Ht 814
-is: Ad 61 410; Ht 582 707; P 806
-itum (sup): An 134
-itus: Ad 760
-uint: Hc 134(faxint=FTU) –ant=D) 441; Ht 811; P 123
perdoc-eo:
 -ta (est): Ht 361
perdol-eo:
 -uit: E 154
perduco:
 perduxere: An 81
perdur-o:
 -are: Hc 269
peregre (2): P 243 970(sp(-i)=F)
peregrin-a (2):
 -a (ab): An 469
 -am: An 146
peregrinus (subs): E 759
per-eo (82):
 -eas: E 965
 -eat: Ad 134
 -eo: An 244 311; E 73 211
 -ibit: E 211
 -iere: Ad 743
 -ierim: Ad 283; E 1043; Ht 316
 -ii: Ad 227 327 543 557 633 637 652; An 213 346 607 688 872 914 929 ae4 6; E 326 360 378 610 644 655 664 770 905 947 977 984 1007 1024 1029 1053; Hc 132 133 319 340 434 516 528 651 793; Ht 220 246 404 517 564 579 631 663 736 822 906 1057; P 386 1006
 -iimus: Ad 324 458
 -iisset: E 521
 -iisti: E 1065
 -iit: Ad 346 703; E 524; Ht 818
 -imus: An 591
 -ire: Hc 532; Ht 486; P 552
 -isse: E 1016; Hc 326
 -isti: E 55

-it (perf): E 522
perfector (v): E 1035
perfer-o (4):
 -re: An 62
 pertuli: Hc 744
 pertulimus: Ad 496
 pertulit: Hc 302
perfic-io (8):
 perfeceris (subj): E 180
 perfecero: Hc 775(F); P 420
 perfeci: Hc 20
 perfecit: E 21
 -e: E 1054; Ht 862
 -i: An 631
 -io: Hc 775(perfecero=F)
perfluo: E 105
perfortiter: Ad 567
perfungor:
 perfuncta (sum): Hc 594
perg-o (34):
 -am (ind): Hc 194 1001; P 194 847
 -am (subj): E 555
 -e: Ad 650 653; An 363 522 926; Ht 302 346; P 641
 -ere: Ad 586
 -et: An 920; E 18
 -is: Ad 127 181 853; E 380 817 1007; Ht 237 1006; P 372 996
 -it: E 228; P 112 849
 -itis: P 937
 -ito (2): Ad 577
 -o: Ht 930
 -unt: Hc 450
 perrexi: P 867
pergrav-is:
 -ia (ac): Hc 292
perhib-eo:
 -eri: Ad 504
pericl-um (29):
 -a (ac): P 243
 -i: Ad 157; An 350 821 867; Hc 736; Ht 415; P 763
 -o (ab): An 131 391 480; Ht 314 339 477; P 58
 -um (ac): Ad 240; An 565 566 677; E 476; Hc 767; Ht 210 221 323; P 933
 -um (n): Hc 326; Ht 980; P 326 333
perinde (2): Ht 195; P 668 (proinde=4)
Perinthi-a (2):
 -a (ab): An 13
 -am: An 9
periurus: Ad 189

perliberalis (2): Hc 864; P 815
perlonge: E 609
permagn-um:
 -i: Ht 467
perman-eo (2):
 -et: Ad 283
 -sit: Hc 305
permitt-o (4):
 -imus: Ad 995
 -o: An 296; Ht 351; P 1045
perneg-o:
 -at: E 34
pernici-es (2):
 -em: Ht 450
 -es (ns): Ad 188
pernimium: Ad 393
pernoct-o (2):
 -aret: Hc 539
 -o: Ad 531
pernosc-o (4):
 -atis: An 25; E 45
 -ite: Ad 12
 pernosti: An 503
peropus: An 265
perparce: An 455(sep=FU)
perpauc-us:
 -orum: E 409
perpello (2):
 perpulisti: An 828
 perpulit: An 662
perperam: P 745
perp-es:
 -etem: Hc 252(T)
perpet-ior (6):
 -i: An 564; E 48 177 218 488 551
perpetuo (adv; 6): Ad 283; An 564; E 933 1043; Hc 406; Ht 862(perpetuom(ac)=F)
perpetu-os (7):
 -am: Hc 252(perpetem=T) 636
 -o (ab): Ad 520
 -om (ac): Ad 522; Hc 87; Ht 781 862(F)
 -om (n): Ad 972
perplac-eo:
 -et: Ht 1066(placet=4)
perplexe: E 817
perpulch-er:
 -ra (ac): E 468
perquam (2): Ad 566; Hc 58 (in tmesis)
perrept-o:
 -avi: Ad 715
persancte: Hc 771
perscitus (in tmesis): An 486

persentisc-o (2):
  -ere: Ht 916
  -eres: Ht 769
persequ-or (7):
  -ar (ind): Ad 163; Hc 616
  -ens (n): An 935
  -i: Ad 235; An 815; Hc 454; P 551
persolv-o:
  -i: An 39
person-a (3):
  -am: E 26
  -as: E 32
  -is (ab): E 35
perspic-ax (2):
  -acem: Ht 874
  -ax (n): Ht 370
perspicio (4):
  perspexeris (subj): P 60
  perspexerit (subj): An 378
  perspexi: Hc 363
  perspexisse: E 900
perstrep-o:
  -unt: E 600
persuad-eo (5):
  -ere: Ht 363
  -et: An 577(suadet=4)
  persuasit: Ad 360 470; P 135 (persuasumst=4)
  persuasum (est): P 135(4)
pertempt-o:
  -arem: An 588
pertend-o (2):
  -ere: Ht 1053
  -es: E 51
pertento: see pertempto
perterrefac-io:
  -ias: An 169
perterr-eo:
  -ibo: E 922
pertim-eo:
  -ui: P 601
pertinaci-a (3):
  -a (ab): Hc 591
  -a (n): Hc 202 496
perturbat-us (pa):
  -o (ab): Ht 123
perturb-o (3):
  -at: Hc 633
  -avi: An 601
  -es: Hc 213
perven-io (3):
  -erit (subj): E 13
  -ire: E 124
  -irier: P 640
pervic-ax (2):
  -acem: Hc 547
  -aci (ab): Hc 532
pervi-us (2):
  -ae (n): Ad (912)
  -um (n): Ad 578
pervolg-o:
  -ata (ab): Ht 101
pervolv-o:
  -am (ind): An 777
pervulgo: see pervolgo
pe-s (11):
  -dem: Ad 227; An 808
  -des (ac): Ad 386; E 844; P 190
  -dibus (ab): Ad 585; An 161 676
  -dum: P 326
  -s: E 729; P 106
pessimus: see malus
pessul-us (2):
  -um: E 603; Ht 278
pessum (2): An 208; P 181a (om=4)
pestis: Ad 189
petax: Ht 227(F)
pet-o (13):
  -am (ind): P 150 604
  -am (subj): Hc 28; P 729
  -at: P 647
  -ere: E 491; Ht 926
  -erem: Ht 978
  -et: Ht 485
  -it: E 12
  -ito (3) P 664(U)
  -itur: E 11
  -o: Ht 1027; P 378
Phaedri-a (51):
  -a (ab): E 201 465
  -a (n): E 81 982; P 80 475 484 830 833 1054
  -a (v): E 86 95 144 148 171 190 210 651 678 687 715 1073 1086; P 154 173 208 222 247 257 269 309 499(sine modo=FT) 503 532 558
  -ae (d): E 1037; P 87 597 712 778 886 1036 1049
  -ae (g): E 354 437 824; P 600
  -am: E 440 441; P 64 253
Phaedr-us:
  -um: An 86
phalerat-us (pa):
  -atis (ab): P 500
Phani-a (5):
  -a (n): An 928a(om=DU) 934; Hc 458

-am: An 929; Ht 169
Phan-ium (7):
-io (d): P 872
-ium (ac): P 218 316 352 782
-ium (n): P 322
-ium (v): P 201
Phanocrat-a:
-ae (g): Ht 1061
Phasma (ac): E 9
Phidipp-us (15):
-e: Hc 247 256 480 497 510 627 708 715 771 777
-o (d): Hc 820 870
-um: Hc 246 449 622
philosoph-us (2):
-orum: E 263
-os: An 57
Philotis (v; 2): Hc 82 84
Philot-ium (3):
-ium (ac): Hc 81
-ium (v): Hc 89 197
Philter-a:
-a (n): Ht 662(D)
-ae (d): Ht 662(-a(n)=D)
Philumen-a (19):
-a (n): Hc 354 414 480 588
-a (v): Hc 243 325 623
-ae (g): Hc 191 318 337 349 793
-am: An 306 ae20; Hc 219 320 466 809 832
Phormi-o (29):
-o (n): P 27 122 314 476 618 618 692 833 896 1048 1050
-o (v): P 317 324 437 478 620 858 875 882 899 922
-onem: P 26 307 560 592 783 1027
-oni: P 157 720
Phrygi-a (2):
-a (v): Ht 731
-am: Ad 973
phy: Ad 412
pictura: E 584
pie: Ad 459
piet-as (5):
-as: Hc 301 481
-atem: An 869; Hc 447
-ati: Hc 584
pig-eo (4):
-eat: P 554
-ere: Ht 19
-et: Ad 392; An 877
pign-us:
-ori: P 661

pingo:
pictam: E 584
Pirae-us (2):
-o (ab): E 290 539
piscat-or:
-ores (n): E 257
piscicul-us:
-os: An 369
piscis (ac; 2): Ad 376 420
pistrilla: Ad 584
pistrin-um (5):
-o (ab): Ht 530; P 249
-um (ac): An 199 214 600
pi-us:
-um (ac): Hc 152
placabil-is (2):
-ius: Ad 608; P 961
plac-eo (43):
-eant: E 288(4)
-eat: An 41; E 288(-eant=4); Ht 596; P 341
-ebat: An 96
-ent: Ad 19 59 379; Ht 936
-eo: Hc 39; P 527
-ere: E 1 520; Ht 52 350 865; P 379
-erent: An 3; Hc 95; P [11a] (om=4)
-es: P 236
-et: Ad 18 133 239 337 476 622 737 849 910; An 225; E 851 919 1027 1087; Hc 647 866; Ht 1066(4); P 138
-ita (est): Hc 241
-itae (sunt): Hc 21
-uerit (ind): E 1067
-uit: An 102 109
placide: P 867
placid-us (2):
-um (ac): Ad 534
-us: Ad 864
plac-o (4):
-andum (g ac): Ht 1044
-ari: P 965
-etur: P 784
-o: Ad 144
plag-a (blow; 2):
-ae (n): P 781
-as: E 244
plan-e (9):
-e: E 1032; Hc 5 696; Ht 707 897; P 345
-issime: P 771
-issume: Ht 639; P 686
plate-a (6):
-a (ab): Ad 574 582; An 796;

E 1064; P 215
-am: E 344
plaud-o (6):
-ite: Ad 997; An 981; E 1094; Hc 880; Ht 1067; P 1055
Plaut-us (4):
-i (g): E 25
-um: An 18
-us: Ad 7 9
pleb-s:
-em: Ad 898
plect-o (beat):
-ar (ind): P 220
plen-us (6):
-a (ns): Ad 846
-ior: Hc 848
-um (ac): Hc 823
-um (n): E 318
-us: Ad 412; E 105
plerumque (adv; 2): An 193; P 90
pler-usque (4):
-aque (ac): Ht 830
-ique (n): An 55; E 118; P 172
plor-o:
-are: P 8
plumbeus: Ht 877
plurimum (adv): see **multum** (adv)
plurimum (subs): see **multum** (subs)
plurimus: see **multus**
plus (adj): see **multus**
plus (adv): see **multum** (adv)
plus (subs): see **multum** (subs)
pluscul-us:
-a (ab): P 665
pluvi-a:
-am: E 589(TU)
poen-a (2):
-as: Ht 728; P 627
poet-a (15):
-a (ab): Hc 13
-a (n): Ad 1; An 1; E 3; Ht 2 22; P 1 13
-ae (g): Ad 25; An 7; E 28; P 29(F)
-am: E 23; Hc 21; P 1 29(-ae (g)=F)
pol (56): Ad 293 298 450; An 229 320 459 770 778 788 790 803 808 817 866; E 96 199 606 665 675 719 721 731 876 879 883 903 941 1009; Hc 58 71 228 278 280 543 566 593(om=F) 610 728 734 747 756 772 788 839; Ht 590(om=U) 723 730 1060; P 574 747 787 788 814 915(F) 998 1051 1054
poll-en:
-enis: Ad 846
pollic-eor (19):
-eare: Hc 755
-ens (n): An 76; P 68
-erer: Hc 751
-ita (es): Hc 786
-ita (est): Hc 679
-itando (g ab): An 912
-itantem: P 521
-iti (sunt): P 703
-itum (esse): E 308
-itus (es): Ht 329 823
-itus (est): An 527 530; Ht 724
-itus (sum): An 401 613; Hc 402; P 590
pollicitati-o:
-ones (ac): P 857
pollux: see **edepol** and **pol**
pompa: Ht 739
pone: P 863
pon-o (7):
-e: P 630 (-0=4) 667
-o: P 630(4)
posisti: An 742(adposisti=4)
positam (esse): P 17
positum (ac): An 773(adpositum=FU); Hc 584
positurum (sc esse): Ad 333
popular-is (subs; 3):
-es (v): Ad 155; E 1031
-is (ns): P 35
popul-us (people; 8):
-i (g): P 911(om=F)
-o (d): Ad 19 93; An 3
-um: Ht 32
-us: An 185; Hc 4 40
porro (40): Ad 335 419 547 631 877(F) 964 979; An 22 278 596 731; E 167 528 611 613 619 957; Hc 298 300 634 721 764 778; Ht 159 346 482 493 591 771 838; P 46 48 474 478 667(DFT) 692 746 779 923 937 1022 1025
port-a (2):
-am: Ad 583 715
portic-us (2):
-um: Ad 573 579
portit-or (port official):
-ores (ac): P 150
port-o (9):
-ant: Ht 247
-are: An 433

-as: An 722; P 197
-at: Ht 625
-es: E 777
-o: Ad 230; An 338; Hc 513
port-us (4):
-u: An 480
-um: Hc 77; P 198 462
posc-o (5):
-at: Ht 867
-ere: Ad 660(DU); Ht 926
-i: Ht 775
-ier: Ad 660(FT)
-it: Ht 606 606(possit=DT)
possid-eo (6):
possedi: An 949
-ere: Ht 969
-erem: Ad 176
-es: Ad 175
-et: An 810; Ht 195
pos-sum (218):
-se: Ad 459; An 95 553 563 672; E 54 173 217 491 779; Hc 147 148 156 269 438 538 662 678; Ht 501 671 923(potis esse=U); P 245(om=F) 456 692 959
-sem: Ad 222; E 177 842; Hc 750; Ht 916; P 208
-sent: Ad 273
-ses: An (53); Ht 964
-set: Ad 525; E 487 523 932; Hc 7(D) 61 99 131 225 374 471 554 573(-sit=DFT); P 14(4) 756
-siem: Ad 877: Hc 729(possi-[e]m=KL) 766
-siet: An 874; Ht 675; P 773
-sim: An 409 531 729 944; E 613 869; Hc 80 266; Ht 577; P 727 738 827
-sint: E 1076(4)
-sis: Ad 823; E 50 210 761; Hc 608(-sit=4); Ht 454; P 59 794 822
-sit: An 31 306; E 662 910 1076(-sint=4); Hc 7(-set=D) 569 573(DFT) 608(4) 724; Ht 27 47 395 606(DT); P 279 697 965
-sum: Ad 205 427; E 245 534 551 712 741 1010(potest=F); Hc 271 473; Ht 163 439 547 761 984 1062; P 206 208 216 726 824
poteram: Hc 322
poterat: An 792; Hc 375; Ht 785

poterimus (ind): P 962
poteris: An 712; E 52 214 215; Ht 486; P 518
poterit: An 699 700; E 503 628; Ht 13 708
poteritis: E 29
potero: An 247 898; Hc 133 447; Ht 416 1038; P 916 1050
potes: Ad 350(T) 511(potis=F) 700(T); An 333 597; E 58; Hc 549; P 197 539 553
potesse: E 666
potest: Ad 302 346 350 (potes[t]=KL; potes=T; potis=F) 357 530 530 554 700(potes=T; potis=F) 743 762 909 931 936; An 250 305 327 861 922 953; E 108 295 377(potis=F) 713 836 1010(F); Hc 90(pote=F) 209 234 397 416 479(potis=FTU) 635; Ht 324 448 677 679 878; P 1 182 227 303 333 337(pote(n)=4) 402 674 799 799 896 1034
potuerat: An 691
potueris (ind): Ht 362
potuerit (subj): Hc 3 139; Ht 1005
potui: Ad 215 963; Hc 42; P 478 752
potuimus: P 747
potuisse: An 256; Ht 261; P 875
potuisset: P 14(po[tui]sset=KL; posset=4)
potuit: Ad 295 568; E 657; Ht 14 262 279 795; P 283 640 818 912
post (28):
post (adv; 25): Ad 110 262 561 757 982; An 483(post[e]=KL); poste=FU) 631 936(U); E 18 388 493(poste=KL and F) 702 922 1064; Hc 144 208 393 573 609 700 730; Ht 274 606 934; P 554 879
post (prep; 3): Ad 318(post-hac=F); E 871; Hc 742
poste: see post (adv)
postea (11): Ad 529 575 649 660 (poscere=DU; poscier=FT) 929; E 370 637 793 992; Hc 551 718
posteriores (ac): Ad 880
posterius (adv; 3): Ad 140 162; An 509
posterus: see **postremus**

(129)

posthab-eo:
-ui: P 908
posthac (17): Ad 135 318(F) 565; An 26 611; E 898; Hc 57 405 533 (659) 819; Ht 347 590 679 1031; P 141 742 1050
postid: see **postilla**
postilla (6): An 936 (post ibi= U; postid=D); E 127; Ht 447; P 347 705 1018
postput-o:
-asse: Hc 483
postquam (42): Ad 1 688 765; An 35 51 76 177 304 474 491 513 645 740; E 20 84 137 617 645 729 1089; Hc 120 126 158 161 170 187 267 367 373 376 394 (quam(conj)=F) 680 826; Ht 656 773 904 989; P 1 282 569 632 909
postremo (19): Ad 52 123 150 348 428 484 952 967 977; An 521; E 196 252 521; Hc 511 620; Ht 113 865; P 301 421
postremum (adv): An 322
postrem-us:
-a (ns): P 649
postridie (2): An 144; P 112
postulatio: Hc 180
postul-o (24):
-abat: An 657
-are: An 331
-as: An 644
-at: Ad (199) 201; An 189 901; E 480; P 642
-em: An 551; Hc 564; Ht 671
-es: E 61; Ht 1011
-et: Ad 238; Ht 871
-o: Ad 879; An 190 422 550 823; E 1058; Ht 1012; P 411
pote: see **potis**
pot-ens (4):
-ens (n): E 353 760; Ht 227 (inpotens=DT; petax=F)
-entes (n): Ad 502
potest-as (12):
-as: An 52 541; Hc 45 814; Ht 347 720; P 174
-ate: Hc 250
-atem: E 1032; Ht 35 710; P 880
pot-ior (verb; 10):
-eretur: P 469 830
-iar (subj): E 320 362
-iri: E 614; Ht 322
-itur: Ad 871 876
-itus (essem): P 159
-iundo (g ab): Ht 323
pot-is (15):
-e (n): Ad 264; Hc 90(F); P 337(4) 535
-ior: P 533
-is (ns): Ad 344 350(F) 511 (F) 521 539 700(F) 626; An 437 454(F); E 101 113 263 377 (F); Hc 395 479(FTU); Ht 321 659 923(U); P 379
pot-ius (adv; 42):
-issimum: Ad 296; An 454 (potis sum=F) 962; P 343
-ius: Ad 74 109 174 222 240 248 335 498 704 992; An 21 233 396 798 873; E 47 174 176 386 895; Hc 26 222 425 448 481 534 672 753 767; Ht 52 443 469 800 928(DTU) 1010; P 298 408 621 696
pot-o (10):
-andum (g): P 832
-are: Ad 33 102
-asti: Ad 774(DFT)
-at: Ad 62 117 799
-atis: Ad 774(-asti=DFT)
-aturus (est): P 837
-etis: Ad 586
-us: Hc 139
prae (14):
prae (adv; 5): Ad 167; An 171; E 499 908; P 777
prae (prep; 9): Ad 262 980; An 825; E 98 239; Hc 483; Ht 123 308 920
praeb-eo (7):
-eatur: Hc 768
-ent: Ht 207
-es: Ad 886
-et: P 345
-ueris (subj): E 1010
-ui: Ad 215
-uit: P 476
praecav-eo:
-ere: An 624
prae-ceps (4):
-cipitem: Ad 318; An 214 606; P 625
praecept-um:
-orum: Ad 412
praecid-o:
-am (ind): Hc 598
praecip-io (4):
praecepi: Ad 963
-ias: Ad 434

-io: Ad 424; Ht 579
praecipit-o:
 -ato (2): Ad 575
praecipu-us:
 -am: Ad 258
praecurro:
 praecucurrit: Hc 371
praedic-o (13):
 -ant: An 875 876
 -as: E 354 828
 -at: An 465; Hc (111)
 -em: E 565 721
 -eres: An 793
 -et: P 725
 -o: An 46
 -tum (sc esse): An 205
 praedixit: An 840
praedit-us (pa):
 -um (ac): An 98
praed-ium (2):
 -ia (n): P 680
 -iis (ab): P 789
praed-o (subs):
 -onibus (ab): E 114
praeficio (2):
 praefecerat: E 413
 praefecimus: E 541
praefinito: Hc 94
praefringo:
 praefregerit (subj): Ad 37
praegn-as (2):
 -as (n): Hc 640
 -atem: Hc 641
praem-ium (3):
 -ium (ac): E 1057; Hc 584
 -ium (n): P 771
praemonstrator: Ht 875
praenarr-o:
 -asse: E 982
praeopt-o:
 -ares: Hc 532
praeped-io:
 -iti (sumus): Ht 506
praepon-o (3):
 -ens (n): An 65
 praepositam: Hc 583
 praepositum (iri): E 139
praerip-io:
 -iat: E 161
praesag-io:
 -it: Ht 236
praesc-io:
 -isse: An 239
praescribo:
 praescripsti: An 151
praes-ens (14):

-ens (n): Ad 73 (393) 668; E 192; Hc 703; P 781
 -ente: E 1059; Hc 674 712; Ht 1042
 -entem: P 345
 -enti (ab): E 769; P 957
 -enti (d): Ad 668
praesenti-a (6):
 -a (ab): Ad 222; Hc 24, Ht 962; P 779
 -a (n): Hc 587; Ht 573
praesentio (2):
 praesenserant: An 839(-at=4)
 praesenserat: An 839(4)
praesertim (5): Ad 784; E 863; Hc 531 705; P 55
praesid-ium (4):
 -i: Ht 646
 -io (ab): An 843
 -ium (ac): Hc 119
 -ium (n): Ht 967
praestabil-is:
 -ius (n): Hc 284
praestitu-o:
 -ta (est): P 524
praesto (adv; 6): An 415; E 1050; Ht 172; P 51 267 561
praest-o (verb; 2):
 -at: E 232; Ht 876; P 790
praestol-or (2):
 -are (ind): E 975 977
praeter (27):
 praeter (adv; w quam=F; 4): An 753; E 77; Ht 60 400
 praeter (prep; 23): Ad 64 258 815 847(praeterhac=F) (885); An 58 121 122 436 678 879; E 1094; Hc 226 763; Ht 59 201 234 664; P 239 246 251 768 1048
praeterea (14): Ad 224 245 345 370 480 541 971; E 146 375 1081; Ht 293 1022; P 514 518
praeter-eo (12):
 -eat: E 283; Hc 878
 -eo: E 641
 -iens (n): An 253
 -ierat: P 423
 -ieris (ind): Ad 581
 -ieris (subj): Hc 419
 -ii: E 633
 -iit: E 542; P 525
 -ito (2): Ad 574
 -itus (est): Ad 14
praeterhac: Ad 847(F); P 800
praetermitto (2): Ad 51 414

(131)

praeterquam: An 753(F); E 77 (F); Ht 60(F) 400 (F)
praeut: E 301
prandium: Ad 588
prave (2): Hc 484 646
pravitas: Ht 973
prav-us (6):
-a (ac): P 771
-a (np): Ht 839
-a (ns): Ad 391; E 575
-om (n): Ad 944; Ht 485
precario: E 319
precat-or (3):
-orem: Ht 976 1002; P 140
precor: P 142
prehendo: see prendo
prem-o:
-it: An 633
prend-o (4):
-it: An 353(prehendit=KL)
-endus (est): Ht 509(sp=U)
-i (inf): E 961(sp=U)
-it (pres): P 863(DFT)
-o: P 620
pret-ium (19):
-i: Ad 892; An 856; E 749; Hc 799; Ht 64
-io (ab): Ad 219 744; E 1055; Hc 57 69
-ium (ac): Ad 349; An 39 76 610; E 133; Hc 49; Ht [48] 234
-ium (n): An 217
pre-x (5):
-ci: An 601; P 547
-cibus (ab): E 1055; P 498 973
pridem (2): E 517; Hc 219(4); Ht 229; P 37(4)
primari-us:
-ae (g): P 971
primo (8): An 74(primum=U) 671; E 1011; Hc 120 177 (primos=DTU) 713; Ht 411(F) 656(F); P 75 80
primulum (2): Ad 289 898
primum (55): Ad 282 314 316 (pronum(ac)=4) 338 345 491 516 540(om=DFU) 687 (884) 929; An 1 46 74(U) 156 211 259 343 351 471(prima(ns)=F) 483 733 925 936; E 101 146 502 510 628 695 773 792 955 979 990 1042 1044; Hc 14 33 324 394(F) 677 716; Ht 3 269 273 274 301 411(primo=F) 443 451 623 634 656(primo=F); P 285 378 1052
primus: see prior
prin-ceps:
-cipem: Ad 259
princip-ium (18):
-ia (ac): E 781
-ia (n): P (429) 479
-io (ab; asterisk indicates adverbial use): Ad 807*; An 48 327* 570* 785; E 805* 874 1069* 1078*; Hc 381; 411; P 252 650
-ium (ac): E 458; Ht 1044
-ium (n): P 158
prior (44):
prim-us (31):
-a (ab): Ad 9; Hc 136 822
-a (ac): Ad 858
-a (np): Ht 963
-a (ns): Ad 975 976; An 471 (F); P 346
-am: E 567
-arum: Ad 259
-as: P·27
-i (n): Ad 23
-is (ab): E 429
-o (ab): Ad 841; An 230; Hc 39; P 604(used subs) 642(used subs)
-o (d): Ht 965
-os: E 248; Hc 177(DTU)
-um (ac): 548; E 1081
-um (n): Ad 632; Ht 365
-us: Ad 546 546 547; E 90 247; Ht 186; P 394
pri-or (13):
-or: Ad 666(prius(adv)=F); E 6; Hc 407; P 13 229 342 342 532 533
-orem: Ad 658
-ores (ac): E 151
-us (n): E 50 246
prius (adj): see prior
prius (adv; 38):
primum: see primum
prius (38): Ad 379 397 525 583 666(F); An 27 239 258 311 378 512 558 968; E 11 33 41 492 548 698 751 789 1067; Hc 262 287 294 541 744; Ht 237 479 479 584 816 890 971; P 619 (T) 719 897 1036 1037 1045
priv-o:
-ari: P 517
pro (interj; 13): Ad 111 196 447 746; An 237(om=F) 246

732; E 550; Hc 198 317; Ht
61; P 351 1008
pro (prep; 62): Ad 48 52 179
346 366 427 478 743 809 870
951; An 14 146 200 273 431 675
888 903 918; E 156 169 371
375 445 572 573 708 749 941
943 949 960 991 992 992 1023
1086; Hc 5 209 227 310 390
(om=F) 576 849; Ht 30 98 126
603 610 763 836(4) 940 952;
P 196 336 337 338 475 602 836
1002 1039
prob-e (18):
-e: Ad 752 753; An 418 847
918 970; E 768 773 916; Ht
180 361 770 1020; P 268 458
989 1047
-issime: Ad 419
prob-o:
-es: E 375
probr-um (2):
-o (ab): An 881; P 825
prob-us (3):
-a (ns): Ad 930
-os: Ad 504
-um (ac): P 259
procax (2): Hc 159; Ht 227
proced-o (5):
-e: E 470
-it: Ad (897); An 128
processisti: Ad 979
processit: Ad 671
procliv-e:
-i (ab): An 701
procliv-is:
-e (n): An 78
procul (5): Ad 348 438; E 548
787; Hc 607
prodeambul-o:
-are: Ad 766
prod-eo (7):
-eo: An 115; E 1005
-i: E 669
-it: Ad 635; Ht 276; P 152 443
prod-o (5):
-at: An 313
-emus: Hc 672
-idisti: Ad 692
-ita (est): Ht 639
-iturum (sc esse): Ht 479
produc-o (7):
-am (ind): Ad 591
-am (subj): An 615(FU)
-eres: An 648
-it: E 134
produxe: Ad 561
produxi: Ad 402; Ht 144
produxit: Ad 314
product-o:
-em: An 615(producam=FU)
profecto (20): Ad 28 147 509
893; An 554 703; E 184 381
396 507 551 649; Hc 320
(prospecto=U) 379 782; Ht 236
420 614 856 1003
profer-o (11):
-: An 329; Hc 253; Ht 994
-am (ind): Ad 343
-am (subj): Hc 107
-endum (sc esse): Ad 337
-ens (n): P 395
-entur: E 18
-imus: Ad 339
-re: Hc 153
prolato (ab): Hc 104
proficisc-or (12):
profecta (est): An 814
profecta (sum): Hc 86
profectam (esse): P 572
profecti (sumus): P 860
profectus: Ht 118
profectus (es): P 567
profectus (est): E 126
profectus (fueras): E 280
-ar (subj): An 329(F) 600
-i: Ad 224
-itur: An 935
-or: An 329 (-ar(subj)=F)
profit-eor:
-etur: E 3
profug-io (2):
-iet: Ad 385
-it: Ht 528
profundo:
-at: Ad 134
progeni-es:
-em: P 395
prognat-us:
-am: P 115
prohib-eo (12):
-eant: Ad 275; An 568; Hc
207; Ht 1038
-eas: E 808
-ebant: An (54)
-ebo: E 809; P 425
-et: Hc 266; Ht 573 576
-ui: An 140
proin (see also **proinde**; 4): An
408; E 56 106; Ht 177

(133)

proinde (see also **proin**; 4): An 707; Hc 218; Ht 65; P 382 668(4)
prolix-e (2):
-e: Ad 943; Ht 290(FT)
-ius: E 1082
prolixus: Ht 290(prolixe(adv)=FT)
prolog-us (4):
-i (g): Hc 9
-is (ab): An 5
-um: Ht 11; P 14
proloqu-or (5):
-i: Ad 690; An 256; Hc 646; P 283 861
prolubium: Ad 985
promer-eo (3)
-entem: Ad 681
-itus (fueris; subj): P 516
-uit: Ad 201
promiss-um (4):
-a (ac): An 631
-a (n): E 311; Ht 723
-um (ac): E 1094
promitt-o (8):
promisi: Ad 940
promissum (est): P 513
promissum (fuerat): P 536
promisti: Ad 940
-e: Ad 942
-it: Ht 729
-o: Hc 791; P 1044
promov-eo (4):
-eo: An 711; Hc 703
-eris (ind): An 640
-es: E 913
pron-us:
-um (ac): Ad 316(4)
prop-e (10):
-e: Ad 307 453 523 860(4); An 152; Hc 22; Ht 98 104
-ius: Ad 309 580; Hc 316
propediem (3): Ad 888; Ht 160 868
propemodum (5): Ad 131; An 586; E 203; Ht 1064; P 211
propere (4): Ad 320 353(DU); Hc 371 808; Ht 744
proper-o (16):
-a: Ad 353(propere=DU); An 299 759 979; Ht 250 274
-ans (n): An 355; E 291 1030
-antem: Ad 305
-as: P 436
-at: Ad 278
-emus: E 609

-ent: E 583
-o: An 951; P 845
propino: E 1087
propinqu-us (adj; 2):
-a (ab): Ht 57
-o (ab): E 971
propior (10):
propior (2): Ht 988; P 808
proxum-us (8):
-am: Ht 732
-i (g): Hc 124
-i (n): P 125
-is (ab): E 332
-um (ac): P 891
-us: Ad 651 947; An 636
propiti-us (2):
-i (n): Ad 31; P 636
propri-us (3):
-a (ab): P 830
-ae (n): An 960
-um (ac): An 716
propter (29):
propter (adv; 3): Ad 576; E 368 373
propter (prep; 26): Ad 169 600 607 992; An 155 271 439 448; E 744 999; Hc 275 364(in tmesis w qua) 578 677 729 833; Ht 111 190 257 259 434; P 276 277 416 469 927
propterea (11): An 38 414 584 653 693 959(eapropter=DFT); E 879; Hc 63 106 711 871
propuls-o:
-abo: An 395
prorsum (9): Ad 520 844; E 254 306 332; Hc 315; Ht 776 894; P 980
prorsus (12): Ad 324 324 550 762 990; An 371 435 510; E 1082; Hc 444 673(sp=TU); Ht 140
proru-o:
-ont: E 599
prosil-io:
-it: E 1030
prospecto: Hc 320(U)
prospere: P 895
prospic-io (14):
prospectum (est): Ht 391 638
prospexi: Ht 961
prospexti: Ad 689
-e: Ad 335
-ere: Ad 388; E 762; Hc 549
-i: Hc 561
-iam (ind): Ad 589; P 1036

-io: P 963
-is: P 782
-iunt: P 735
prostern-o:
  -erem: Ad 319
pro-sum (12):
  -desse: Ad 968
  -desset: E 446
  -dest: E 1071
  -fueram: Ad 258
  -fueris (subj): Hc 876
  -fuit: Hc 463
  -sim: An 677
  -sis: E 965
  -sit: Hc 742 795; Ht 643
  -sum: E 258
prosus: see **prorsus**
protel-o:
  -et: P 213
proterr-eo:
  -uisti: Ht 446
proterve (2): Hc 503; Ht 723
protervitas: Ht 814
protervos: Ht 577
protinam: P 190
provid-eo (5):
  -entur: An 208; P 181a(om=4)
  -eram: An 183
  -ere: Ht 116
  provisum (est): P 779
provinci-a (2):
  -a (n): Ht 516
  -am: P 72
proviso (verb; 3): Ad 889; An 957; E 394
provoc-o (2):
  -at: Ad 878
  -emus: E 443
provolv-o:
  -am (ind): An 777
proxim-um (3):
  -o (ab): Hc 341; Ht (54)
  -um (n): E 612
proximus (adj): see **propior**
proxim-us (subs; 3):
  -o (d): P 416 418
  -um (ac): Ht 966
prudens: E 72
psaltri-a (12):
  -a (ab): Ad 405 451 724 743 967
  -a (n): Ad 388 759
  -am: Ad 476 558 600 616 842
-pse: see **sui** (ac p)
-pte (2): Ht 686; F 766
publice (2): Ad 443; E 290

publicitus: P 978
public-us (adj):
  -um (n): P 412
pud-ens (pa; 2):
  -ens (n): Hc 165
  -entis: Ht 120
pud-eo (26):
  -ebat: Ad 274; Hc 806
  -ent: Ad 754; An 638(DTU)
  -ere: P 233 1042
  -et: Ad 84 244 392 485 683; An 638(-ent=DTU) 871; E 907; Hc 231 793; Ht 260 576 581 1041 1044; P 392 525 644
  -uisse: Ad 562
  -uit: Ad 690; Ht 1043
pudice (3): An 74 274; Ht 226
pudiciti-a:
  -am: An 288
pudic-us:
  -um (ac): Hc 152
pud-or (8):
  -or: Ad 274; An 262 279 630; P 284
  -ore: Ad 57
  -ori: Hc 122
  -oris: An 878
puell-a (5):
  -a (ab): Hc 231; Ht 651
  -ae (n): E 582
  -am: E 109; Ht 627 1060(F)
puellul-a:
  -am: P 81
pu-er (56):
  -er (n): Ad 728; An 486 507 (-um=4) 742 748 833; E 624 (F); Hc 649 681 719(F) 769; P 50 862
  -er (v): Ad 940; An 84; P 152
  -er[e] (v): E 624(puer=F); Hc 719(puer=F)
  -eri (g): Hc 517
  -eri (n): Hc 310 312
  -eris (ab): Ad 494 962; Hc 409; Ht 214
  -eris (d): Hc 359
  -ero (ab): Ad 440; An 972; Hc 668
  -ero (d): Ad 537; Hc 726 770; P 48
  -erum: Ad 333 563 658; An 368 400 507(4) 515 516 722 759 763 773 776; E 39; Hc 532 563 571 576 638 639 639 699 704 708 733 749

pueril-is (2):
 -e (n): An 449
 -i (ab): P 949
pueritia (ab): Ht 183
puerper-a (2):
 -ae (d) An 490
 -am: Ad 921
pug-il (2):
 -ilem: E 315
 -ilum: Hc 33
pugn-a (2):
 -am: E 899
 -as: E 482
pugn-o (3):
 -ant: Hc 41
 -are: E 777
 -averis (ind): Ad 843
pugn-us (3):
 -is (ab): Ad 558
 -os: P 988
 -us: Ad 171
pulch-er (3):
 -errimum (ac): P 869
 -ra (ns): P 104
 -ram: E 296
pulchre (13): Ad 381 533 979; E 376 416 728 774; Ht 333 450; P 302 493 542 1047
pulchritud-o:
 -inem: P 105
pulpamentum (ac): E 426
puls-o:
 -antem: E [1010a](om=4)
pult-o (4):
 -are: Ad 633; Ht 410
 -at: Ht 275
 -avit: Ad 637
punctum: P 184
purgatio: Ht 625
purg-o (9):
 -a: Ad 376
 -ando (g ab): Hc 254
 -are: Ad 608
 -at: P 1035
 -atum (sc esse): Hc 871
 -em: Ad 632; P 186
 -es: Ad 162
 -o: E 434
pur-us:
 -a (ns): Ht 46
put-o (59):
 -a: An 29; Ht 78
 -abam: An 92 113 717 (putavi=DU)
 -abas: Ad 810
 -abit: Ht 485
 -ant: Ad 43 594 986; E 965; Ht 798 (-ent=F)
 -are: An 958; E 623
 -aris (subj): Ad 858
 -arit (subj): Ad 262 (-avit=DU)
 -as: Ad 603; An 141 277 671; E 813; Hc 214 682 858; Ht 741 912 990
 -asti: P 718
 -at: Ad 85 99 382; Hc 500; Ht 21 952
 -ato (2): Ad 817; P 424
 -avi: An 717 (DU); Ht 607
 -avit: Ad 262 (DU); Ht 115
 -em: P 1022
 -emus: Ad 796
 -ent: E 387; Hc 399; Ht 798 (F)
 -es: Ad 236; Ht 889
 -et: An 957; P 21
 -o: Ad 208 (deputo=F); An 330; E 489 632 930 1081; Hc 379; Ht 57 77 151 843 900; P 545
Pyrrus: E 783
Pythi-as (12):
 -as (n): E 642
 -as (v): E 500 650 656 672 730 753 901 902 909 947 961
pytiss-o:
 -ando (g ab): Ht 457

Q

qua (3): Ad 690 691; Hc 364 (in tmesis w' propter)
quadru-pes:
 -pedem: An 865
quaerit-o (5):
 -ans (n): An 75
 -are: Ad 363
 -et: E 523
 -o: Ad 81 321
quaer-o (72):
 -am (ind): P 463
 -am (subj): Ad 359; An 343; E 294 544 566 643 651
 -ant: Ad 300
 -as: Ht 658 745
 -at: Ht 927
 -atur: Ht 662 790
 -e: Ad 482 813; E 810; Hc 746; Ht 994; P 553
 -ebam: Ad 461; An 90 533; E 1065; Ht 844; P 472
 -ebat: E 1000; P 595

-endo (g ab): Ht 675
-ens (n): Ht 139
-ere: An 342; E 261 516; Ht 447; P 192 544
-eret: P 297
-et: An 398; Hc 76 78 79; P 51
-is: An 536 908 941 945; E 426 650; Ht 62 1039 1039
-it: Ad 265 543; E 558 1006
-o: Ad 266 541 720; An 345 683 702 943; Ht 492 622; P 555 852
-undo (g ab): Ad 869
quaesisti: Ht 1029
quaesitum (sup): Ht 315
quaesitum (esse): P 811
quaesivi: E 144 167
quaeso (51): Ad 190 247 275 287 298 399 488 491 598 808 927; An 8 204 305 323 487; E 307 356 414 431 466 562 745 (DFT) 877; Hc 8 588 672 786 803; Ht 83 92 163 378 430 502 537 562 583 718 736 848 954 971 1052; P 141 231(F) 350 413 573 645 670 790 935
quaest-us (10):
-i (g): Hc 735 836
-u: Hc 756
-um: Ad 206; An 79; Hc 50; Ht [49] 640
-us (ns): E 246 253
qual-is (5):
-e (ac): Ht 384
-em: E 758
-is (ns): An 503; Hc 766; P 1032
quam (237):
quam (how; 74): Ad 444 532 889; An 127 136 198 287 326 520 691 811 825 850; E 127 178 275 335 457 473 473 517 519 566 697 728 788 938 1063; Hc 58 61 91 223 261(quom=F) 296 310 352 417 472 601 634 646 684 685; Ht 185 213 222 370 371 375 450 568 568 638 664 764 807 814 839 934 1023 1043 1044; P 41 111 161 344 344 501 511 606 608 757 821 842
quam (w comparatives; 132): Ad 31 39 58 67 75 109 212 235 240 248 270 295 311 344 397 498 525 583 701 702 705 834 903 921; An 21 163 203 308 311 332 378 396 427 430 529 547 558 720 753(w praeter=F) 798 968 ae15; E 12 63 77(w praeter=F) 160 174 176 527 561 731 751 760 762 789 895 936 (FT) 1003 1027; Hc 26 111 146 217 239 259 260 262 282 285 287 294 394(F; used after post) 425 448 534 (540) 541 553 606 647 729 744 751 767 794 880; Ht 27 52 60(w praeter=F) 116 198 237 268 354 400(w praeter=F) 443 469 475 480 505 507 584 659 681 808 817 858 929 969 1010; P 10 11 349 408 408 438 459 467 584 592 598 622 658 690 719 787 797 808 814 897 1036 1037 1045
quam (w superlative; 22): Ad 282 501 501 516 813 868 926; An 351 835; E 2 74 1042; Hc 51 69 324; Ht [50] 368 788 868 997 997a(om=4); P 285
quam (w tam; 9): Ad 279 (quamvis=U) 422 534(quasi= DTU) 849; E 211 393 718; Ht 687; P 65
quamquam (4): Ad 159 205; E 172; Ht 53
quando (24):
quando (adv; 6): Ad 206 671; E 404(DT) 437(w si=FU) 441 (DT) 450(DT) 697; Hc 181 (DT) 619; Ht 238
quando (conj; 18): Ad 287 291 348 435 447 802 878 956(w quidem=4); An 805 818; E 196 447; Hc 477 512 703; Ht 645 (F); P 895 999 1034
quandoquidem (7): Ad (640) 956(4); An 487 608; E 374; Hc 492; Ht 1064; P 405
quanto (9): An 307; E 453 507 730 1053; Hc 284; Ht 424 507 645(quando=F)
quantum (adv; 25): Ad 350 700 743 909; An 207 423 577 711 756 861; E 142 377 615 836 844; Hc 876; Ht 14 266 592 682 984; P 247 674 896 987
quant-um (subs; 15):
-i: Ad 97 249; E 75 791 984; Ht 155
-um (ac): An 484; Ht 1013; P 53 643 643(FTU) 657
-um (n): Ht 72 810; P 482 853

quant-us (21):
-a (ab): Hc 876; Ht 250 851a (om=4); P 441
-a (ns): P 903 903
-am: E 925; Hc 816; Ht 481
-as: An 650; E 755; Ht 970
-i (g): An 856(F)
-is (ab): An 649; P 841
-o (ab): P 46 58
-um (ac): Ht 747; P 722
-um (n): P 557
-us: Ad 394(w quantus=F) 394(w quantus=F)
quantusquantus: see quantus
quantusvis:
quantivis (g): An 856(sep=F)
quaproter (10): Ad 342 497 608; An 163 715; Hc 311 364(in tmesis) 733; Ht 188 357
quaquam: see haudquaquam
quare (sep=4; 2): Ad 327; Ht 26
quasi (37): Ad 223 271 290 534 (DTU) 537 739 775 941; An 44 372 417 499 502 544 549 850 874 890; E 209 405 406 461 685 745(quaeso=DFT) 841 1024; Hc 110; Ht 65 145 318 354 527 587 720 885; P 72 382 388
quat-io:
-ietur: E 358
-it: E 590(F)
-que (118): Ad 16 64 73 301 301 301 331 392 663 764; An 114 161 214(om=F) 217 290 443 481 488 540 549 550 557 585 592 650 676 693 777 935; E 73 84 123 136 193 236 300 302 303 333 383 419 487 507 545 748 748 801 801 815 876; Hc 48 56 92 102 134 145 146 199 203 208 220 225 298 388 396 404 406 471 478 488 490 508 579 581 604 695 722 749 755 761 798 818 829 847 848 858 872; Ht 168 368 383 386 445 525 594 788 [810](om=TU) 811 997a (om=4) 1004 1046 1059; P 34 164 376 470 480 549 585 637 687(om=U) 763 843 866 890 906 957 976 1051
qu-eo (24):
-eam (ind): Ad 737; An 577; Hc 760
-eam (subj): An 270
-eas: An 277; E 74 75; P 498
-eat: An 394; Ht 453 544
-eo: Ad 423 738; E 844; Hc 443 673; P 489 787
-imus: An 805
-it: Ad 613; Hc 183
-ita (est): Hc 572
-ivi: An 589
-ivit: An 654
quer-or:
-ar (subj): Ad 789
qui (adv; 70):
qui (indef; 5): An 148; E 212; Ht 538; P 123 1015(quin=4)
qui (interrogative; 48): Ad 179 215 708 891; An (53) 150 302 352 501 502 565 575 791 841 934 954; E 36 121 273 (quin=D) 307 657 745 779 780 790 1027; Hc 103 235 279 288 319 849(quid(ac)=DU) 849 (quid(ac)=DU) 849(quid(ac)= DU) 850(F); Ht 154(quod(rel n)=D; ubi=FT); 251(F) 362 492 611 612 708 985(F); P 130 330 381 396 398 799 855 915 1022(DFT)
qui (rel; 17): An 6 6 307 334 402; E 28(F) 288(quae(np)=4) 488 911 920; Hc 334 553 608 869; Ht 488(quo(adv)=DU) 701(quin=4) 855; P 770
qui (interrogative adj; see also nescioqui and quinam; 206):
qua (ab): Ad 327(4) 670 685; An 184 613 909; E 11 42 99 159 322 369 958 1025; Hc 73 519; Ht 26(4) 827; P 192 271 298 566
qua (ns): E 839; Hc 569
quae (ac): E 946; Ht 220
quae (ns): Ad 555 984 985; An 747; E 242 689 947; Hc 198 266 496 672 695; Ht 251 973 974 981; P 732
quam: Ad 149 186 435 560 592 665 697 772 860 867 932; An 8 249 382 663 727 837 862 ae6; E 145 148 179 294 821 826 896 907 925 1001; Hc 205 319 382 452(quid(n)=F) 453 498 530 562 660 696 698 790; Ht 10 89 336 337 436 701 740 745 775 780 780 800 897 909 942 944 944 1008; P 178 191(quamnam

=F) 234 241 418 550 704 715 798 861 864 1020 1025
quas: E 653; Ht 318; P 835
quem: An 681(rel=DTU) 719; E 590; Hc 639; P 367 728
qui (ab): Hc 527(quo(int p)=4)
qui (ns): Ad 723; An 154 ae 19; E 66 242 307 546(quid(n)=FT) 598 824; Hc 571(=quis); Ht 562; P 129(=quis) 354(=quis) 356(=quis) 574 618 911 990(=quis)
quibus (ab): Ad 36 315; An 828; E 1035; Hc 485(quid(ac)=F) 644
quo: Ad 365 534(4) 614 636 (4); An 214 804; E 420 585 613 716(4) 931 939 1025; Hc 216 445 546 582 628 875; Ht 280 476 548 700 721 815 1004 1040; P 57 181 242 446 507 580 593 756 793 818 834 917 952 1042
quod (ac): An 240 468 668; E 355 457; Hc 97(4) 132; Ht 1044; P 185 200 828 871
quod (n): Ad 985; An 942; E 656(quid=F); Hc 198; P 617
quoi (cui=U): E 799; Hc 431
quos: An 479; E 1010; Ht 883
qui (rel; 1007):
cui: An 167(qui(ns)=4); P 15
cuius: Hc 478(eius=4)
qua (ab): Ad 179; E 574; Hc 360 364 555(DTU) 820; Ht 87 649 989(DTU) 1009; P 567 942
quae (ac): Ad 30 30 31 53 53 141 225 230 309 423 427 430 454 505 599 604 680 826 857 858 963 992; An 263 354 393 525 591 599 793 920 920 922 972 976; E 17 43 103 120 301 396 467 477 492 620 790 1012 1050; Hc 111 244 264 292 303 363(om=DFT) 363 513 557 579 657(quod(rel)=4) 674 688; Ht 156 264 570 745 884 954 1067; P 79 181 424 656 737 758 876 914 970 1050(quod=DTU)
quae (np): Ad 86 387 706 815; An 13 118 195 208 260 337 390 481 481 491 740 810; E 18 288 (4) 383 384 581 934 936(quam (than)=FT) 1061; Hc 95 117 217 230 275 307 362 611; Ht 2

76 193 232 288 386 855 877 963 988; P 181a(om=4) 449 463 612 845
quae (ns): Ad (191) 194 212 (F) 345 530 602 622 743; An 121(TU) 124 140 272 539 797 ae8; E 57 65 65 65 161 199 345 349 524 794 892 951 1004 1046 1047; Hc 7a(DT) 85 137 162 205 210 213 214 241 298 305 351 386 405 475 478 486 535 663 734; Ht 6 7 177 216 216 270 284 (287) 310 363 444 604 680 774 852; P 433 468 647 655 657 678 710 732 751 755 831 929 1013
quam: Ad 3 91 343 595 686 859; An 32 130 273; E 19 68 557 563 654 695 752 783 848 928(quo(rel)=T); Hc 29 148 295 454 741(quod(rel)=DFT) 763 819; Ht 15 252 259 297 654 687 731 741 806 819 1060 1065; P 25 371 524 564 671 838 917 925
quas: An 3 26 33 47; E 77 78 313; Hc 14; Ht 215 724 836; P 4 [11a](om=4) 822
quem: Ad 72 84 132 136 255 292(om=F) 306 347 402(F) 438 463 563 808(quos=F) 994(F); An 161 164 341 493 681(DTU) 768 963 973; E 357 413 423 449 489 561 569 653 687 694 770 949 983 [1010a](om=4); Hc 260 408 453(T) 574 607 670 812 846; Ht 132 179 462 575 614; P 15 28 33 196 215 367 380 680 743 852
qui (ab; adverbial tendency sometimes noticeable): Ad 477 666(F) 750 950; An 335 408 512; E 698 759; Hc 555(qua=DTU) 573 750; Ht 178 615 778 989(qua=DTU); P 655 759(quo=DTU) 889
qui (np): Ad 19 23 27 125 197 594 905; An 18 80 107 191 534 697 892 979; E 248 387 432 655; Hc 212 460 469 663 (DFT); Ht 29 43 121 142 214 301 537 642 719 885; P 17 41 125 276 313 331 331 771 853 1010
qui (ns): Ad 8 14 55 66 69 76 99 177 215 262(4) 268 292 314

332 333 358 368 402(quem=F) 554(quidem=U) 567 666(ab case =F) 667 825 852 881 903 932 995; An 10 93 98 142 143 167 (4) 177 241 262 344 489 576 586 607 613 620 646 664 749 750 929 927 940; E 1 4 7 12 120 125 228 235 284 293 298(F) 299 302 303 303 365 374 400 480 488 490 554 590 606 647 658 677 757 777 802 810 866 912 944 1021 1045 1045; Hc 6 7a (DT) 12 52 311 343 419 433 491 539 539 550 564 573 590 652 742 749 800 818 852; Ht 7 15 31 165 195 196 196 205 219 260 403 519 532 565 589 684 710 812(F) 897 913 945 952 958 966 1011 1016; P 4 12 27 99 109 140 144 153 156 161 170 185(F) 279 345 383 403 442 471 522 533 537 576 618 689 (4) 721 737 753 844 993 997 1019 1027

quibus (ab): Ad 822; An 63 104 691 758; E 372; Ht 388

quibus (d): Ad 605; An 835;·E 258; Hc 286 759; P 399 923 1026

quis (d): An 630

quo: Ad 78 331 344 705; An 308 339 619 655(quom(when)= D); E 119 542 928(T); Hc 11 455 533 840; Ht 20 150 542; P 88 171 328 355 759(DTU)

quod (ac): Ad 15 17 43 99 105 162 164 210 236(quot=KL) 253 296 305 307 311 423 448(DF) 490 499a(om=4) 511 524 568 641 692 711 730 835 (946) 949 952 954 958 986; An 31 39 45 55 165 187 249 258(quodsi=F) 289 305 395 422 448 464 484 527 530 536 568 583 585 604 (quodsi=F) 679 703(DFT) 733 738 751 753 764 764 858 884 905 918 931 945 967 ael 15; E 35 64 80 186 214 215 237 272 309 387 435 447 449 475 483 497 529(4) 558 559 571 642 658 705 711 722 727 737(quo (adv)=FU) 761 785 924 926 930 958 978(4) 995 1002 1003 1013 1017(FT) 1020 1026 1041 1064 1067 1075 1078 1081; Hc 24 98 197 206(F) 222 249 273

276 300 (331) 395 402 427 437 445 447 463 487 487 519 537 545 581 657(4) 660 676 724 727 728 730 739 745 756 760 775 776 786 794 794 863 873 874 878; Ht 3 16 21 22 57 73 157 175 204 224 228 262 268 273 322 327 329 330 338 400 416 421 456(quodsi=F) 469 495 497 534 577 595 600 613 638 661 671 724(DTU) 741 748 760 790 791 803 817 823 828 834 845 867 888 901 924 935 936 974 977 1008 1019(DF) 1027 1027(om=U) 1038 1039 1040 1048 1055; P 9 43 124 136 138 146 155 157 162 165 168 169 171 185(qui(ns) hoc(ac)=F) 201(quodsi=F) 221 263 272 296 361 409 417 450 461 478 487 488 504 506 509 515 516 519 538(TU) 546 552 561(FU) 563 565 590 645 689(om=4) 703 733 738(DTU) 738 760 768 820 857 899 902 923 947 960 976 998 1000 1030 1046 1050(DTU) 1050 1052 1053

quod (n): Ad 39 67 67 186 206 301 335 386 468 519 590 593 625 740 741 774 801(DFT) 816 859 947(numquid=F) 991 996 (FT); An 41 244 306 426 454 523 701 825 905 947(quid=U) 968 981; E 15 41 211 401 445 466 748 957 979 1052; Hc 287 391 399 457 515 549 568 600 609 616 728 768 782 783 810; Ht 107 108 154(D) 210 221 324 343 364 484(quamque=F) 520 582 596 643 771 986 1000 1018 (DT) 1019(ac case=DF) 1039; P 21 84 131 158 341 (387) 412 429 455 481 513 535 538(FU) 554 578 586 698 698 781 785 951 951 1053

quoi (cui=U): Ad 308 677 894; An 211 230 962; E 324 1033; Hc 154 212 343 528 547 690 (sp=DT); Ht 224 234 445 601 (F) 660 784 841 958 965; P 174 288 363 470(4) 504 535 715(DTU)

quoius (quoi(u)s usually=KL; cuius=U): An 336 541 772 (quoia(ab)=FT); E 131(FT); Hc 514 561 571; Ht 233 260

(140)

393 428; P 60 402 470(quoi=4)
941
quorum: Ad 20; An 20
quos: Ad 808(F); An 19 800;
E 470; Hc 685 867 868; Ht 256
399; P 602
quia (67): Ad 35 100 (393) 523
566 596 698 990; An 121(quae
(rel ns)=TU) 122 232 242(quom
(when)=FT) 269 376 502 671
728 862 954; E 6 89 90 121 168
273 282 415 586 620 683 684
725 736 745 907 998; Hc 16 215
218 256 311 322 370 506 614 663
(qui(rel np)=DFT) 681 784
(om=F); Ht 188 437 505 786
800 801; P 6 27 162 162 239
330 332 357 602 788 800 804
916
quidam (32):
quaedam (np): Ad 647
quaedam (ns): An 69; E 564;
Ht 276 600; P 89
quandam: An 220; E 584 985;
Ht 597; P 81 95 941
quendam: An 356; E 234 982;
Ht 365 526
quidam (ns): Ad 645 779; An
221 923; E 109 483 569 843; P
92 122
quiddam (ac): E 856
quodam: Hc 195
quoddam (ac): E 845
quoddam (n): Ht 902
quidem (asterisk indicates **equidem** in T; 111):
quidem (95): Ad 65* 278 293
391 469 518 554(U) 571 578
590 644 692 727 770 803 943
956(w quando=4) 959 964* 969
974*(istam=F) 974*; An 149
164 195 201 298 347 370 399
434 435 459 519 691 803 967; E
46 129 273 322 335 392 511 639
664 956(equidem=FT); Hc 195
233 272 306(quid(int ac)=T)
308 342 426 430* 606 624 699
783; Ht 87 135 193 423 523 542
566 606 775 810 835 852 896
899 950(4) 1010; P 134 164
209 257 310 412 418 425 471
523 578* 615 624 678 689(om=
4) 701 772* 819* 850* 904 916
1003
-quidem (16): Ad 268* 337*
379* 899*; An 225* 614*; E

228 365 681 731; Hc 278*; Ht
396 707; P 686* 687* 754*
quidni (sep=4; 13): Ad 466 573
726; An 315(not sep=F); E
328 418 674; Ht 684 700 907
914; P 64 813
quiesc-o (7):
-ant: An 22
-as: An 598
-e: Ht 690; P 670
-i: An 691
quiessem: An 604
quiesset: An 691
quiet-us (adj; 2):
-um (ac): E 277
-us: P 713
quilibet (2):
quidlibet (ac): Ht 464
quolubet: Hc 773
quin (71): Ad 171 222 247 257
(qui(rel ns)=4) 262 294 533
543 734 856 976; An 45 172 346
391 399 405 449 531 600 704
971; E 180 212(U) 645 791
795(F) 811(quid(ac)=F) 842
859 902 997 1043 1092; Hc 65
68 127 150 240 385 397 399 588
728 768; Ht 68 193 581 675 701
(4) 737 737 762 799 805 832 890
944 1007 1021; P 209 223 272
350 429 486 538 697 714 825
857 882 935 972 1015(4)
quinam (sep=DTU; 9):
quanam: Ad 577(F)
quaenam (ns): Ht 272
quamnam: P 191(F)
quinam (ns): Ht 174(quisnam=
F; quis nam=DTU)
quodnam (ac): Ad 961; E 356;
Ht 956; P 871
quodnam (n): Ad 577(quanam=
F)
quonam: Hc 325; P 473
quindecim (ac; 2): Ht 145; P
1017
quingent-i:
-os: Ad 200
quinque (ac): P 410
quint-us:
-o (ab): Ad 938
quippe (3): Ht 389 538; P 362
quis (indef; see also **nequis, nescioquis, numquis,** and **siquis**; 27):
qua (ab): An 214(F) 214
quibus (ab): Hc 308

quid (ac): Ad 265(numquid=FU) 521(DU); An 41 235 642 950; E 272 889(DFT); Hc 267 272; Ht 269(nequid=FU) 429; P 56
quid (n): Ad 443 468(quicquam=DFT); An 325; E 630; Ht 82 (siquid=FU) 316 935; P 207 (aliquid=FT) 220 245(nequid=F)
quis: E 252 511; P 643(siquis=DFU)
quo: Ad 829(4); An 214(qua=F)
quis (int p; see also **nescioquis** and **quisnam**; 876):
quae (ac): Ad 35; An 183; Hc 97(quod=4); Ht 917
quae (ns): Ht 555; P 130
quem: An 453 749 801 862 962; E 294 650 651 676 948 975 977 1060; Hc 453(rel=T); Ht 192 202 405 530; P 390
quibus (ab): Hc 526
quid (ac; often adv in nature; quit=U sometimes; see also **quidni**): Ad 60 82 83 84 84 87 157 177 192 214 215 253 256 264(F) 276 323 323 325 326 330 343 350 388 400 404 431 433 448(quod(rel)=DF) 462 466 (4) 485 485 499 516 528 529 531 538 542 556 556 556 557 559 570 573(4) 584 611 611 619 625 642 646 656 656 656 662 665 677 679 693 700 702 702 726(4) 732 733 746 768 772 777 780 784 789 789 789 (913) 916 920 935 941 (946) 947(F) 949; An 34 50 88 88 112 112 114 134 137 139 139 143 170 170 184 184 201 209 241 252 258 259 264 267 301 311 315(DTU) 322 338 346 347 358 371 375 383 389 404 404 413 419 421 434 457 461 462 465 470 477 496 (numquid=F) 498 498 498 499 517 529 536 537 575 575 587 588 593 612 614 616 621 639 644 651 665 703(quod(rel)=DFT) 705 708 711 713 731 734 737 (746) 762 765 767 804 806 826 846 853 859 861 862 872 877 886 890 893 894 907 932 933 933 957 979 979 ae13; E 45 46 73 74 87 88 91 191 217 224 232 233 239 245 265 290 304 304 321 328(4) 334 338 339 366 369 370 378 378 411 418(4) 425 431 459 463 465 474 475 496 497 504 504 522 529(quod=4) 543 543 546(FT) 555 555 556 558 559 559 560 565 568 573 604 604 604 638 650 654 671 671 672 674(4) 690 705 711 720 725 748 777 795(quin=F) 797 798 804 811 811(F) 822 825 829 831 837 837 849 849 849 854 856 861 867 875 881 889(indef=DFT) 897 915 948 950 957 959 965 966 967 978(quod=4) 986 1004 1007 1007(om=F) 1008 1012 1015 1017 (quod(rel)=FT) 1025 1025 1034 1037 1044 1054 1081 1088 1089; Hc 28 78 132 138 176 192 206 (F) 236 293 306(T) 323 340 345 346 355 355 360 418 432 436 436 442 444 450 458 485 (F) 516 516 523 613 613 614 615 628 643 666 668 671 701 715 715 716 753 753 766 784 806 809 825 849(DU) 849(DU) 849(DU); Ht 47 61 62 83 94 95 118 173 182 188 192 192 200 247 250 255 255 303 311 317 317 331 333 335 341 343 349 380 404 458 462 469 494 518 529 532 543 563 579 585 591 595 602 605 607 610 611 615 619 622 627 631 642 655 657 661 674 674 684(F) 692 700 700(4) 701 702 716 720 734 801 818 831 846 847 851 859 864 871 882 885 886 891 894 896 900 907(4) 910 914(4) 924 935 937 938 947 950(quidem=4) 956 960 976 978 984 993 1017 1053; P 24 57 64 (4) 64 117 124 136 144 145 147 167 167 174 183 197 199 199 207 209 210 211 211 216 223 234 239 252 291 320 322 322 343 346 358 385 386 444 447 477 480(quidnam=F) 510 534 540 541 545 553 567 568 572 601 626 633 642 643 645 661 682 685 685 704 723 728 736 742(om=F) 743 754 755 755 788 790 792 798 799 800 801 813(4) 833 833 833(F) 846 873 882 901 935 938 940 946 948 980 991 995 996 1002 1004 1007 1021 1022

(qui id=DFT) 1025 1031 1035 1040
quid (n): Ad 133 175 177 210 261 261 266 281 288 288 323 324 325 373 374 429 465 543 544 557 622 638 644 649 652 678 678 690 707 730 768 801 (quod(rel)=DFT) 883 883 885 885 901 906 929 947(ac case=F) 984 996(quod(rel)=FT) 996; An 30 45 99 103 116 165 184 191 234 237 237 315 323 383 385 449 449 468 490 551 572 585 600 645 686(quidnam=FT) 704 709 721 732 741 745 745 791 843 849 860 867 937 941 947(U) 963 966 966; E 162 171 225 237 271 273 317 326 326 388 419 427 456 511 546 546(FT) 547 548 558 559 562 571 607 632 637 642 644 650 652 656(F) 659 726 747 786 793 804 821 826 833 910 910 944 947 950 978 981 986 1005 1007 1016 1026 1029 1072; Hc 97 143 157 181 246 300 314 323 356 357 430 452(F) 510 530 551 588 614 627 676 733 743 794 807 810 850(qui(adv)=F) 851 873 874; Ht 82 180 193 211 237 251(qui(adv)=F) 251 254 255 267 [321a](om=DFT) 332 349 404 558 562 569 597 613 616 620 620 662 676 676 715 718 719 719 738 739 743 758(om=F) 766 793 830 848 848 849 901 901 904 971 985(qui(adv)=F) 985 1000 1008 1066; P 58 61 75 93 100 121 122 133 137 156 177 184 219 257 320 343 389 411 444 503 577 610 690 694 748 749 762 779 780 806 810 811 812 816 852 924 941 990 995 1037 1048
quis (n): Ad 438 637 670 670 671 883; An 84 267 344 489 519 635 635 663(used adj) 686 702 748 783 872 956 965 970 974; E 86 228 353 676 [699](om=F) 730 804 823 960 976; Hc 748 848; Ht 174(DTU) 296 517 743; P 215 375 600 616 639 739 840 991
quo: Hc 527(4) 528
quoi (cui=U): Ad 149 330 671 854; E 577 983; Ht 685

(quoiquam=4); P 69 728(quo (adv)=DFU)
quoius (cuius=U): An 765(quoi (u)s=KL)
quos: Ht 363 1033
quisnam (sep=DTU; 28):
quemnam: An 845
quidnam (ac; sometimes w adv force): Ad 264(quid=F); An 234 592 686(FT; not sep=T) 724 858; E 923 955; P 480(F) 550 833(quid=F) 843
quidnam (n): Ad 87 305 537 721; An 321 449 457 489 580 686(FT) 954; E 911 1030; Ht 598
quisnam: Ad 788; E 545; Ht 174(F) 403 561
quispiam (5):
quapiam: E 873
quidpiam (ac; w adv force): An 438; Hc 349
quispiam: E 875
quoipiam: Ad 336
quisquam (93):
quemquam: Ad 38 85; An 245; E 96 201 324 961; Hc 342 805; Ht 912 977
quicquam (ac): Ad 127 178 257 366 397; An 91 196 336 434 863; E 153 200 243 749 800 862 884 904; Hc 200 486 512 706 765 878; Ht 554 559(F) 685 808 826 896 982 1005; P 80 142 490 993 1044
quicquam (n): Ad 85 98 468 (DFT) 528; An 458 874; E 935 1002; Hc 209 400 573; Ht 55; P 84 250 1009
quisquam: Ad 27 161 554 717 855 932; An 500 657; E 1 227 374 578 678 1032; Hc 67 293 835 861; Ht 224; P 99 279 302 392; P 764
quoiquam (cui-=U): An 178 425 626 716; Ht 81 685(4); P 348 887
quoiusquam (cuius-=U): Hc 64
quisque (12):
quaeque (ns): Hc 386 603
quemque: Hc 65 859(DT)
quisque: Ad 21 399; Hc 216 802; Ht 126 383
quoique: Ht 484(quom ei=F); P 454
quoi(u)sque: Ht 284

(143)

quisquis (26):
  quicquid (ac): Ad 222(sp=F) 590(sp=F)
  quidquid (ac): An 219; E 202 251 398 1070; Ht 873 961
  quidquid (n): Ad 153; E 548 819 966 980 990; Hc 324 463 669; Ht 84 648; P 246 251
  quisquis: Ad 321; P 196
  quoquo: Ad 342; E 1083
quivis (23):
  quaevis (ns): An 904
  quamvis: Ad 279(U); Hc (540)
  quemvis: Ad 123; Ht 470
  quidvis (ac): An 380 897 902; E 177; Ht 449 469 858; P 561 (quod vis=TU)
  quidvis (n): Ht 641 876
  quivis (ab): Ad 254
  quivis (n): Hc 61
  quodvis (ac): E 1057
  quoivis: Ad 862; Hc 296
  quovis: Ad 829(sep=4); An 718; Ht 135 687
quo (55):
  quo (causal; 7): Ad 680 825 825; An 429; E 737(FU); Hc 738; Ht 554 1018 (quod(rel n)=DT)
  quo (indef): Ht 212(DT)
  quo (int and rel; 38): Ad 186 190 716 780; An 343 399 606 708 722; E 124 238 350 363 379 463 555 651 662; Hc 194 495 496 516 859(DTU); Ht 312 312 488(DU) 586 586 587 588(F) 736 813 928(F) 946 968; P 111 216 489 608 626 641 728(DFU) 893
  quo (purpose; 10): Ad 270; An 197(in tmesis w minus) 472 700; E 28(qui(adv)=F) 96; Hc 630; Ht 127; P 104 878
quoad (2): P 148 462
quoadcumque: see quoquomque
quod (conj; rel value sometimes noticeable; 20): Ad 810; An 38 584 690 710 960 ae7; E 83 146; Hc 237 338 368 741(DFT) 781; Ht (54)(quom(temporal) =DFT) 59 133 910 911 959 1018
quodsi (2): An 258(F) 604(F); Ht 456(F) 724(sep=DTU); P 201(F) 738(sep=DTU)
quoi-us (cuius=U; adj; 5):

  -a (ab): An 772(FT)
  -a (ns): E 321; Hc 7b(DT); Ht 8
  -am: An 932
  -um (ac): An 763
  -us: Ht 996
quom (cum=U; uses frequently shade into one another; 144):
  quom (adversative; 2): P 23 340
  quom (causal; 22): Ad 18 34 139 918; An 121(sp=T) 394 488 623 771; Hc 230 261(F) 568 649 658 705; Ht 382 544 844; P 202 208 538(quod(n)=FU) 928 967
  quom (circumstantial; 31): Ad 254 262(DFT) 341 738 739 897 (946); An 18 242(FT) 309 331 422 655(D) 839 856 944 ae10 16(U); E 22 566 659 863 936 (sp=D); Hc 309 341 483 531; Ht 413 415 802 854 1023; P 132 265(cognoris=FU) 344
  quom (concessive; 5): Ad 166 534 823; An 394; E 243; Ht 807(D); P 733
  quom (explicative; 3): Ad 96 144; Ht 299
  quom (temporal; 75): Ad 299 354 384 668; An 1 152 160 362 424 517 545 883; E 47 52 310 333 342 345 498 510 522 551 634 725 792 838 933 1067; Hc 1 33 39 116 300 385 405 411 422 475 537 543 572 576 652 694 734 769; Ht 33 54(DFT) 262 318 385 448 484(F) 557 560 650 711 726 726 727 1017 1024; P 9 32 185 241 267 314 (F) 396 502 695 715(quoi(rel) =DTU) 815 822 839 848 912
  quom (w sup; 4): Ad 518; An 823; Hc 115; P 204
  quom (w tum; 2): An 96; P 187
quomodo (sep=4; 3): Ad 534 636; E 716
quomque (cumque=U; 9):
  quomque (4): An 63 263 736 (w ut=F); Ht 484(w quod=F)
  -quomque (5): Hc 130 608 859; Ht 578 578
quondam (2): E 246 585
quoniam (4): An 250; An 305 595; E 237

(144)

quopiam: E 462
quoquam (2): Ad 170; An 760; Hc 565(4)
quoquomque (2): An ae16(quo-[ad]cumque=KL; quom ad eum tuum=U); Hc 859(sep=DTU)
quoque (34): Ad 205 879; An 115 455 734 896; E 123 137 211 251 586 882; Hc 503 543 623 680 734 762; Ht 225 298 334 350 419 471 553 689 695 866 887 898; P 615 725(om=F) 858 877
quoquo (2): E 554; P 551
quor (cur=U; 50): Ad 61 61 62 62 234 (639) 672 703 748 751 778 799 799 800 903; An 48 103 134 299 375 384 518 581 635 660 747 853 886 886 887 952; E 87 436 465 523 535 898 964 1062; Hc 74 322; Ht 1 32 163 376 1047; P 401 620 797 805
quorsum (7): Ad 100; An 127 176 264(4) 361; E 155 306; Hc 193
quorsus: An 264(quorsum=4)
quot (quod=DT; 11):
- (ab): An 248(w modis=U)
- (ac): Hc 817 817; Ht 932; P 327
- (n): Ad 92 555; An 569; Ht 916; P 454 705
quotiens: Hc 60
quotmodis: see quot
quovis (2): Ht 588(sep=F) 928 (sep=F)

R

rabies: E 301
rap-io (8):
-e: An 861 862 862; P 882 985
-ere: Ad 3
-erem: Ad 319
-ui: Ad 628
rapti-o:
-one: Ad 356
raro (2): Hc 175 552
rast-ri (2):
-ros: Ht 88 931
rati-o (19):
-o: Ad 68; E 575; Ht 674; P 299
-one: Ad 670 855; E 62 63 322; P 298
-onem: Ad 208(F) 375 812; Hc 306; Ht 959 964; P 344
-ones (ac): Ad 208(-onem=F); E 869

-ones (n): Ad 836
ratiuncula (ab): P 36
rat-us (pa; 2):
-um (n): Hc 545
-us: P 951
reapse: see ipse(ipsa(ab))
recens: Ad 312
recept-o (2):
-as: Hc 743
-es: Ht 968
recid-o (return):
-ere: Hc 47
recip-io (19):
recepisse: An 224
recepissem: P 902
recepit: An 927
-e: Ad 324
-ere: E 898; Ht 567; P 464
-erem: P 826
-iat: P 462 606
-iatis: E 1085
-imus: E 1085
-io: Ht 1056
-is: Ad 799
-it: P 879
-itur: E 159 485
-iundum (sc esse): E 1072 1073
recta (5): Ad 433; E 87(om=D); Hc 372; P 112 859
rect-e (51):
-e: Ad 75 289 372 417 426 609 653 884 951 997; An 10 30 141 363 367 456 766 804 953 955; E 78 342 612 773 981 1084; Hc 355 399 531 559 862; Ht 152 159 196 228 518 538 581 588 653 996 996; P 189 398 689(om=4) 798 812 999
-ius: Ad 521 832 920
rect-um:
-a (ac): P 771
rect-us (12):
-a (ab): Ad 574 582; An 442 (FT) 600; Ht 706; P 310
-a (ac): An 309
-ius (n): Ad 920
-um (ac): Ad 99; Ht 327
-um (n): E 784; Ht 79 485
recurr-o:
-et: Ad 526
recus-o:
-are: Hc 295
redd-o (43):
-am (ind): Ad 849 982; An 703 864; E 277 1019; P 559

-am (subj): E 147 157; Hc 150
-ant: P 404
-as: Hc 669
-at: Ad 202 205 280; E 797
-atur: Ad 249
-e: E 796; Hc 559
-endum (est): Ht 792
-ere: E 746; P 336 538
-eret: An 479
-es: An 389
-et: Ad 280 981; P 320 704
-etur: Ad 279
-i: Hc 154
-ideras: Ht 330
-idi: Ht 760
-idisti: An 333
-idit: Hc 407 761
-it: P 56
-o: Ad 534; Hc 819; Ht 742; P 856
-unt: E 316; P 680
redduc-o (16):
-: Hc 605 654(sp=D) 698(sp=DT)
-am (subj): Hc 453 617 634 660
-as: Ad 830
-enda (ab): Hc 391 403
-ere: Hc 501 615; P 86
-ta (ab): Hc 665
-unt: An 559
redduxit: An 948
red-eo (89):
-eam: Ad 186; An 622; E 49 218; Hc 135 425; P 648
-eamus: E 811
-eas: Ad 776
-eat: An 190; E 503 535; Hc 262 280 452 588 630 774; Ht 1010; P 1029
-eo: Ad 196 549 757; An 137; E 634; Ht 719
-eundi (g): Hc 91 283
-eundum (sc esse): Hc 425
-eunt: E 158; P 201
-euntem: E 967
-eunti: An 359
-i: Ad 185 190 204 579 794; Ht 319 349 349
-ibat: Hc 172
-ibo: P 917
-iens (n): P 243
-ieris (ind): Ad 226
-ierit (ind): P 248
-ierit (subj): Ad 549 718; E 611; Ht 150; P 445

-iero: Ad 232 378(4)
-ierunt: An 799
-ii: Ad 795; P 802
-iisse: Ht 980 (-i[i]sse=KL)
-isses: Hc 289
-iit: Ad 26 35; E 593 663; Ht 113 359; P 147
-ire: Hc 265 285 494
-ires: E 533
-iret: Hc 268
-is: Hc 113
-isse: Ad 273; Ht 304 412 433; P 153 460
-isset: Hc 435; P 119
-isti: Hc 504
-it (perf): P 55 686
-it (pres): Ad 71; An 567; Hc 347; Ht 278 931; P 317
-ito (2): Ad 505
-iturum (esse): Ad 236
redig-o (7):
redactus (sum): E 238; P 979
-am (ind): P 966
-am (subj): Ht 946
-at: Ht 929
-e: P 383
-es: E 690
redim-o (2):
-as: E 74
-at: Ht 609
reditio: E 671
reduco: see **redduco**
re-dux (2):
-ducem: Hc 852; Ht 398
refell-o (3):
-endo (g ab): Hc 254
-es: P 132
-it (perf): P 401
refer-io:
-ire: Ad 567
refer-o (18):
-am (ind): E 385 719
-am (subj): E 911; P 728
-et: Hc 798(feret=FT; refert =U)
-etur: An 507(deferent=4); E 750
-o: Hc 29 38
-re: Ad 73; Hc 7 584; Ht 467 (sep=4)
-ri: P 337
-t: P 338 (see **refert** below for impersonal use)
-to (2): E 445
rellatum (esse): P 21

retulit: Ht 496(F); P 646 (sep=4)
refert (sep=4; 5) Ad 881; E 320; Hc 618 798(U) 810; P 723
reflecto:
reflexit: Ad 307
refrigesco:
refrixerit: Ad 233
regin-a:
-ae (n): E 168
regi-o (2):
-onibus (ab): E 1062; Ht 63
regn-o:
-as: P 405
regnum (ac): Ad 175
reg-o:
-ere: E 58
reic-io (3):
-iat: P 717
-ere: P 18
reiecit: An 136
reiectus: Ht 291
relev-o:
-abis: Ad 602(-aris=U)
-aris (ind): Ad 602(U)
relicu-om (2):
-i: Ht 193
-om (n): P 37
relicu-os (7):
-a (ns): E 240; Hc 587
-am: Hc 490
-om (n): Ad 346; An 25; E 996; Hc 570
religi-o (3):
-o: An 730; Ht 228
-one: An 941
religios-us:
-ae (n): Ht 650
relino:
relevi: Ht 460
relinqu-o (32):
relicta (est): Ht 603; P 357
relictae (sunt): Ht 243
relictam (sc esse): P 316
relictas (sc esse): Ht 247
relictis (ab): An 412; E 166; Ht 840
relictum (est): An 601; Ht 1021
relictus (es): E 286
relictus (est): An 154
-am (ind): Ad 498
-am (subj): E 141
-as: Ad 814
-atur: P 547

-ere: An 936
-i: P 74
-is: Ht 696
-it: Hc 174(4)
-o: An 210; Ht 140
-ont: Ht 461; P 72
reliqui: Ht 253
reliquisset: P 393
reliquit: Ad 10; An 744; E 120; Hc 174(-it=4) 458 463; Ht 602
relinqui-ae:
-as: Ad 444
reliquus: see relicuos
remed-ium (9):
-io (ab): P 824
-io (d): E 439
-ium (ac): An 468; P 185 200 616
-ium (n): Ad 294; Ht 539; P 617
reminiscor: Hc 385
remitt-o (8):
remiserim: P 929
remisit: Hc 187
remissa (ab): Hc 665
-as: An 827
-ent: Hc 349
-eres: Hc 498
-et: Hc 467
-is: Ht 70
remor-or (2):
-atus (est): E 302
-er: An 739
remov-eo:
remmotum (ac): Hc 22
-entur: An 516(F)
renumer-o:
-et: Hc 502
renunti-o (10):
-abo: An 431
-arit (ind): Ht 727
-ata (sint): An 499
-atum (est): An 501
-avit: Ht 661
-em (subj): Ht 859
-et: Hc 508; P 677
-o: An 508 594
re-or (2):
ratus (est): Hc 819
-bamini: P 901(DF)
-bar: Hc 581
repente (5): Ad 302 984; Hc 356 368(derepente=FT); Ht 23
repentin-us:
-o (ab): An 938

reper-io (30):
-i: An 680; Ht 339
-iam (ind): P 235
-iam (subj): P 192
-ias: Hc 58 200 288
-ient: P 234
-ies: Hc 843; P 179(FT)
-io: Ad 592
-ire: Hc 662; P 727 738
-iret: Ht 533
-iri: Ht 659
-is: P 179(-ies=FT)
repperi: Ad 860; E 168; Ht 112; P 522 889
repperisse: An ae14; E 204 931
repperisti: Ht 596
repperit: An 806 969; E 512 1001; P 823
repet-o (5):
-ent: P 695
-ito (3): P 664([re]petito–KL; petito=U)
-o: Ad 136; E 749
-or: An 249
reposc-o:
-ere: Ad 132
reprehend-o (4):
-ere: Ad 994
-i: Ad 623
reprehensum (sc esse): Ad 14
reprendit (pres): P 863(adprehendit=U; prendit=DFT)
reprendo: see **reprehendo**
reprim-o (5):
repressi: Ad 795
repressit: Ad 307
-am (ind): Hc 765; Ht (199)
-e: Ad 794
repudi-o (3):
-atus: An 249
-es: Ad 858
-o: An 733
repudium (ac; 2): P 677 928
reput-o (2):
-avit: An 442
-o: E 592
requiesc-o:
-ere: E 405
requir-o (3):
-am (ind): Ad 510
-e: P 309
-erem: P 881
r-es (377):
-: Ad 113 124 128 148 164 286 295 327(4) 499a(om=4) 515 592 733 775 809 830 860 881(4) 888 925 955; An 46 50 94 184 198 203 227 359 385 425 496(w tulit=F) 542 547 620 824 829 909 918 944 ael; E 11 42 172 233 241 258 309 320(4) 369 573 723 873 885 997; Hc 226 299 377 410 417(reapse=T) 537 618 (4) 625 667 705 721 741 778 (reapse=T) 782 785 797(TU) 810(4) 820; Ht 26(4) 75 86 109 266 289(arte=F) 442 467 (4) 505 634 636 669 763 798 (4) 824 932 940 947 982 1007 1009 1011 1013; P 225 271 291 444 461 476 646(4) 723(DFT) 786 889(reapse=T) 969 1014 1019 1021
-ebus (ab): Ad 36; An 294 412; E 166 245; Hc 227 308 601 631 702; Ht 840; P 791
-ebus (d): Ad 62 671; An 151; Hc 821; P 667
-ei (d): Ad 95 358 545 568 854; An 458; E 540; Hc 224 581; P 616
-ei (g): Ad 175 177 644 854; An 457; E [511](om=F) 652 804; Hc 807 810; Ht 55 226 (F) 743 830; P 145 271 421 748
-em (often w ob in U): Ad 185 186 220 258 272(DFT) 275 335 343 349 351 364 435 482 560 592 629 665 697 771 772 791 796 820 834 860 895 932 954 977 989; An 8 24 32 48 188 192 202 249 253 288 317 349 382 442(recta(ab)=FT) 448 546 619 663 723 727 789 837 862 873 ae6; E 119 131 138 145 148 180 513 513 536 621 631 742 745 783 821 826 896 907 924 982 1001; Hc 6 102 184 194 205 239 249 291 319 350 382 391 407 453 468 497 498 530 549 562 567 603 660 696 698 718 749 780 787 790 791 797(re=TU) 800 834 872; Ht 10 89 99 112 319 336 337 436 486 704 706 721 740 745 775 780 780 800 869 890 897 909 941 942 944 944 980 994 1006 1008 1023; P 153 178 184 241 313 393 418 449 467 481 526 550 560 704 715 718 772 798 861 861 864 930 1020 1025

-erum: Ad 695 765; An 911;
E 136 248 276 923; Hc 361 865;
Ht 215 225 247 267 269 364
876; P 317
-es (ac): Ad 262(F); E 348
1047; Hc 483 738 817 826; Ht
370 812; P 908
-es (np): Ad 302 605; An 287
(T); Hc 380 593; Ht 230 232
(D) 916; P 241 473 705 820
822
-es (ns): Ad (191) 206 233 267
298(F) 338 344 418 479 513
(643) 730 735 825 856 964·984;
An 287(T) 368 445 459 551
588 633 693 832 845 948 ae20;
E 57 97 268 312 361 439 469
658 705 748 759 800 979; Hc
160 225 266 298 375 395 546
606 774; Ht 60 113 158 251 282
318 354 357 359 388 490 564
666 679 689 695 702 742 805
851 851a(om=4) 931; P 28 55
69 171 446 458 479 588 631 678
686 831
resarc-io:
-ietur: Ad 121
rescind-o:
-i: P 456
rescisc-o (32):
rescierint (subj): E 387
rescierit (ind): Hc 262 519
-ant: P 819
-at: An 400; Ht 670; P 585
764
-ent: Hc 790 868
-ere: Hc 285 473 867
-erem: Ad 691
-eres: An 968
-eret: P 746
-es: Hc 208
-et: Ht 697
-o: Ad 546
-unt: Hc 867
rescisse: Ad 272(DFT)
rescissem: An 258(sp=F)
rescitum (est): Hc 287
rescitum (iri): Ad 70
resciverim: An 494
resciverit (ind): Ht 718
resciverit (subj): Hc 567
rescivi: Ht 99
rescivit: Ad 791; An 340; E
954; Hc 190; P 952
rescrib-o:
-i: P 922

resip-io:
-isse: Ht 844
resipisco: An 698
resist-o (2):
-e: An 344
-is: P 850
respect-o:
-as: Ad 157
respic-io (13):
-e: An 417 975; P 434 740
-ere: Hc 772
-iat: Ad 932
-iet: Ad 353(-it=4)
-io: E 342; P 863
-is: Ht 70 919
-it: Ad 353(4)
-iunt: An 642; P 817
respir-o:
-a: Ht 241
respond-eo (35):
-e: Ad 180 798 849(DFT); E
370 792; P 255 375 1042
-eam: Ad 485; E 153; Ht 224
-eas: P 212 280 379
-eat: Ad 516; An 7 419; E 692
810; P 992
-ebo: Hc 516 628
-eo: Ht 610; P 1044
-ere: P 19
-es: Ad 499 641; An 743 849
(-e=DFT); E 152; Hc 706; P
684 992 1037
responsum (esse): Ht 859(sc
esse)
respons-um (2):
-um (ac): E 6; P 16
-um (n): An 698
restingu-o (2):
-as: P 975
-et: E 69
rest-is (2):
-im: Ad 752; P 686
restit-o:
-as: E 668
restitu-o (12):
-am (subj): E 147
-as: An 619
-entur: Ad 120
-ere: E 746
-erem: Ht 492
-eris (ind): An 570
-es: Hc 291
-e: An 681
-i (ind): Hc 21
-i (inf): P 451

-it (perf): P 33
-o: Hc 818
rest-o (19):
-abat: P 85
-ant: An 195
-are: Ad 445
-as: Ht 1009
-at: Ad 190 357 947; An 166 940 947; Hc 300; Ht 1066; P 587 831
-et: An 981; Hc 587
restiterim: E 303
restiti: E 337
restitisse: An 433
resupin-o:
-at: P 863
rete: P 330
retic-eo (3):
-e: Ht 85
-ere: Ht 320
-uit: Ad 405
retin-eo (11):
-e: Ht 403; P 982
-eam: P 507
-eat: P 864
-endi (g): E 620; Hc 255; P 176
-ere: Ad 58; P 175
-es: Ht 376
-et: P 188
retrah-o (2):
-am (subj): Ht 678
-ere: P 2
retro: Ht 902
retund-o:
-am (subj): Ht 946
rever-eor (3):
-eatur: Hc 630
-eri: P 233
-ituras (sc esse): Hc 290
revertor: see revortor
reviso (2): An 404; E 923
revivisc-o:
-et: Hc 465
revoc-o (4):
-ari: P 848
-at: E 49
-emus: Ad 320; P 195
revolvo:
revolutum (esse): Hc 691
revort-or (7):
-antur: Ht 340(-atur=DFT)
-atur: Ht 340(DFT)
-ere (ind): E 219
-i: Ad 525
-or: An 485 740; Ht 68 122

re-x (6):
-gem: E 408; Ht 117; P 70
-gi: P 338
-x: E 397 401
Rhamnusi-us:
-um (ac): An 930
Rhodi-us (3):
-o (ab): E 498(used subs)
-um: E 420(used subs)
-us: E 423
Rhod-us:
-i (loc): E 107
rid-eo (8):
-eant: E 249
-eas: P 341
-endo (g ab): E 1008
-eo: Ad 548
-es: E 497 1007 1017
risisti: Ht 886
ridicule: Hc 668
ridicul-um (2):
-o (d): E 1004
-um (n): P 901
ridicul-us (7):
-um (ac): An 371
-um (n): Ad 676; An 474 712; E 452; Ht 353
-us: E 244
rim-a:
-arum: E 105
ring-or:
-itur: P 341
risc-us:
-o (ab): E 754
ris-us (2):
-u: E 432
-us (ac): Ht 373
rival-is (subs; 3):
-em: E 1072
-is (g): E 268
-is (ns): E 354
rogit-o (21):
-abam: An 84
-abit: Ad 527
-ando (g ab): E 554
-are: E 209; Hc 527(F)
-as: Ad 558; An 828; E 366 675 794 897 948 1008; Hc 526; Ht 251 631; P 156 257
-ato (2): Ht 943
-es: An 749; E 659
-o: Ad 619
rog-o (55):
-a: E 692; Hc 558
-abit: Ad 539; P 319
-abo: P 727

(150)

-amus: P 93
-are: E 266; Hc 527 (rogitare= F); Ht 304(orare=F)
-as: Ad 82 288 665 773; An 163 184 267 762 909; E 326 436 574 653 720 837; Hc 668; Ht 246 454 532 780; P 574 704 915
-asse: Ht 978
-at: Ad 776 882(F); E 618; Hc 390 831
-avit: P 836
-em: An 749 850; Ht 1008; P 828
-es: An 637
-et: An 258; E 511
-o: An 124 358 751 753 764; E 341; Hc 106; Ht 935; P 684 863
rubicundus: Hc 440
ruf-us (2):
-am: Ht 1061
-us: P 51
rum-or (4):
-or: An 185; Hc 39; P 911
-ores (ac): Ht 16
rump-o (2):
-ere: E 550(F) 996
-eret: Hc 435
ru-o (3):
-as: Ht 369
-at: Ht 719
-erem: Ad 319
rursum (17): Ad 71 135 579; E 61 251 634 707 712; Hc 291 315 689; Ht 713 756; P 538 836 922 950
ru-s (29):
-re: Ad 542(-ri=4); E 611 967 971; Hc 190
-ri (loc): Ad 45 95 401 542(4); Hc 215; P 250 363
-s (ac): Ad (401) 433 436 517 523 560 840; E 187 216 519 533 629; Hc 175 224 586 589 610 629
rustic-us (adj; 2):
-a (ab): Hc 23
-o (ab): Ht 142

S

sacellum: Ad 576
sacrifico: see **sacrufico**
sacrilega (v): E 829
sacrileg-us (adj; 2):
-a (ac): Ad 304
-um (ac): E 419

sacrileg-us (subs; 3):
-o (d): E 911
-um: E 922
-us: Ad 265
sacrufic-o:
-andi (g): P 702
saeclum (ac; 2): Ad 304, E 246
saep-e (27):
-e: Ad 60 380 688 823; An 374; E 258 285 308 400 429 873; Hc 89 308 487 651; Ht 114 539 666 725 796; P 276 324 365 757
-ius: Ad 113; Hc 187; P 328
saevidic-us:
-is (ab): P 213
saev-io:
-i: An 868
saeviti-a:
-am: E 854
saev-os (2):
-am: P 744
-os (n): Ad 866
sal-:
-em: E 400
salign-us:
-is (ab): Ad 585(F)
salsament-um:
-a (n): Ad 380
sals-us (pa):
-um (n): Ad 425
saltem (10): Ad 249; An 257 313 328 494; E 182 640; Ht 379; P 233 443
salt-o:
-abis: Ad 752
sal-us (9):
-us (n): Ad 761(cap); E 940 (-ti=DFT)
-us (v): Hc 338(cap)
-ute: Ad 519; E 270
-utem: Ad 300; An 319 482 672
-uti: E 940(DFT)
salut-o (4):
-ant: E 259
-are: Ht 379(FT)
-atum (sup): P 311
-em: Ad 446; Ht 379(-are=FT)
salve: E 978(salvae(n)=F)
salv-eo (33):
-e: Ad 461 883; An 267 267 318 318 802 846 ae12; E 304 455 560 850; Hc 82 82 83 353 455 456 731 732 855; Ht 406 406 427; P 254 254 286 287 609(DFT) 609

(151)

-ere: Ad 460
-ete: An 800; E 1061
salv-os (30):
-a (ab): E 258
-a (ns): Ad (643); E 268; Hc 353; Ht 663
-ae (n): E 834 978(F)
-am: Hc 259 643
-as: P 576
-om (ac): Ad 80; E 976; Hc 353 457 464; Ht 160 407 941; P 255 286 482 610
-os (n): Ad 298 411 890; An 802 906 973; Hc 434; Ht 150; P 555
Sami-us (adj):
-a (ns): E 107
sancte (2): Hc 61 268
sanct-us (pa; 2):
-as: Ad 899
-ius (n): Hc 751
sandal-ium:
-io (ab): E (1028)
sane (36): Ad 371 417 580 586 587 687(om=4) 745 775 783; An 195 229 848; E 89 361 607 785 981; Hc 143 178 193 (331) 459 636; Ht 55 522 524 538 581 588 832 872; P 542 667 920 999 1029
Sang-a (2):
-a (n): E 776
-a (v): E 814
sangu-is:
-ine: E 779
Sanni-o (5):
-o (n): Ad 276; E 780
-o (v): Ad 210 220 240
san-us (11):
-um (ac): Ad 748
-us: Ad 336 937; An 749 912; E 556 559; Hc 493; Ht 707 986; P 194(om=F) 802
sapiens (adj): P 1046
sapi-ens (subs; 3):
-ens: P 403
-entem: E 789
-enti: P 541
sapienter (3): Ad 953; An 67; E 416
sapienti-a (4):
-a (ab): Ad 427; Ht 115(DT); P 247
-a (n): Ad 394
-a (v): Ad 769(cap)

sap-io (21):
-ere: Ad 386 827 850; E 782 791; Hc 608; Ht 324 923
-ias: Ht 379 594
-ies: Ht 748 871
-iet: Ad 565
-imus: Ad 832
-is: Ad 706; E 76 721 969; Ht 323
-it: Ht 507
-iunt: P 335
sat (see also **satis**; uses listed thus for convenience; 24):
sat (adj; 10):
- (ac s): Ht 718
- (ns): Ad 834; An 170; E 706 736 810(4); P 211 541 604 768 797
sat (adv; 11): Ad 339 360 526 621 835; An 475 611 647; E 300(F) 487; Ht 996; P 636
sat (subs; ac; 4): An 335 705; E 485; Hc 236; Ht 225(4)
satag-o:
-it: Ht 225(sat agitat=4)
satias (2): E 973; Hc 594
satiet-as (2):
-as: E 403
-atem: P 834
satis (see also **sat**; uses listed thus for convenience; 109):
satis (adj; 15):
- (ab p): An 131
- (ac p): Ad 810; Ht 940
- (ac s): Ht 198
- (gs): Ht 337
- (ns): An 705 903; E 810(sat-[is]=KL; sat=4); Hc 783; Ht 641; P 211 683 724(sat[is]=KL) 856 1047 1047(F)
satis (adv; 77): Ad 184 239 256 309(DFU) 329 374 402 439 459 544 621 774 893 937; An 91 150 230 503 664(om=F) 673 692 749 804 820 820 914; E 85 208 476 547 559 577 603 661 703 704 729 851 (978) 1010 1051 1085; Hc 162 204 234 257 493 (F) 556 594 645 656 877; Ht 71 153 439 439 523 617 617 707 723 729 770(F) 981 986 1066 (4); P 110 196 210 256 337 338 523 628 636 802 811 818 915 968 1047
satis (subs; 7):
- (ac): Ad 313; An 710 821

- (n): An 138; Ht 920; P 436 1029
satius (adj; 9):
- (ac s): Ad 58
- (ns): Ad 29 234; An 307; E 772; Hc 730; Ht 475 969; P 956
satius (adv): Ad 309(satis= DFU)
satrapes: Ht 452(-a=4)
sat-ur (3):
-ur: Ad 765; Hc 769
-ura (ns): Hc 769
savium (v): E 456
saxum (ac): E 1085
scaenic-us (2):
-am: Hc 16
-os: Hc 45
scapul-ae:
-as: P 76
scelerat-us (pa; 2):
-um (n): Ad 553
-us: An 159
sceleros-us:
-um (ac): E 643
scelest-us (10):
-a (v; used subs): E 817 832
-am: E 71
-e (used subs): An 790; E 668; Ht 312
-um (ac): E 709 944
-us: Ad 159; Ht 970
scel-us (21):
-era (ac): Ad 228 304; An 786
-era (n): An 558
-eris: E 326; Ht 956
-us (ac): Ad 314; P 978
-us (n): An 607 844; E 645; Ht 887
-us (v): Ad 768 774; An 317 665; E 941 1018; Ht 315 740; P 1000
sci-ens (pa; 13):
-ens (n): Ad 711; An 508 775; E 72 641; Hc 580 880; Ht 468 1050
-entem: Ht 468 873; P 237 660
scilicet (24): Ad 729 751 791 (DF) 811 839 874; An 185 950; E 185 346 401 676 1040; Hc 467 669; Ht 312 358 647 705 792 856 892; P 132 695 792
sc-io (276):
-iam (subj): Ad 516 641; An 235 695 791; E 921; Hc 324 425 536; Ht 84 529; P 443

-ias: An 95; E 355; Hc 584; Ht 307(T) 449 599 764 770 (satis=F) 897; P 1043
-iat: Ad 636; Hc 576(U); Ht 411; P 261 463 845
-ibam: E 1004; Hc 16; Ht 309; P 582
-ibas: E 700
-ibat: E 113; P 529
-ibis: E 805; Ht 996
-ibit: P 765
-ibo: Ad 361 780; E 726; Hc 246
-ient: Hc 868
-ies: An 116 536 585; E 663; Ht 95 331 612 972; P 58 995
-iet: Ad 83(D); Hc 576(-iat= U); P 584
-imus: An 520; E 111
-io: Ad 161 225 250 256 339 360 486 526 542 570 581 648 667(hauscio=F) 680 704 723 725 821 931; An 281 346 347 348 352 365 469 503 506 525(hauscio =F) 611 614 653 658 659 664 (om=F) 669 703 764 838 929 934 964 966 976; E 73 199 300 (F) 350 405 487 543 567 628 718 761 818 867 878 889 969 1062; Hc 192 204 206(F) 208 217 234 243 247 279 290(scito (2)=FT) 350 398(aio=F) 465 468 470 487 520 569 656 701 756 788 812 850 851 877 877; Ht 71 176 190 230 254 327 377 396 627 632 687 752 850 874 957 999(hauscio=F) 1044; P 73 110 137 148 181 213 507 539 541 564 588 618 636 774 (hauscio=FT) 793 953 980
-ire: Ad 154 548 555 828(-ires =TU; seiris=D; siris=F); An (53) 337(-iri=4) 859; E 133 478; Hc 7c(DT) 111 395 553 868 873; Ht 9 87 116 433 890 1033; P 354 356 807 809
-irem: An 414; Hc 750; P 733
-ires: Ad 828(TU); Hc 533; Ht 307(-ias=T)
-iret: An 402 578 793
-iri: An 337(4) 922; Ht 279
-is: Ad 215 402 581 726 996; An 37 302 352 511 565 575 655 659; E 127 308 338 351 437 722 744 790 800 952 1016 1035 1036 1036 1063; Hc 235 753;

Ht 181 237 297 494 529 738
748 820 1010; P 111
-isse: Ad 272(rescisse=DFT)
857; E 34
-issem: An 808; Hc 222
-isti: P 79
-it: Ad 471; E 374 986; Hc
797; Ht 196 222 229 747(hauscit
=F)
-ito (2): E 877; Hc 67 290
(FT)
-ito (ab): P 584 1003
-itu: Hc 296
-iunt: Ad 125; Hc 360 868; Ht
642; P 334
-ivi: E 359; Hc 541 641
scirp-us:
-o (ab): An 941
Scirt-us:
-e: Hc 78
sciscit-or:
-ari: E 548
scite (3): Ht 729 764 785
scit-us (pa; 5):
-a (ns): P 110
-um (ac): E 254
-um (n): Ht 210; P 821
-us: An 486 (in tmesis w per)
scopul-us:
-um: P 689(4)
scort-or (2):
-ari: Ad 102; Ht 206
-atur: Ad 117(F)
scortum (ac; 2): Ad 965; E 424
screatus (ac): Ht 373
scrib-o (19):
-am (ind): P 127
-at: P 3
-endo (g ab): E 7
-endum (g): Ad 25; An 1
-ere: Ad 16; E 36; Hc 56
-eret: Hc 27
-ito (3): P 668
-undis (ab): An 5
-unt: Ht 43
scripserit (subj): Hc 7a(DT);
Ht 7
scripsit: E 10; Hc 6; Ht 15;
P 6
scripta (sunt): An 283
scriptam (sc esse): P 329
scriptur-a (4):
-a (ab): P 5
-a (n): Hc 13
-am: Ad 1; Hc 24

scrupul-us (4):
-um: Ad 228; P 954
-us: An 940; P 1019
sect-or (3):
-ari: E 262; P 7 86
-er: P 408
secund-a:
-is (ab): An 975
secund-o:
-are: Ad 994(DU)
secundum (prep): E 1090
secund-us (4):
-a (ns): Ad 345
-ae (n): Ad 605; Ht 230; P 241
secus (3):
secus: Hc 278; P 438
setius: An 507
sed (set often in U; 242): Ad
40 78 142 202 208 252 262(F)
272(F) 320 361 387 410 438
500 531 553 569 572 586 598
603 623 637 677 684 703 712
720 765 825 890 903 923 988
992 996; An 6 11([s]et=KL;
et=DF) 33 43 76 165 174 186
204(om=F) 226 234 259 265
277 299 310 321 327 338 343
379 397 403 448 462 467 491
504 507(om=F) 526 547 575
587 605 610 622 639 682 700
721 737 741 800 886 907 962
966 ae8 9; E 33 79 97 99 124
142 213 217 228 250 265 267
273 289 304 359 395 421 434
499 553 607 609 642 666 720
724 733 738 761 788 848 878
913 969 974 990 1006 1020 1029
1050; Hc 81 97 101 103 107 120
148 155 158 221 248 272 277
290 304 369 385 397 407 428
467 477 521 529 536 544 564
616 622 643 668 725 743 753
758 769 806 814 854; Ht 13(si=
DFT) 82 101 107 111 131 168
173 (199) 231 236 256 358 369
375 426 476 518(om=U) 524
526 555 578 629 648 656 688
771 790 820 826 870 875 882
898 941 950 1018 1023; P 50
57 83(F) 149 177 192 215 221
252 254 256 273 285 296 464
472 531 540 541 546 560 575
600 601 607 631 654 764 795
797(F) 827 833 840 844 852

855 858 875 891 921 1015 1022 1054
sedecim (3):
- (ac): E 526 693
- (n): E 318
sed-eo (4):
-emus: P 91
-eo: Hc 802
-ere: Ad 672
-et: E 583
sediti-o:
-onem: An 830
sed-o (2):
-abit: Hc 32
-atum (est): Ad 774
seduc-o:
-it: Hc 144
sedulo (22): Ad 50 144 251 413 426 962; An 146 597 614 679; E 138 362; Hc 63 578; Ht 126 396 1038; P 228 (428) 453 615 1001
segniti-a:
-ae (d): An 206
segreg-o (6):
-anda (est): Hc 480
-ant: Ht 386
-arit (subj): Hc 796
-ata (est): Hc 789
-atum (ac): Hc 752
-es: An 291
semel (4): Ht 208 392 478; P 902
semot-us (pa):
-ae (n): An 285
semper (35): Ad 45 294 495 607 633 856 863 963 978; An 33 35 175 293 574 766 809; E 89 366 384 397 449 801 1060; Hc 422 860; Ht 37 184 197 396 812 951 967; P 42 243 743
sempitern-us:
-am: An 959
senecta (ab): Ad 954
senect-us (7):
-us: Ad 833; Ht 521; P 575 1023
-utem: An 887; P 434
-uti: Hc 119
sen-ex (adj; 5):
-em: Ad 562; E 357; Hc 118
-ex: An 221; Hc 171
sen-ex (subs; 78):
-e: E [1010a](om=4); Ht 255 759
-em: An 899; E 39 298 967;

Hc 10; Ht 416 513 535 545 706; P 67 147 285 316 321 477 595 599
-es (ac): Ht 214 419; P 682 885
-es (n): Ad 23; E [1010a] (om=4); P 71 1010
-ex (n): Ad 457 761 768; An 819 855; E 688 1000 1003; Hc 76 123 174 189 621; Ht 37 197 409 670 690 697 711 746 1000; P 215 268 346 365 546 1023
-ex (v): An 788
-i: Ad 314 364 906; An 209 369; Ht 1 39(mihi=4) 43 1002 (om=U); P 76
-ibus (ab): P 832
-ibus (d): Ht 419; P 65 837
-is (g): An 207 373; P 63 189 323 865
senium (ac): E 302
sens-us:
-um: Ad 533
sententi-a (26):
-a (ab): Ad 65 371 420 959; Hc 312 462 872; Ht 683 765; P 256 335 949(inconstantia=4)
-a (n): Ad 515; E 224; Hc 75 569 637; Ht 166
-ae (g): P 444
-ae (n): P 454
-am: An 207 393; Ht 219; P 483 619 1043
sent-io (54):
senserim: Ht 554
senserit (ind): Ad 362; An 213; E 55; P 205
sensero: Ad 164 196
sensi: Ad 623 894; An 173 470; E 634; Hc 366 369; Ht 455
sensisse: An 470; Ht 860
sensisti: E 164; Hc 316 389 560(sen[si]sti=KL; sp=4); Ht 495
sensit: Ad 1 568(F); An 690; E 137; Hc 522 638 695
sensti: An 882
-iam (subj): Hc 658; Ht 1032
-iant: Hc 397; Ht 511
-ias: An 310; P 171
-iat: An 403; Ht 468 860 925
-iet: Ad 139; E 66; Ht 488 752
-io: Ad 430 546 853; An 436; E 71 438; Hc 315 328; P 632
-it: Ad 568(sensit=F); An 324

sent-us:
 -um (ac): E 236
seorsum: Ad 971
sepelio:
 sepultus (sum): P 943
septem (ab): E 332
septimus: Hc 394
sepulchrum (ac): An 128
sequ-or (37):
 secuti (sunt): E 346
 secutus (sum): Ad 43
 -ar (ind): Ad 499a(om=4); An 171 819; P 461
 -ar (subj): Ad 248
 -atur: E 554
 -ere (imp): Ad 280 609; An 467 978; E 390 714; Hc 879; Ht 664 743 832; P 765
 -erere: E 735
 -i: An 811; Hc 327 481
 -imini (imp): E 506 772 816; Hc 793; P 355
 -imur: An 128
 -itur: E 549; Hc 649(4); P 988
 -or: Ad 280; An 414 467; E 328 908; Hc 879
seri-a:
 -as: Ht 460
serio (4): Ad 975; E 393 528; Ht 541
seri-us:
 -am: E 513
serm-o (7):
 -o: Hc 482 859
 -onem: E 516 622; Hc 607; P 869
 -ones (ac): Ht 242
sero (2): Ad 272; Ht 344
servatrix (v): Hc 856
serv-io (9):
 -iat: Ht 32
 -ibas: An 38
 -ibo: Hc 495
 -iebat: P 83(sp=F)
 -iens (n): Hc 224; Ht 139
 -ire: Hc 51; Ht [50]
 -ivit: E 1027
servit-ium:
 -io (ab): An 675
servit-us (2):
 -us: An 36
 -utem: P 653
serv-o (27):
 -a: Ad 172 487; An 416 473; E 1049; Ht 845; P 212

 -abo: An 298
 -andi (g): An 541
 -andum (g): Ht 655
 -andum (sc esse): E 903
 -are: Ad 762; E 904; Hc 402; P 539
 -aret: Ht 535(versaret=DF)
 -as: Ht 592
 -at: An 212; E 780
 -ato (2): E 903
 -avi: An 141
 -em: An 280
 -es: Ad 241 845; Hc 786; Ht 1040
 -et: P 807
servol-us (7):
 -orum: Ad 27 480(servorum=DTU)
 -os: An 83
 -um: Ad 566; Ht 191 471 530
serv-os (23):
 -i (g): Ht 886
 -i (n): Ht 124
 -is (d): Hc 565
 -o (ab): An 37
 -o (d): An 609; Ht 31
 -om: Ad 886; E 36 39 268 486 863; Hc 332; P 292(used adj)
 -orum: Ad 480(DTU); An 583
 -os (ac): Ht 65(-i(n)=U) 142; P 982
 -os (n): Ad 893; E 571; Ht 37 515; P 295
servulus: see **servolus**
sescent-i:
 -as: P 668
set: see **sed**
setius: see **secus**
seu (see also **sive**): An 294
severitas: An 857(veritas=DT)
severus (2): E 277; Ht 1023
sex (4):
 - (ab): Ad 396; E 332
 - (ac): An ae21; E 277
sexagensum-us:
 -o (ab): Ad 938
sexaginta (ac): Ht 62
si (see also **siquis**; 425): Ad 28 29 32 71 94 103 106 107 127 133 135 137 145 154 171 176 178 181 184 184 192 202 205 217 232 239 255 273 282 299 339 340 347 357 362 383 439 458 476 504 512 514 524 531 549 554 565 594 595 601 601 603 663 690 706 708 733 737 740

741(T) 744 753 761 766(sis)
770 807 817 851 880 934 945
950 969 989 992; An 41 112
142 150 158 164 175 196 200
208 210 213(ei(d)=F) 213 216
(4) 237 244 249 258(quodsi=F)
276 292 310 315 316 322 327
341 372 376 379 397 411 430
440 458 478 494 528 531 546
547 549(om=DU) 568 569 572
604(quodsi=F) 611 637 651 652
667 671(om=D) 673 687 691
692 695 699 700 728 752 755
773 790 808 827 860 863 866
896 914 920 961 973 ae5; E 1
18 27 35 43 49 51 61 63 75 76
106 117 139 160 176 223 251
263 299 312(sic=FTU; est=D)
355 369 382 388 404(DT) 410
437(siquando=FU) 438 441(DT)
443 479 485 501 502 503 524
526 536 545 567 596 638 639
647 662 672 721 740 742 768
799(sis) 800 838 853 862 865
875 888 889 891 902 904(F)
919 924 990 1056 1058 1064
1067 1071; Hc 24 32 49 76 78
79 102 112 129 181(DT) 204
222 249 252 257 262 266 279 289
306 321 326 330 349 387 387
389 395 397 412 425 434 442
471 493 501 509 519 525 548
552 554 558 567 571 604 609
(sic=FT) 617 635 648(4) 655
682 709 718 724 736 739 750
756 765 775 779 796 843; Ht 13
(DFT) 45 [48] 74 82(siquid
(n)=FU) 105 107 136 157 161
170 202 217 230 238 295 316
317 334 336 338 369(sis) 374
(sis) 379 383 391 433 438 452
456(quodsi=F) 466 478 525
547 556 594 599 609 618 627
631 632 634 652 659 660 666
670(F) 672 676(om=DFT) 676
696 698 718 719 719 724(DTU)
748 764 770(sic=F) 797 865 871
889 911 918 930 939 941 950
972 995 1008 1024 1031 1032
1033 1035 1051 1054; P 9 13 20
29 59(sis) 115 119 142 171 181a
(om=4) 197 201(quodsi=F) 205
207 210 211 248 270 295 301
314(om=F) 319 320 336 347
359 362 379 (387) 393 400 409
433 438 448 490 514 523 527

532 535 543 582 586 604 605
627 629 637 643(siquis=DFU)
645 656 661 675 693 699 717
724 738(DTU) 775 806 825 856
898 911 924 933 937 975 994
1023 1041

sic (see also sicin; 90): Ad 68
68 83(F) 133 169 182 305 398
426 448 454 554 655 786 920
923; An 62 110 175 180 301
387 499 554 554 588 758 804
919 958; E 5 14 279 312(FTU)
408 558 564 573 595 602 655
719 833 953 992 1058 1065
1066; Hc 288 379 460 526 598
609(FT) 845; Ht 80 92 167
242 431 458 463(ita=FT) 467
523 607 628 676 676 677 770
(F) 985 1014; P 12 70 141 145
211 211 211 303 316 320 450
479 527 528(4) 614 621 801
813 814 948 985 1006 1027

sicin (7): Ad 128; An 689(sicine
=DTU); E 99(sicine=4) 804
(sicine=4); Ht 166 (sicine=KL)
691(sicine=4); P 528(sic=4)
sicine: see sicin
sicubi: E 403
sign-um (13):
 -a (ac): E 112 767 808 914
 -a (n): Ad 822; An 482
 -i: E 628; Hc 236
 -um (ac): An 878; E 781
 -um (n): An 366; Ht 120 298
silent-ium (6):
 -io (ab): E 44
 -ium (ac): Hc 29 55; Ht 36; P 30
 -ium (n): Hc 43
sil-eo:
 -etur: P 778
silesc-o:
 -unt: Ad 785
silicernium (v): Ad 587
Simalio (v; 2): E 772 775
simile (2): Hc 140; Ht 1020
 (similis(ns)=DFT)
simil-is (17):
 -e (ac): Ht 802
 -e (n): Ad 96; An 225; E 334;
 Hc 399; Ht 551 990; P 954
 -i (ab): P 31
 -ia (ac): E 468; P 264
 -ia (n): Ad 627
 -is (ns): Ad 411; E 313 496

(simius=F); Hc 202; Ht 1020 (DFT); P 501
simius: E 496(F)
Sim-o (9):
-o (n): An 789 907
-o (v): An 41 503 820 846 894 908 914
simpl-ex:
-ici (ab): Ht 6
simul (24): An 87 159 511 515 539 812; E 241 250 493 599 602 613; Hc 367(om=D) 575 611 792; Ht 112 176 803 907 943; P 65 570 823
simulatio: Ht 782
simul-o (13):
-abar: E 606
-ant: An 472; Hc 188
-are: Ad 734; Hc 826; Ht 636
-ares: Ht 782
-as: An 48
-at: An 375; Hc 184
-ato (2): Ht 943
-avi: An 588
-etur: Ht 901
simult-as:
-atem: P 232
Simul-us (2):
-o (d): Ad 352
-um: Ad 465
Simus: Ht 498
sin (15): Ad 492 515; An 165 210; E 104; Hc 255 502 559 637 780; P 116 492 584 825 925
sincere: E 177
sine (34): Ad 21 332 694 759 871 936; An 66 179 391; E 637 714 732 779 790 928 929 929 1044 1076; Hc 390 795 823 853; Ht 30 288 314 328 339 448; P 168 169 499(FT) 757 761 854
singulatim: P 1032
sinist-er:
-rum (ac): E 775
sinistr-a (2):
-am: Ad 582; E 835(sinist[e]-ram=KL)
sin-o (62):
seiris (ind): Ad 828(D)
siit (perf): Ad 104
-am (ind): Ad 168; Hc 590; Ht 91 378
-am (subj): An 271 274; Hc 853
-ant: Hc 565

-as: Ht 317 470
-at: An 396; E 963
-e: Ad 321 815; An 153 622 900 900 901 925; E 65 124 151 185 283 381 739; Hc 600 707 744; Ht 90 317 378 861 947 1050; P 238 420 515
-emus: Ht 1051
-ere: Hc 46
-erem: Ad 396
-eres: Ad 108 395
-es: P 517
-is: Ad 97
-it: An 624; Ht 666
-ite: Hc 10 52
-ito (2): Ad 377
-o: Ad 996; An 895 901; Ht 318 637 947; P 294
-unt: Ht 388; P 292
siris (ind): Ad 828(F)
sivi: An 188
sin-us (2):
-u: Ad 709
-um: Ht 563
siquando (sep=DT; 3): E 404 437(FU) 441; Hc 181
siquidem (14): Ad 976 979; An 465; E 50 182 446 717 828 1019; Hc 560; Ht 324 331 331; P 302
si-quis (sep=DT; 43):
-qua (ns): E 315(F)
-quae (ns): E 315(-qua=F); Ht 44
-qui (ab): Ad 521(si quid(ac) =DU)
-quid (ac): Ad 115 372 434 539 895 941; An 159 333 504 712 713 713; E 594 1056; Hc 253 429; Ht 555 872; P 230 553 553 688 981
-quid (n): Ad 547(sp=U); An 678 737 981; Ht 82(FU) 355 551(sep=D); P 227 440
-quis: An 192 258; E 4; Ht 152; P 12 51 56 273 643(DFU)
-quoi (cui=U): P 579(sep= DTU)
sis (si vis): see **volo** (vis)
sist-o:
-ere: Ad 613(U)
sit-us (pa; 9):
-a (ns): Ad 344 455; E 754; P 97
-ae (np): Ad 331; P 470
-as: An 33

-um (n): An 276
-us: Ht 997a(om=4)
sive (4): An 190 216(si[ve]= KL; si=4) 216 293
sobrīn-us (2):
-um (ac): P 384
-us: An 801
sobri-us (6):
-am: E 703
-um (ac): Ad 95
-us: An 778; E 479 728; Ht 707
socc-vs:
-os: Ht 124
socer (2): An 792; Hc 770
soc-ius (subs):
-ium: Ht 418
socordi-a:
-ae (d): An 206
so-cors:
-cordem: Ad 695
socr-us (4):
-us (ac): Hc 277
-us (np): Hc 201
-us (ns): Hc 705 748
sodalis: Ad 708
sodes (15): Ad 517 643; An 85; Hc 358 753 841 844; Ht 459 580 738 770; P 103 741 793 921
sol-:
-e: Ad 585(om=F)
sol-eo (16):
-eas: Ht 371
-eat: Ht 548
-ebamus: P 89
-ent: E [1010a](om=4); Ht 993
-eo: Ad 923; E 279; Hc 215; P 940
-es: P 784
-et: Ad 79; An 426 583; E 957; Ht 363 520
solide: An 964
solid-us (3):
-um (ac): E 871
-um (n): An 647; E 318
solitud-o (5):
-inem: An 290
-inis: Hc 130
-o: Ad 303; An 362; Hc 406
soller-s:
-tem: E 478
sollicitatio: An 261
sollicit-o (7):
-ando (g ab): An 912
-are (ind): Hc 676(-ere=FTU)
-ari[er]: An 689(sp=U)

-at: E 162; Ht 251
-ere: Hc 676(FTU)
-o: An 887
-or: Ad 36
sollicitud-o (6):
-ine: P 441 502
-inem: Ht 177
-ines (ac): An 650
-ini: P 588
-o: An 441
sollicit-us (3):
-a (ns): An 268
-i (n): Ht 129
-os: Ht 461
sol-us (72):
-a (ab): E 579; Hc 229
-a (ns): Ad 932; An 381; E 147 439; Hc 213 229 350; Ht 398 906 906 987(T)
-ae (d): E 1004
-ae (n): Ad (291); E 168 938; Hc 762; P 557
-am: An 747; Hc 776; P 316 754
-as: P 979
-i (d): Ad 34; E 480 637 793 831; Hc 350 410; P 405
-i (g): Ht 129(FT)
-i (n): An 285; P 633
-ius: Ht 129(soli[us]=KL; soli (g)=FT)
-o (ab): An 276 406
-um (ac): Ad 456 833; An 2 293 964; E 182 407; Hc 144 557; P 317 620
-um (n): Ad 49
-us: Ad 294 481 547 548; An 595 596 973; E 122 163 579 780; Hc 392 557; Ht 131 905 905 987(-a(ns)=T); P 405 539 562 587 761 854 983
solv-o (6):
-es: Ad 164; P 780(-is=F)
-i (ind): Ad 628; Hc 230
-i (inf): An 955
-is: P 780(F)
-isti: An 643
somn-io (3):
-ias: Ad 724
-iat: An 971
-ies: E 194
somn-ium (4):
-ia (n): P 494(4)
-ium (n): Ad 204 395; P 494 (−ia(n)=4) 874

somn-us (3):
-is (ab): An 430
-um: Ht 491
-us: E 601
sonit-us:
-u: E 590(suo nutu=F)
Sophron-a (4):
-a (n): P 865
-a (v): P 739 741
-am: E 807
sorbil-o:
-ans (n): Ad 591
sordes (ac): E 937
sordidat-us:
-am: Ht 297
sordid-us:
-am: Ht 297(horridam=DT)
sorex: E 1024
sor-or (13):
-or: An 129 809; E 146 157 521 525
-ore: E 621
-orem: An 124; E 118 745 766 806; Ht 979
sor-s (2):
-s: An ae4
-te: Ad 243
Sosia (v; 4): An 28 51 119; Hc 427
Sostrat-a (20):
-a (n): Ad 321 616
-a (v): Ad 309 329 343 511 635 787; Hc 223 229 271 339; Ht 647 663 1007
-ae (g): Hc 332
-am: Ad 506; Hc 179 329 629
spars-us:
-o (ab): Ht 1062
spat-ium (8):
-io (ab): Ad 860; Ht 955
-ium (ac): An 623; Hc 374 684
-ium (n): An 182; Hc 130; P 701
spectator: E 566
spectat-us (pa; 2):
-um (ac): An 91
-us: Ad 893
spect-o (12):
-a: E 994; Ht 991
-andae (sint): An 27
-andi (g): Ht 29
-are: E 586
-arentur: Hc 20
-ari: Hc 3
-ata (est): An 820
-ate: An 231

-avi: An 646
-es: E 988
-o: E 601
speculum (ac; 2): Ad 415 428
spern-o (5):
-ere: Ht 363
-or: E 171
spretus (sc sum): An 248
spreverit (ind): P 584
sprevissem: Hc 24
sper-o (35):
-abam: Ad 152
-abit: Ht 746
-ans (n): E 133
-antis (ac): An 181
-as: Ht 103
-asse: Hc 147
-at: Ad 71; An 407; E 520
-em: An 553; Ht 671; P 1022 1025
-es: An 395; E 195
-o: Ad 226 289 411; An 167 298 314 522 560 618 931; E 203 872 920; Hc 155 611 724 872; Ht 159 553 553
sp-es (41):
-e: Ad 227; An 303 648 938; E 1025; Hc 17; Ht 250 727 851a (om=4) 997a(om=4); P 603
-ei (g): An 25; E 1053; Ht 659; P 474
-em: Ad 219 815; An 319 436 678; Ht 636 664 713; P 146 239 246 251 1048
-es (np): Ad 331; P 470
-es (ns): Ad 455; An 304 374; E 240 295 1054; Ht 981; P 139 319 691 826
spol-io:
-ies: Hc 65
spond-eo (3):
-eo: An ae21
sponsa (est): P 657
sponsam (sc esse): E 1036
spons: see sponte
spons-a (3):
-ae (d): Ht 893
-ae (g): An 732
-am: An 324
sponte (2): Ad 75; An 692
squalid-us:
-um (ac): E 236
st (interj): P 743
-st: see sum(-st)
stabil-is:
-ius (ac): Ad 66

statari-a:
-am: Ht 36
statim: P 790
statu-o (5):
-erem: Ad 316
-i (ind): Hc 49; Ht [48]
-isse: Hc 96
-ite: Ht 51
status: E 598
Stephanio (v): Ad 380
sterculinum: P 526
stern-o (3):
-ere: Ht 125
-i: Ad 285
stratus (est): Ht 903
sterquilinum: see sterculinum
stert-o:
-it: E 1079
Stilp-o (5):
-o (n): P (389) 390 740
-onem: P 356 390
stil-us:
-o (ab): An 12
stimul-o:
-ant: Ht 223
stimul-us:
-um: P 78
stipes (n): Ht 877
stipul-a:
-am: Ad 848
st-o (23):
-a: P 195
-abas: E 87
-amus: E 465
-ans (n): Hc 607(astans=F)
-are: An 475; E 267(F); Hc 428 854
-ares: P 269
-as: An 979; E 286 459; Hc 430; Ht 250 831
-at: E 224
-atur: E 271
steti: Hc 15
stetisse: An 699 701; P 10
stetit: P 9
-o: E 594 843
stolidus (2): An 470; Ht 545
stomach-or:
-abor: E 323
Storax (v): Ad 26
Strato (v): E 414
strenue: Ad 167
strenu-os:
-om (ac): P 476
strepitus: Hc 35
stru-o:

-ere: Ht 514
stud-eo (22):
-eant: Hc 199; Ht 52
-eas: Ht 303
-eat: An 881; E 1
-ebat: An 59
-ent: Ad 900; E 313
-eo: Ad 745 868; An 822; E 745; Hc 262 265
-emus: P 767
-es: E 950
-et: Ad 73
-uerit (subj): E 28
-ui: An ae9(volui=U); E 870
-uisti: Ht 382
-uit: P 18
studiose (3): E 116; Hc 19; Ht 285
stud-ium (16):
-iis (ab): An 64
-io (ab): Ad 41; An 825; Hc 4 19 23; Ht 280; P 2 18
-io (d): Ad 382
-iorum: Hc 595
-ium (ac): An 56
-ium (n): An ae17; Hc 53 202; Ht 23
stult-e (4):
-e: Hc 343; Ht 249 323
-issime: P 772
stultiti-a (10):
-a (ab): Hc 589; P 402 659
-a (n): Ad 274; Ht 878
-ae (d): Ht 646 961 967
-am: Ad 367; An 610
stult-us (adj; 9):
-a (v; used subs): E 837; Ht 1009
-ae (n): Ht 649
-ior: Hc 564
-iorem: E 1009
-issime: Ad 218
-o (d): Ht 585
-um (ac): E 1021(istum=DFT)
-um (n): E 761
stult-us (subs; 4):
-e: Ad 724
-is (ab): E 254
-o (ab): Ht 877
-o (d): E 232
stupefacio:
stupefecit: P 284(FT)
stup-eo (2):
-es: Ht 404
-et: An 304
stupidus: Hc 4

Styrax: see **Storax**
suad-eo (8):
 -eat: P 828(DT)
 -ere: An 385 662; P 157
 -es: E 76; Ht 996; P 542
 -et: An 577(4); Ht 481
 suaseras: Ht 786(4)
 suasit: Hc 660
suas-us:
 -um: P 730
suav-is (5):
 -e (n): Ht 482; P 305
 -ia (ac): Ht 962(used subs)
 -ia (n): P 344
 -is (ns): P 411
suavium: see **savium**
sub (2): Ad 949; Ht 233
subc-: see **succ-**
subdit-us (pa; 2):
 -um (ac): Ht 1014 1014
subduc-o (3):
 -et: E 628
 -ta (ab): Ad 855
 subduxti: E 795
subfero (2):
 sustuli: Hc 17
 sustulisti: Ht 628
subic-io:
 -e: P (387)
subigit-o:
 -are: Ht 567
subito (5): E 642 1033; P 180 284(FT) 534 842
subit-us (2):
 -a (ns): Ad 985
 -o (d): P 200
sublimen: Ad 316(DFT); An 861(DFT)
sublim-is (2):
 -em: Ad 316(-e[m]=KL; sublimen=DFT); An 861(sublimen=DFT)
submon-eo:
 -uit: E 570
subol-eo:
 -et: P 474
subol-o:
 -at: Ht 899
subsentio:
 subsensi: Ht 471
subserv-io:
 -ias: An 735
substern-o:
 -e: An 727
subst-o:
 -et: An 914

subtemen (ac): Ht 293
subtristis: An 447
subven-io (4):
 -i (imp): P 320
 -iam (subj): E 969(DTU)
 -iat: E 969(-iam=DTU); P 8
 -ite: Ad 156
subvort-o:
 -at: Ad 837
succed-o (3):
 -it: An 679
 successit: Ad 287; An 670
succenseo: see **suscenseo**
succenturi-o:
 -atus (ero): P 230
succurr-o:
 -endum (est): Ad 792
suc-us:
 -i (g): E 318
sud-o:
 -abis: P 628
suffarcin-o:
 -atam: An 770
suffer-o (3):
 -am (subj): An 888
 -o: Ht 400
 -re: Ht 453
sugger-o:
 -is: Ad 62
sui (245):
 se (ab p): An 81; Ht 246 386 745; P 242
 se (ab s): Ad 4(sese=U) 210 653 654; An 442; E 57 229 581 694 755; Hc 145 269 796; Ht 30 126 451 604 654 756 769 913; P 23 243(TU) 376 836 920
 se (ac p): Ad 302(om=U) 607 804 828; An 220 575 632; E 248 599; Hc 192 511; Ht 393 472; P 876(F)
 se (ac s): Ad 46 86 263 332 333 334(U) 473 519 548 550 717; An 65 136 148 241 270 353(F) 402 407 430 495 512 687 859 925 930; E 1 4 14 31 115 139 141 400 510 [513](om=4) 520 525 576 628 800 809 863 1039 1040; Hc 53 119 120 146 156 161 175 184 260 451 466 522 543 558 656(DTU) 679 742 757 779(om=F) 819 826 828 871; Ht 19 23 81 116 188 189 192 208 (sese=F) 277 433 488 489 584 888 946 1014; P 113 270 354

364 366 415 442 462 464 532
725 834 879 880(F)
sese (ab s): Ad 4(U); An 954;
Hc 158; P 918
sese (ac p): Hc 310 380; P 479
820 876(sepse=F)
sese (ac s): An 63 140 238 378
562 687 797 927; E 34 141 343
(se[se]=KL) 516 588 735 957;
Hc 68 118 139 477 518 554 656
(se=DTU) 707 829; Ht 208(F)
702 772; P 481 598 606 823
sibi (p): Ad 595; An 191 427;
Hc 461; Ht 52 288
sibi (s): Ad 10 34 39 (199)
262 334(se(ac)=U) 382 416 646
668 865 865 (958); An 2 316
331 341 375 377 402 432 445
457 520; E 12 21 45 262 407
480 558 623 627 670 782; Hc
390 500 655 797 798 871; Ht
20 116 306 383 411 468 605 615
746 754 773 847 952; P 8 16 21
113 352 381 596 843
sui (s): An 281; P 501
sum (complete; 2741):
sum (simple tenses; 2123):
eram: Hc 91 283 388(F)
erant: Ad 332(om=F); Hc 230;
Ht 445; P 468 1012
eras: Ad 234 901; E 86 122;
Hc 340; P 945
erat: Ad 345 494 716; An 62
63 86 122; E 97 113 345 423
428 514 569 621 681; E 736;
Hc 162; Ht 200 201 203 294
445 629 966; P 36 69 69(U) 89
97 363 654 768 797 951 1013
1023
eris: Hc 769(es=T)
erit: Ad 4 73 118 119 180 182
590 746 747(T); An 420 684
ae17; E 484 485 639 732 1058;
Hc 32 474 667 747; Ht 217 238
255 934(F) 967 998(om=FT)
1014; P 27 48 50 131 134 801
911
eritis: Ad 4; Hc 218
ero: An 714; E 781; Hc 218;
Ht 872
erunt: Ad 968; Hc 790
es (imp): Ad 284(4) 543 696
696; E 84 154; Ht 822; P 965
es (ind; 's included here): Ad
63 82 126 321 336 394 394 456
587 597 705 768 852(om=F) 897

937 957 959 961; An 202(om=
FU) 437 496(4) 635 635 647
702(om=DT) 749 778 912 940
973(FT); E 273 304 304 415
426 472 496 559 559 560(F)
608 651 655 756 804 816; Hc
258 355 392 493(F) 503 753 769
(T) 803 825; Ht 321(est=F)
321 352 440 597 707 776 813
848 986 1011 1034(om=DU); P
57 156(DU) 179 194(om=F) 196
295 324 403 427 519 742 802
1046
esse: Ad 17 34 58 66 95 125
139(F) 165 181 183 221 251
259 262 338 344 348 399 402 430
542 568 579 594 597(DFT) 600
(FTU) 600 625 659 698 707 707
719 748 801 804 817 861 862
892 (896) 960; An 47 61 113
124 221 245 330 377 387 400
403 425 427 447 482 482 493
513 545 572 617 647 661(F)
706 716 717 757 780 794(U) 809
813 833 835 842 852 856 859
879 908 927 930 932 958 959
ae18; E 6 25 29 71 118 132 201
226 244 248 260 270 275 314
315 324 340 371 486 489 525
603 665 700 701 703 718 728
758 766 785 805 857 858 952
[952] 962 1038 1093; Hc 7a
(DT) 16 50 71 103 118 153 156
164 188 202 204 215 238 239
243 247 250 252 264 278 285
292 300 328 366 389 392 398
403 477 524 532 535 536 542
544 547 560 584 597 604 635 656
(DTU) 658 675 682 687 697
707 763 799 805; Ht 7 11 41
[49] 71 106 149 151 172 181
181 192 (199) 214 215 228 239
253 262 270 289(os=D; om=FT)
298 309 323 327 333 339 358
371 387 387 388 418 438 472
617 626(ess(e)=KL; om=DT)
630 666 670 687 697 703 708
712 714 732 734 767 798(4) 802
874 890 893 899 912 923(U) 925
933(om=F) 940 941 957 960(D)
962 979 985 990 993 1006 1016
1017 1020(U) 1029 1032 1034
1036 1063; P 5 70 114 205 245
246 251 334 352 353 355 369
(DU) 381 497 499 529 529 539
564 569 581 588 593 597 603

681 712 721 734 743 764 766
801 810 814 851 855 866 875 907
937 977 1014
essem: An 282; E 574 606; Hc
38 548; Ht 436 917; P 751
essent: E 581; Ht 230 963; P
269
esses: Ad 107 770 770 772; An
37 281 ae19; Hc 279; Ht 665;
P 394
esset: Ad 106 524(U) 532 642
708; An 81 182 445 490 606;
E 21 91 117 418 598 [699] (om=
F); Hc 7a(DT) 26 227 236 249
279 534 545 548 652 756; Ht 7
185 238 368 534 652 830 988;
P 66 188 397 904
est (changes to -st in 4 not
noted here): Ad 8 29 40(D) 49
68 78 78 83(F) 87 101 102 112
121(DFT) 122(e[s]t=KL) 138
139 153 206 233 245 252 254
261 265 276 281 298 299 305
311 312 323 326 335 341 344
347 375 386 389 393(U) 399
411 418 438 438 465 468 468
(475) 480([es]t=KL) 492 514
515 521 538 543 555 556 569
569 575 576 576 577 578 580
584 601 608 622 626 637 (639)
(643) 644 650 651 652 655 671
678 707 707 707 718 734 740
745 778 778 779 828 834 924
929 932 943 947 951 951 951
989; An 30 32 45 99 116 125
170 183 184 185 187 232 [236]
237 237 249 287 301 314 323
339 340 340 354 368 380 383
446 448 449 449 457 458 459
461 469 489 523 551 554 588
597 598 607([e]st=KL) 629
[638] 645 686 686 693 701 704
704 722 732 737 742 743 747
766 781 787 789 789 792 801
802 845 846 851 853 857(F)
860 872 903 906 915 919 941
950 965 973(es=FT) 976 978
981 ael 13 20; E 4 15 27 42 56
101 104 129 228 228 233(w
inter=DFT) 243 248 253 263
268([es]t=KL) 290 291 295 295
299 312(D) 312([es]t=KL) 326
338 353 361 381 414 427 525
542 546 546 546 548 549 549 551
558 559 571 573 628 638 641
652 676 688 689 706 719 730

747 748 759 761 765 782 785
816 819 833 835 839 848 940
944 963 974 974 978 979 990
992 994 1006 1007 1007(T) 1016
(om=4) 1020 1026 1034 1041
1042 1051 1053 1054 1072 1079
1088; Hc 1 43 72 102 104 185
198 198 204 [220] 236 253 261
270 272 273 277 287 307(U)
308 314 321 323 324 343 352
([es]t=KL); om=DFT) 357 379
387 395 400 418 424 430 431
454 455 463 494 496 501 505
509 527 529 558 559 568 577
603 608 614 616 619 620 627
637 649 661(4) 666 696 699
700 724 724 739 740 741 743
746 759 771 780 789 794 796
807 810 813 834 848 865 874;
Ht 45 46 79 80 84 96 118(F)
158 166 168 175 180 181 182
187 187 204 205 212 216 228
240 242 264 267 294 296 318 321
(F) [321a](om=DFT) 332 348
349 376 388 403 419 431 454
459 475 484(F) 490 545 549
562 571 578 597 597 599 604
607 611 612 613 616 620 641
645 648 653 659 667(fert=4)
672 699 717 741 743 758(om=
F) 766 829 834 845 848 852
852 856 901 901 902 908 909
935 941 949 969 977 981 985
990 995 1000(F) 1008 1063; P
12 58 70 122 125 [156](om=
DFU) 162(U) 174 177 178 184
204 208 211 211 215 215 256
257 270 279 295 300 308 319
326 332 349 350 361 379 398
411 421 426 429 479 482 494
495 503 508 541 546 555 557
558 560 562 563 565 584 600
604 610 623 638 666 666 673
683 696 724 732 737 738 740
749 753 800 803 810 818 833
(F) 852 852 856 861 903 905 925
927 941 956 961 989 995 1000
1003 1026 1026 1028 1029 1037
1047 1048(sit=DFT)
estis: Ad 501 939; An 707
esto (2): Ad 284(es=4) 533
970; P 713
esto (3): Ht 572
fore: Ad 71 83 383 666 810
826; An 499 [611]; E 873; Hc

99 398 499 533 617 724 788 791; P 1025
forent: Ht 382
foret: Hc 121 220 601; P 271 734
fuat: E 197(F); Hc 610; P 717(F)
fuerat: Ad 686; E 870; Hc 284 561 570 648 867; P 400 651 781
fuere: An 740 810(fuerunt=4); Ht 121 399; P 625
fuerim: Ad 527; Hc 296; Ht 1025; P 1032
fuerint(subj): Hc 840
fueris (subj): Ht 1007
fuerit (ind): P 440
fuerit(subj): An 36; E 658; P 129 224 354 356
fuero: An 641
fuerunt: An 810(4)
fui: Ad 221; E 847 1092; Hc 421 472; Ht 439; P 530
fuimus: Ad 496
fuisse: Ad 160 356(adfuisse=F); An 42 664 929; E 300 823 1015; Hc 489 641 812; P 380
fuissem: P 155
fuisset: P 159 535
fuisti: Hc 229; Ht 568 987
fuit: Ad 161 212 352 675 692 796 855 967; An 52(ubi=F) 221 294 303 325 926 934 942; E 107 226 246 333 656 823 998 1004 1046; Hc 356 460 695 821; Ht 55 171 184 197 216 265 270 384 600 753 1024; P 155 296 391 649 690 908 934 1019
futura (sc esse): E 946
futura (est): Hc 405
futura (sunt): Ad 387
futurae (fuerant): An 543 587
futuras (esse): An 174
futurum (sc esse): An 508 621; E 1060; Ht 462 569(esse expressed)
futurum (esset): Ht 569
futurum (est): Ad 730; Hc 669; P 137 303 812
's: see es(ind)
siem: Ad 146(si[e]m=KL; sim =4) 611(siet=FU; sit=DT) 712 (sim=F); An 586; E 66 566 (sp=F); Hc 547; P 675

sient: An 288 390; E 314 325; Hc 388; P 822
sies: Ad 684 852 890; An 408 424; E 192 307 374 885; Hc 493(es=F); P 508 635
siet (changes to sit in 4 not noted here): Ad 83(sciet=D; sic est=F) 298 354 361 398 611(FU) 976; An 234 626 919; E 240 351 394 479 529 685(U) 726 986; Hc 145 509 567 573 637 661(est=4) 737 860; Ht 65 210 211 221 237 251 415 450 452 620 805 1015 1021; P 446 806 887
sim: Ad 83(DTU) 146(4) 166 177 712(F); An 503 549 619; E 555 556 1035; Hc 10 485 524 734 766; Ht 308 681; P 314 825
simus: P 58 431
sint: Ad 223 555 830; An 525; E 396 499 603 655 742 938; Hc 101 211; Ht 129(4); P 125 344 344 449
sis: Ad 511 934; An 198 310 467 508 775 802 825 906; E 195 196 273 756; Hc 721 764; Ht 162 645(DT) [996] 1030; P 156(es=DT) 204 957
sit (changes to siet in 4 not noted here): Ad 34 39 171 234 261 325 (fit=D; om=F) 354 411 429 570 572 611(DT) 723 753 825 847 941 996(D); An 25 124 158 166 191 276 372 424 487 549 705 728 736 738 750 811 867 915 931; E 11 12 209 223 349 380 548 562 611 644 659 663 890 997 1059; Hc 7b(DT) 48 246 338 341 391 491 530 549 571 608 637(DT) 665 676 698 705 728 730 733 768(-st=DT) 769 782 783 785 831 851 873 878; Ht 1 8 108 189 284 328 347 360 370 454 482 485 555 558 578 620 645 (DT) 646 662 720 820 971 980 1016; P 93 130 151 171 176 202(DFT) 245(om=F) 409 444 533 563 580 717(forsitan=DTU; fuat=F) 721 762 770 993 1028 (DFT) 1048(DFT)
sitis: Ht 28
-st (changes to est in 4 not noted here): Ad 6 39 41 64 74

82(D) 93 98 106 129 129 132
137 143 154 157 159 175 177
194 205 210 216 231 237 255
260 267 274 294 301 321 324
329 342 344 345 346 358 362
386 388 399 402 412 418 419 421
422 425 425 431 439 (442) 454
455 471 479 505 512 517 523
528 529 537 538 552 557 584
589 625 632 638 650 655 702
725 739 759 801 801 803 806
849 854 862 884 888 893 894
904 920 929 932 933 949 950
950 953 968 976 977 982 985
996(sit=D); An 43 44 (54) 77
126 141 165 168 172 190 206
209 211 216 216 217 (218) 229
236 237 264 264(DFT) 265 266
268 307 311 321 344 347 350
381 381 386 391 399 400 426 440
449 449 458 461 487 506(DT)
513 526 530 546 547 555 566
576 580 593 598 600 625 629
631(4) 634 638a 651 678 682
693 698 715 720 721 742 745
746 748 754 756 835 843 849
864 875 896 905 907 908(FT)
933 945 945 945 949 963 963
965 971 974 977 ae5; E 1 27
30 30 104 104 121 124 131 188
211 225 237 242 247 269 274
276 293 313 315 316 321 321
334 347 359 361(om=4) 375 380
382 386 388 392 401 408 409
(FT) 429 439 471 474 478 502
527 536 537 543 545 546(om=
TU) 546 547 549 549 561 575
609 612 630 632 638 671 671
(4) 675 704 747 748 752 754
757 758 759 765 770 772 776
784 791 804 810 839 848 930
947 959 969 976 996 997 1005
1029 1038 1040 1050 1052 1056
1071 1075 1075 1078 1083; Hc
5 43 71 75 97 (112) 151 155
193 202 202 240 255 256 287
293 296 304 326 327 354 354
386 399 402 409 417 457 475
479(F) 493 502 515 535 543
553 568 583 588 595 597 625
626 650 672 711 713 727 736
768(DT) 771 781 782 840 843
868 871; Ht 44 53 75 79 80 81
82 82 92 95 107 120 133 158
161 *169* 170 188 192(om=4) 193
195(4) (199) 209 210 219(4)

224 227 228 233 234 254 256
263 265 267 272 298 300 310
324 328 334 335 336 338(FT)
353 357 364 387 393 404 421
430 466 515 539 566 574 582
583 614 620 624 660 660 663
663 675 676 742 782 796 805
810 911 922 973 974 986 1019
1020; P 51 61 75 77 100 110
(om=F) 139 139 158 162 171 184
194 196 203 206 210 227 239
[247](om=F) 254 265 266 267
267 275 293 305 333 343 346 373
375 390 402 412 436 438 451
453 456 458 468 474 501 504 506
515 533 535 538 551 558 559
561 575 588 629 664 698 698
710 715 715 716 738 748 755
763 771 774 774 787 808 816
821 833 840 848 852 853 885
898 913 951 951 983 984 985 990
991 998 1003 1051 1054
sum: Ad 83(sim=DTU) 137 161
188 310 321 348 540 634 713
765 873 881; An 194 245 336
423 429 454(F) 599 608 636
937 965 973; E 90 105 147 196
199 295 527 531 866 880 1008
1023; Hc 114 217 276 302 319
443 450 521 536 601 614 623
653 701 734 737 804 843; Ht
77 259 [259](om=F) 494 820
825 920 921 983 1029; P 76 204
459 527 530 545 581 587 660 808
820 942 1028(sit=DFT; eum=
U)
sumus: Ad (291) 834 954; E
834; Hc 274 380 621; Ht 483
649; P 172 633
sunt: Ad 122 141 142 529 605
605 612 680 706 736 873 966;
An 11 47 328 337 390 438 491
552 853 960 973; E 145 249
471 934; Hc 117 292 307 312
460 604 710; Ht 2 129(sint=4)
162 195 205 207 213 246 295
376 552 855 870 877 1035 1058;
P 55 202(sint=DFT) 241 470
473 517 531 636 663 749 847
1020

sum (verb phrases; 618):
erant: E 841
erat: Ad 618 630; Hc 130; Ht
(287) 400
erit: An 837; E 902; Ht 997a
(om=4); P 889

ero: P 229
erunt: Ht 356; P 892
es: Ad 184 234; An 202(om=F) 202 621 658 724 751; E 286 462 696 750 819 854 896 1017; Hc 406 419 537 681 739 758 786 825; Ht (54) 62 329 512 (FU) 580 815 823 848 1030; P 168 465 550 567 786 798
esse: Ad 92 163 210 250(FT) 337(usquam=DFU) 449 545 560 657; An 174 281 411 489 510 621 659 695 976 ae2; E 5 308 393 644 679 704 710(om=F) 739 744 833 966 999 1016; Hc 196 208 261 281(om=F) 497 562 577 586 591 692 727 797 832 872; Ht 18 160 359 402(ex=F) 489 503 529 608 624 735 746 836 843 864 866 880; P 17 21(om=F) 149 150 153 214 249(-st=D; usque=FTU) 262 503 572 599 630 722 723 811 864 884 958
essem: Hc 526; P 159 189
essent: E 518; Hc 289
esses: Ad 176 218
esset: An 479; Ht 157 569; P 502 826
est (changes to –st not noted here): Ad 40 115 121(F) 189 371 448 596 631 657 663 766(om=U) 774; An 82 154 167 262 304 447 451 486 488 601 665 833 917 923 936 954 ae8; E 83 146 156 222 302 357 395 564 682 991 1023 1094; Hc 125 159 170 286 308 480 639 749 760 819 831 857; Ht 6 114 156 270 275 321 390 391 509 532 564 593 603 628 628 689 698 737 840 903 903 904 1018; P 81 164 422 460 480 513 523 785 804 831 835 837 872 890 910 912
forem: Hc 525
foret: P 207
fuerant: An 543 587
fueras: E 280
fuerat: E 569; Hc 640; P 536
fueris (ind): Ad 603
fueris (subj): P 516
fuerit (ind): An 213
fuerit (subj): P 970
fui: An ae14; Ht 817
fuisse: Hc 777
fuit: E 97 683; Hc 820(om=F)

siem: E 555
sient: E 1061
sies: P 514
siet: An 282 454; E 970; Hc 193 330; Ht 456 1018
sim: An 203 967(sum=FT); E 1045; Hc 614
sint: Ad 636(4); An 27 499; Ht 39; P 463
sis: Hc 65; Ht 352 617 826 1035; P 413 971
sit: Ad 443 507 514 530 530; An 463 791 937; E 41 350; Hc 334 468 567 609; Ht 231 435 456 638(F) 849 881(F); P 272 455 960(-st=F) 1015 1028 (DFT)
-st (changes to est in 4 not noted here): Ad 14 21 94 207 249 295 296 325 325 389 404 425 464 469 474 474 474 475 483 513 593 621 628 709(FT) 709 728 729 730 735 744 792 (797) 798 805 840 951 955 958; An 102 122 129 152 156 254 255 263 374 443 465 491 501 514 527 530 557 643 645 647 796 809 809 814 820 928 937 955 961; E 22 41 54 126 130 157 161 186 188 208 311 326 345 348 352 352 435 526 541 542 599 607 608 637 645 649 677 681 686 708 708 717 821 826 831 875 950 951 953 966 980 980 1018 1056(DFT) 1066; Hc 1 30 44 137 169 241 287 298 309 318 351 357 379 383 405 411 413 433 486 517 528 572 572 573 624 669 679 681 729 789 814 837 843 847 864; Ht 156 249 281 361 392 463 465 512(es=FU) 513 516 520 522 584 602 615 638(sit=F) 639 649 674 680 682 694 724 739 740 774 792 793 800 819 851a(om=4) 862 881 (sit=F) 905 989 989 1000 1021 1064; P 21 32 41 53 56 94 99 135 135 137 202 249(D) 281 283 303 318 326 326 357 (387) 407 416 501 580 619 628 647 657 661 665 691 693 700 732 750 756 769 778 779 796 812 815 830 833 888 896 960(F) 967 1001 1006 1009 1009 1010 1018 1024
sum: Ad 43 185 421; An 370

(167)

401 496 582 613 616 669 841 967(FT); E 15 238 306 454 567 575 746 830; Hc 11 15 86 238 270 295 402 489 594 837; Ht 5 15 146 421 784 857; P 240 590 683 881 943 979
sumus: Ad 3 12 213 495; E 19; Hc 423; Ht 264 506 693; P 31 860
sunt: Ad 86 248 387 636(sint= 4) 787; An 12 104 269 283 476 836 847; E 330 346 727 734; Hc 20 21 507 632 762; Ht 243 245 325 325 375; P 248 321 602 703
summ-a (2):
-a (ab): Ad 816
-a (n): P 317
summoneo: see **submoneo**
summus: see **superus**
sum-o (15):
-am (ind): P 681 832
-am (subj): An 623
-amus: Ad 287 854
-as: Ht 74; P 343
-at: Ht 465
-e: An 726
-ere: Ad 416; Hc 25
-eret: P 299
-ito (2): Ad 977
-o: Ht 693
sumpsit: Ad 10
sumptuos-us (2):
-a (ns): Ad 760; Ht 227
sumpt-us (22):
-ibus (d): Ht 930
-u: Ad 876 (913); E 929 1076; P 168 340 666
-um: Ad 62 370 807(−us(ac)= F) 865; An 450; Ht 143 207 746
-us (ac): Ad 807(F); Hc 225 685; Ht 130 453 544 754
Sun-ium (3):
-ii (loc): E 519
-io (ab): E 115
-ium (ac): P 837
su-o:
-at: P 491(consuat=F)
su-os (102):
-a (ab): Ad 75 710; An 692; E 156 481; Hc 478; Ht 24 216 333; P 10 261 273 484 761 785 1039
-a (ac): Ad 299; An 23 628; Ht 220 505

-a (ns): Hc 660
-ae (d): Hc 119
-ae (g): An 95; Hc 446 812; Ht 189
-am: Ad 1 607 863; An 100 242 393 774 932; E 32 270 1032; Hc 69 748; Ht 219 280 358 913; P 96 646
-arum: Ht 225
-as: E 482; Ht 998; P 836
-i (g): Ad 333; An 880
-is (ab): An 14 650; E 677; Hc 68 150; P 213
-is (d): E 146 157 869
-o (ab): Ad 21 (958); E 590 (F) 936(D); Hc 302 531 576 795; P 43 511(meo=4)
-o (d): An 177; E 820; Ht 417 910; P 491(om=F)
-om (ac): Ad 69 201 399 514; An 188 272; E 3 271 729; Hc 53 384 669 846; Ht 143 202 390; P 44 366 839 874
-om (g): Ad 411
-om (n): E 11
-orum: P 887
-os (ac): Ad 875; An 806 969; Hc 212
-os (n): P 454
supell-ex:
-ectile: P 666
super (adv): P 69(U) 162(U)
superbe: P 915
superbia (ab): Ad 21
superb-us (2):
-um (ac): E 1066
-um (n): Hc 155
super-o (2):
-at: E 231
-et: Ad 257
superstes (2): An 487; Ht 1030
super-sum (2):
-erat: P 69(sep=U)
-est: Ht 771; P 162(sep=U)
superus (21):
summ-us (20):
-a (ab): Ad 493; An 101; E 366; Ht 259
-a (ac): E 590
-a (ns): An 541; Ht 796; P 885
-o (ab): An 881; Ht 40
-um (ac): An 39 717; E 271; P 336
-um (n): Ht 796

-us: Ad 352; An 970; P 35 1049
-i (n): P 687
suprem-us:
-e: Ad 196
suppedit-o (2):
-are: E 1076; Ht 930
supplex: P 887
supplic-ium (7):
-i: Ad 313; An 903; P 1029
-ium (ac): An 623 888; E 70; Ht 138
supplic-o (3):
-abo: An 312
-ans (n): E 811
-aturum (sc esse): Hc 500
suppon-o (2):
-i: E 39
suppos[i]vit: E 912
supra (adv; 3): Ad 264; An 120; E 427
supremus: see **superus**
surd-us (3):
-as: Ht 330
-o (d): Ht 222
-us: An 463
surg-o (2):
-ere: Ad 520
surrexi: E 729
sursum (2): Ad 574(sursus=D); E 278
sursus: see **sursum**
suscens-eo (11):
-eam: P 260 361
-eas: P 263
-eat: An 376; P 720
-eo: Ht 915 976
-es: P 259
-et: An 448 654; P 546
suscipio (6):
suscepisse: Hc 231; P 647
suscepit: P 943 1007
suscepta (est): P 967
suscepturum (sc esse): An 401
suspect-o:
-ans (n): E 584
-arier: Hc 827(FU)
suspend-o:
-e: An 255
suspens-us (pa):
-o (ab): P 867
suspici-o (subs; 13):
-o: Ad 615; An 359 501; E 514; Ht 800 997
-one: An 317; Hc 599 792

-onem: Ad 600; E 436; Ht 994
-ones (n): E 60
suspicio (verb; 5):
suspectam (esse): Hc 577
suspectas (fuisse): Hc 777
suspectum (ac): Hc 398
suspectum (esse): Hc 758
suspectus (fuit): Hc 820
suspicios-us:
-i (n): Ad 606
suspic-or (16):
-ans (n): An 116; Hc 365
-are (ind): Ht 657
-ari: Ad 623; E 40; Hc (540)
-arier: Hc 827(suspectarier= FU); Ht 268
-ata (est): E 435
-atur: Ht 1014
-or: An 249; E 142 660; Hc 728 874; Ht 614
suspitio: see **suspicio**
sustent-o:
-at: Ad 482
sustin-eo:
-ueris (ind): P 347
susurr-o:
-ari: An 779
suus: see **suos**
sycophant-a (3):
-a (n): An 919; Ht 38
-am: An 815
symbol-a (3):
-am: An 88
-is (ab): E 540 607
Synapothnescontes: Ad 6
Syra (v; 2): Hc 59 83
Syrisc-us (3):
-e: Ad 763; E 772 775
Syr-us (68):
-e: Ad 247 249 260 261 278 281 412 531 538 543 549 713 776 883 887 916 970 979; Ht 291 310 319 343 346 348 348 350 400 517 531 536 543 581 589 595 598 615 684 692 699 757 762 775 810 825 975 980 985 993
-i (g): Ht 723 886
-o (ab): Ht 241 882
-o (d): Ht 999 1066
-um: Ad 315 361 553 960; Ht 191 757 950
-us: Ht 473 509 728 743 896 898

T

tabesc-o:
-it: Ad 603

tabul-a:
-am: E 584
tac-eo (44):
-e: Ad 209 280 837; An 455 ae7; E 489 685 797 834 834 899; Hc 314 318; Ht 321 580; P 375
-eam: E 721; Hc 296; P 186 988
-ebit: E 129; P 583
-ent: E 476
-eo: E 103
-ere: E 101 106(DU); Hc 673; Ht 1011; P 59
-eri: E 106(-ere=DU) 108
-es: Ad 550; An 399 498; E 88 560(dices=T) 695 821; Hc 527; P 385 987 1004
-et: Ad (639)
-itum (est): Ad 474
-ituram (esse): Hc 113
tacit-um:
-o (ab): Ad 342
taciturnit-as:
-ate: An 34
tacit-us (5):
-a (np): Hc 388
-a (ns): Hc 107
-um (ac): P 237
-us: E 571; Hc 518
taed-et (5):
-ebat: Ad (151)
-et: E 72 297 464; P 487
talent-um (10):
-a (ac): An ae21; Ht 145 838 940; P 789 791
-a (n): An 951
-um (ac): Ht 475; P 644
-um (gp): P 393
tal-is (9):
-em: Ad 297; An 870; E 161; Hc 602; Ht 1022
-i (ab): Ad 297; An 98; Hc 757; P 1028
tam (82): Ad 235 274 278 422 449 503 523 534 673 698 788 849 919 984; An 111 253 262 348 474 493 608 608 651 928 938; E 210 212 216 261 316 353 392 605 605 605 644 652 664 718 771 1033 1047 1066; Hc 84 108 305 355 370 568 645; Ht 67 67 92 299 362 413 414 438 519 613 673 675 686 805 874(ita=F) 874(DT) 897 912 955 998 1005 1009 1052; P 65 156 165 369 371 428 534(tum=D) 572 956 998
tamen (59): Ad 110 141 145 174 189 226(tum tu=F) 553 623 687 830 950; An 11 59 94 231 521 (w idem=KL and U) 633 637 711 713 864 864 881 894 ae19; E 24 170 173 243 412 577 866 889; Hc 71 244 295 447 465 874; Ht 56 88 119 200 207 225 (4) 262 346 512 605 678a 712 858 933 1012; P 373(4) 407 531 552 630 791(om=DFU) 903
tamen[i]dem: see **tamen**
tamquam (3): Ad 415 428; E 263
tandem (29): Ad 276 665 685 794; An 470 492 586 643 644 859 875 895; E 154 180 223 573 907 1055; Hc 683; Ht 163 954; P 231 234 373(tamen=4) 413 527 630 701 799
tang-o (12):
-am (subj): E 798 809
-as: E 373 797
-e: P 994
-endi (g): E 638
-ere: Ad 686; Ht 819; P 690
-et: Ad 157
tetigerim: E 420
tetigi: Ad 178
tantill-us:
-um (ac): Ad 563
tantisper (4): Ad 70 378; Ht 106 147
tantopere: see **tantus**
tantum (adv; 2): Hc 417; Ht 13; P 109(4) 142(4)
tant-um (subs; 19):
-i: Ad 203 223(F)
-o (ab): Ad 56 528; An 774; E 609 1053; Ht 425 549 867; P 203 328
-um (ac): Ht 519 718 750; P 683
-um (n): Ad 192; Hc 813 813; Ht 75
tantummodo (sep=4; 2): P 109 142
tant-us (40):
-a (ab): Ad 297; Ht 982 1011; P 977
-a (np): P 180
-a (ns): Ad 615; An 626; Ht 679 680; P 69
-ae (g): Ht 710
-am: An 253; E 605; Ht 630 710; P 884
-as: E 1047
-o (ab): Ad 592(w opere=U)

945; An 868 938; E 260(F)
353; Hc 283(w opere=U) 530
(w opere=U); Ht 786(w opere
=U); P 909(w opere=U)
-os: Ht 131 754
-um (ac): Ad 610a; An 870;
E 260(-o(ab)=F) 598 802 959
959; Ht 83 673 956; P 955
-um (n): E 996
tantundem (subs; 5):
  tantundem (ac): E 321; Ht
  676; P 846 929
  tantidem: Ad (199)
tardiusculus: Ht 515
tardus (2): E 1079; Ht 776
-te (28): Ad 33(om=F) 290 599
  689; An 151 500 579 680 727
  752 ae17; E 64 127 369 426
  453 893; Hc 317 603 784(om=
  D) 786; Ht 66 200 374; P 280
  318 467 914
techin-a (2):
  -am: E 718(tech[i]nam=KL)
  -is (ab): Ht 471
tectum (ac): Ht 968
tect-us (pa; 2):
  -a (np): Hc 388
  -o (ab): Ht 672
teg-o:
  -ere: Hc 166
tegul-ae (2):
  -as: E 588
  -is (ab): P 707
tel-a (3):
  -a (ab): An 75
  -am: Ht 285 305
temerari-us:
  -a (ns): An 229
temere (11): An 205; E 291;
  Hc 738 878; Ht 620 741; P 714
  757 802 998 1037
temper-ans (pa; 2):
  -ans (n): P 271
  -antis: Ht 580
tempest-as:
  -ate: Hc 423
templ-um:
  -a (ac): E 590
tempt-o (3):
  -arem: P 619
  -âtum (sup): P 388
  -o: P 389
temp-us (48):
  -ore: Ad 21; An 67 532 758
  819 974; Hc 531 627; Ht 364
  721; P 464
  -oribus (ab): An 476

-oris: P 184
-us (ac): An 783 844; Hc 36
622 687 842; Ht 70 90; P 596
828
-us (n): Ad 839; An 188 556
624 631; E 56 394 485 541 542
621; Hc 44 287 374 594 597 699
746; Ht 168 *169* 187 212 667
1024; P 1026
temulentus (2):
  -a (ns): An 229; E 655
tenax: Ad 866
tend-o (3):
  -ere: E 626
  -itur: P 330(tenn-=KL) 331
  (tenn-=KL)
tenebr-ae:
  -is (ab): Hc 572
ten-eo (14):
  -eo: An 86 300 498; Ht 407;
  P 506
  -ere: Ad 86; E 598
  -es: An 349; E 406; Ht 700
  778; P 214
  -et: Hc 404 594
tenno: see **tendo**
tenu-is:
  -i (ab): P 5
tento: see **tempto**
tenuiter: P 145
ter-o:
  -endo (g ab): E 68
terg-um (2):
  -o (ab): Ht 728
  -um (ac): Hc 108
terr-a (5):
  -a (ab): Ad 316
  -a (v): Ad 790
  -am: E 580
  -arum: P 551
  -as: P 979
territ-o:
  -as: An 761
tertio: E 530
tesser-a:
  -is (ab): Ad 739
testimon-ium:
  -i: P 293
test-is (witness; 4):
  -em: Hc 694
  -is (ac): Ad 203; P 714
  -is (ns): Ad 347
testor (verb): Hc 476
tex-o (2):
  -ebat: Ht 294
  -entem: Ht 285

Tha-is (51):
-ide: E 545 956 1051
-idem: E 231 266 270 352 359 364 563 788 991 1055 1075
-idi: E 188 275 434 569 616 951 983 1026
-idis: E 267(Thainis=KL; hoc astare=DT; huius stare=F)
-is (n): E 391 499 508 527 532 619 725 733 743 848 963 1039 1040
-is (v): E 91 91 190 455 462 750 754 783 792 807 810 873 882 887 906
thensaurus: E 12
Thesaur-us:
-o (ab): E 10
Thras-o (8):
-o (n): E 353
-o (v): E 453 455 475 1025 1061 1068 1088
tibicin-a (2):
-a (n): Ad 905
-as: Ad 907
tim-eo (32):
-e: Ad 279
-eas: An 346
-ent: An 633
-eo: An 127 210 264 419; E 162 615; Hc 844; Ht 241 620 905; P 178 188 608 999
-ere: An 173
-eret: E 1004
-es: Ad 290; E 160; Ht 910; P 998 999
-et: Ad 227; An 269; Ht 189 434
-ui: Ht 309 531 664
-uit: P 294
timid-us (6):
-a (ns): E 642; Hc 734
-um (ac): Ad 305; P 205 284
-us: Hc 365
tim-or (3):
-ore: Ad 612; An 303; P 998
timorumen-os
-on: Ht 5
titub-o:
-et: Ht 361
tolerabilis: Ht 205
toler-o (6):
-abas: Ad 809(tollebas=FTU)
-abimus: P 556
-are: Hc 147; Ht 544; P 731
-et: Hc 478
toll-o (11):
sublati (sunt): Hc 507

-am (subj): Hc 571
-ebas: Ad 809(FTU)
-endo (g ab): Ht 665
-ent: Hc 704(-et=TU)
-ere: An 219 759
-et: Hc 704(TU)
-i: An 464; Hc 576; Ht 627
-is: An 776
-itur: An ae4
tonstrina: P 89
tot- (13):
- (ab): Hc 702
- (ac): E 1047; Hc 303 555 833; Ht 634
- (n): Ad 302 627; An 260; E 1033; Ht 128 130; P 454
totiens: Ad 128
tot-us (19):
-a (ab): E 245
-a (ns): E 195 1040
-am: Ad 311; Hc 221
-is (ab): Ad 396
-o (ab): Ad 527; An 342
-os: E 277
-um (ac): Ad 241; E 223; Hc 800 815; Ht 306
-um (n): Ad 245
-us: Ad 589; E 83; Ht 1043; P 994
tract-o (6):
-abat: Ht 366
-ant: P 17(DFT)
-are: Ht 101 557
-aret: Ht 153
-avit: E 924
-ent: P 17(-ant=DFT)
trad-o (11):
-as: E 320
-ere: E 870; P 2(transdere= KL) 237
-i: An ae9
-idi: P 829
-ier: Ad (199)
-ita (est): An ae8; Ht 516
-itus (sum): E 575
-unt: P 267
traduco: see **transduco**
trah-o:
-unt: An 260
tranquill-um:
-o (ob): E 1038; P 689(4)
tranquill-us (2):
-a (ns): P 479
-issuma (ab): An 620
transcurr-o (2):
-o: E 763
transcurso (ab): Hc 431

transdo: see **trado**
transduc-o (5):
-atur: Ht 722
-e: Ad 910(sp=4) 917(sp=DTU); Ht 744(tra(ns)duce=KL)
-enda (est): Ht 740
trans-eo (5):
-eas: E 537
-eundum (est): Ht 739
-i: P 921
-ire: Hc 273
-ito (2): P 719
transfer-o (9):
-: Ad 909
-et: An 379
-etur: Ad 731
-ri: An 952
translata (est): Ht 801
transtulisse: An 14; E 32
transtulit: Ad 263; Hc 169
transig-o (5):
transacta (ab): Ad 286
transacta (sc sunt): An 248
transegi: P 799
-ant: Hc 511
-etur: An 981
transmov-eo:
-et: E 400
tremo: E 84
tremulus: E 336
trepid-o (3):
-ari: Hc 315
-as: Ad 323; E 978
tr-es (5):
-es (n): An 87; E 471
-ia (ac): Ad (884); P 638
-is (ac): Ht 118
tribulis (subs): Ad 439
tridu-om (7):
-i: An 440
-o (ab): Ad 520
-om (ac): E 223 224; P 489 513 536
triennium (ac): An 69
triginta (5):
- (ac): Hc 421; P 897 1038
- (n): P 557 558
tris: see **tres**
trist-is (18):
-em: Ad 79; An 403; E 267
-is (ns): Ad 82 83 768 866; An 108 360 857; E 273 304 596 622; Hc 352 355; Ht 620; P 57
tristiti-a:
-a (n): An 235(F)
-ae (g): An 235(-a(n)=F)

tristiti-es:
-em: Ad 267
triumph-o (3):
-at: E 394
-o: Ht 672; P 543
truculentus: Ad 866
trud-o (2):
-is: E 379
-it: An 779
tu (1365):
te (ab): Ad 455 692 (797) 801 (F) 808 940; An 33 200 276 291 389 410 489 492 534 551 582 623 651 ael 3 15(me(ac)=U) 19; E 64 92 94 137 170 171 181 195 240 393 401 410 561 614 708 712 748 749 791(ac case=F) 864 966 989 1013 1054 1059; Hc 68 208 209 223 229 233 255 273 326 382 392 393 399 455 579 611 624 652 686 694 696 813 861 873; Ht 83 107 108 200 280 296 328 399 462 480 489 595 638 639 742 816 845 850 859 926 969 1020 1031 1032; P 137 175(F) 201 303 319 376 378 421 426 450 470 475 556 568 617 795 840 984 984 1001 1033
te (ac): Ad 30 32 33(om=F) 80 81 109 124 157 160 162 165 186 210 224 236 250 253 256 260 266 268 269 281 284 321 322 322 325 373 408 408 456 461 506 527(DFU) 535 535 564 568 575(om=F) 587 597 608 648 675 680 685 686 690 692 695 697 701 713 720 721 748 754 756 763 776 794 799 807 838 842 857 886 892 903 918 933 933 934 934 936 937(F) 941 943 946 986; An 29 35 42 50 134 190 196 199 200 255 287 289 291 292 293 295 307 316 319 326 345 351 355 356 372 379 383 396 397 403 405 408 408 411 421 450 489 502 504 533 533 536 538 544 548 556 574 580 590 595 624 642 654 659 683 685 686 688 708 730 731 753 761 777 787 820 823 834 864 869 871 885 899 901 947 ael; E 54 55 69 74 76 90 95 100 123 126 128 162 164 165 167 174 176 185 186 218 219 240 272 277 279 280 307(om=D) 308 310 338 371 371 374 401

428 431 438 448 481 489(om=4) 491 533 562 598 691 715 723 743 744 744 755 766 791(F) 793 795 852 882 885 887 887 904(sis(si vis)=F) 904 912(4) 913(mea(v)=4) 941 976 979 989 1008 1012 1016 1022 1056 1062 1064 1088 1089; Hc 63 64(FT) 67 73 84 88 89 106 113 134 141 209 210 227 237 243 250 251 253 256 265 266 288 325 338 338 348 358 384 386 387 388 389 390 394 395 426 430 456 466 473 474 483 498 535 538 544 562 581 588 592 606 610 625 626 652 662 677 681 691 692 721 732 733 743 745(DFT) 748 755 763 766(4) 792 808 809 845 847 849 871; Ht 58 60 68 70 76 79 106 151 154 164 177 235 251 257 258 265 302 304 305 316 324 353(4) 360 368 371 381 383 407 428 433 437 438 468 470 479 488 493 494 518 546 556 563 567 589 619 622 623 626 633 640 644 648 653 657 688 703 721 758 789 798 810 825 843 844 863 867 873 919 919 921 922 923(om=U) 925 927 933 937 943 962 965 968 975 975 985 988 989 1015 1026 1029 1034 1042 1048 1050 1052 1054; P 54 62 65 127 180 193 203 205 213 214 286 289 317 319 339 368 392 408 432 435 449 466 467 471 472 489 497 499 520 559 566 581 639 687 689 (4) 724 743 747 794 810 836 856 881 899 926 931 934 946 947 959 1004 1011 1020
tibi: Ad 34 97 104 133 177 179 189 (191) 192 219 223 226 273 337 457 537 551 557 571 642 644 646 660 689 693 704 733 737 782 790 801 814(F) 819 858 886 894 895 917 920 971 978 981 985 995; An 31 35 39 41 46 149 154(F) 204 205 254 294 296 315 325 328 334 352 353 355 375 376 392 394 420 448 454(F) 476 493 495 497 499 501 504 505 508 541 554 563 571 573 586(T) 599 618 635 645 647 653 666 675 677 683 684 694 703 704 710 726 762 822 841 842 849 850 866 884 897 928(om=FT) 968 ae3 14 20;

E 93 102 128 139 153 161 208 240 274 282 337 379 421 464 472 483 485 496 511 536 559 565 577 671 684 703 707 745 749 750(4) 759 785 786 792 797 798 800 802 803(4) 804 804 806 810 811 822 830 851 855 857 879 883 884 903 959(om=4) 1007 1018 1023 (1028) 1063; Ho 75 141 245 258 400 415 431 493 523 525 577 583 623 625 643 647 650 680 684 707 712 736 740 741 746 746 747(DFT) 751 761 767 791 851; Ht 61 71 75 80 87 102 156 157 159 164 176 210 221 241 243 315 331 336 341 347 350 351 356 404 427 466 474 482 492 508 522(mihi= FT) 531 579 590 592 593 596 610 616 624 683 729 739 741 742 762 763 790 797 818 820 829 892 911 920 923 926 957 959 961 965 966 975 977 977 979 988 1005 1021 1024 1060; P 52 62 127 130 151 162 171 179 207 291 318 337 341 375 379 394 404 (429) 435 439 448 468 484 493 [505](om=DFU) 516 519 523 557 590 634 654 681 700 748 813 847 850 859 880 910 933 946 967 974 992 1001 1003 1040 1047 1050
tu (n): Ad 62 97 100 103 104 107 111 126 127 130 162 164 168(DFT) 175 185 191 226(F) 277 284 290 350 353 394 395 (om=DT) 398 410 433 433 456 456 458 478 500 533 539 543 560 599 638 689 697 704 706 724 752 753 768 769 770 797 809 814 829 901 906 917 920 924 934 935 952 957(om=U) 969 970(4) 980; An 45 149 151 205 299 310 332 333 336 342 346 347 349 349 379 388 392 395 408 455 459(FT) 500 502 509(om=F) 516 521 535 536 579 [581](om=DFU) 591 619 635 655 658 680 685 708 714 727 735 738 742 747 752 764 775 778 784 849 852 890 905 907 908 909 910 910 921 926(DFT) 933 968 978 ae17 19(U); E 56 61 64 86 106 122 127 155 189 191 245 280 281 285 286 304 307(FT) 312 319 369 370(om=4) 372 372 379 392 426 440 444

447 450 453 470 472 474 475
484 489 494 534 567 594 679
687 711(om=U) 717 721 726
(om=DTU) 731 735 744 753
754 758 760 761 763 775 775
781 783 787 797 798 799 800
804 808 809 810 819 828 831
866 893 896 897 903 909 965
970 1021 1037 1042 1043 1061
1068 1073; Hc 70 83 110 154
197 206 213 214 222 249 259
292 317 340 355 359 415 430
462 503 524 541 549 560 589
603 610 613(DFT) 664 690 747
(om=F) 769 784 786 803 849
(FT) 860 862; Ht 66 153 155
167 177 180(F) 200 212 242
249 252 257 297(F) 315 343
352 374 398 436 449 454 486
518 550 585 590 595 632 660
707 715 729 748 769 783 786
792 813(om=DTU) 833 848 853
867 868 890 890 919 924(F) 975
986 990 1003 1007 1014 1022
1030(FT) 1060; P 57 60 132
166 167 173 219 223 229 280
295 318 320 341 343 345 350
383 384 397 403 417 422 426
436 438 490 496 496 496
518(F) 519 528(F) 532 542 613
635 637 670 698 777 798 804
806 808 819 846 846 849 857
858 858 914 932 935 936 945
970 998 1000 1001 1007 1041
1048
tu (v): Ad 289; An 710; E 102
217 434 594 664 691 1086; Hc
100; Ht 369; P 398
tui: Ad 178 683; E 802; Hc
142 219; Ht 400 1020
vobis (ab): Ad 662; E 1063;
Hc 471 640
vobis (d): Ad 19 423 432 491
529 962 989 991 995; An 27
738 757; E 962 1071 1087 1093;
Hc 44 224 241 254 506 585 665
667 759; Ht 52 388 392; P 218
545 563
vos (ac): Ad 388 392 490 503
504; An 345 585 588 707 768;
E 42 677 917 1069 1071 1084;
Hc 9 29 46 92 93 230 255 265
269 351 750; Ht 26 387 393 409
744 977; P 478 639 740 906
(adeo(verb)=4) 909 927 966 989
vos (n): Ad 4 501 586 945 992;
An 28 285 804; E 29 506 816

1094; Hc 218 664 874; Ht 1067;
P 745 938 948 1055
vostri: An 765
vostrum: Hc 7c(DT); Ht 1 9
393
tuber (bump): Ad 245
tum (118): Ad 105(tunc=F)
226(F) 232(4) 235 283 315 340
345 649 811 851; An 80 87 96
106 109 121(cum=T) 131 135 148
192 223 262 269 380 381 444
632 634 746 816 839 924 926
(tu=DFT) 931(om=D) 932 936
972; E 4 108 119 281 303 339
[356](om=DF) 370 403 407 446
485 510 514 597 604 604 606
637 646 725 793 839 883 929
985 1015 1037; Hc 79 115 145
186 211 238 299(nam=FT) 302
345 394(primum=F) 408 462
551 573(om=DU) 592 688; Ht
22 228 262 282 288 329 445 602
605 718 801 847 972 1022; P 71
159 171 184 187 241 284 328
396 400 476 503 514 518(tunc=
F) 541 549 605 665 912 (918)
919 962 1010 1023
tumultu-or (2):
-antur: Hc 41
-ari: Hc 336
tumult-us (3):
-i (g): An 365; Hc 356
-um: P 32
tunc: Ad 105(F)
tund-o (2):
-endo (gv ab): Hc 123
-erem: Ad 319
tu-os (215):
-a (ab): Ad 214 694 713 742
809; An 370 658 689 722 941
ael; E 466 1051; Hc 213 591
618 810; Ht 75 646 683; P 685
723 1016
-a (ac): Ad 810; Ht 783; P
280 932
-a (np): P 1020
-a (ns): Ad 257 340 621; An
308 549; E 317 1058; Hc 588
631 637 761 779; Ht 56 60 328
354 376 435 573 720 739 814
821; P 164 422
-ae (d): An 296; E 886; Hc
245; Ht 961 967; P 872
-ae (g): An ae2; Ht 73
-ae (n): Ad 836
-am: Ad 195 267 398 410 749
755 771; An 290 324 510 540

939; E 707 766 798; Hc 109
391 538 577 677 858 862; Ht 59
311 333 335 385 479 604 772
880; P 431 433 434 449 466 467
469 860 959
-arum: Hc 675; Ht 463
-as: Ad 536; E 1090; Hc 592;
Ht 372; P 835
-i (g): An 44(F); Hc 534 682;
Ht 695 767
-is (ab): Ad 176; An 616 975;
E 651; Hc 526; Ht 1037; P
430 543 672
-o (ab): Ad 217 603(-om(ac)
=DFT); An 179 [307](om=
DU) 851; E 458 1076 1077; Hc
586; Ht [307](om=DFU) 402
(F) 823 880; P 817 849 1016
-o (d): Ad 974; An 535 831;
E 1076; Hc 583; P 1039 1049
1053
-om (ac): Ad 107 114 223 395
400 603(DFT) 683 764 798 802
980; An 289 378 646 685 883
921; E 597 794 863; Hc 89 290
292 398(F) 683 689 758; Ht
264 323 332 402 433 478 623 742
898 1017 1028; P 199 380 384
724 958 973
-om (n): An 168 678; E 428; P
1048 1051
-os (ac): Ad 170 984; E 312
1089; Hc 239
-os (n): Ad 139 462 837 902;
An 353 976; E 196; Hc 345
482 524 582 859; Ht 552 645
1025; P 422 872 1048
-um (ac): An ae16(U); E 803
(tibi=4)
turb-a (22):
-a (ab): Ad 614 773; E 723
764
-a (n): An 235(-ae(g)=F); E
726 947; Hc 43; Ht 190
-ae (g): An 235(F) 745; E
800; Ht 254; P 990
-ae (n): Ad 785; An 380
-am: Ad 907(F) (912); E 616
744
-as: Ad 907(-am=F); E 653;
Ht 970
-is (ab): P 824
turb-o (2):
-atum (est): E 649
-ent: Hc 634
turp-is (6):
-e (ac): Ht 1042; P 415

-e (n): Ad 275; P 456 913
-is (ns): P 107
turpiter (2): E 230; Hc 624
tussis (ac): Ht 373
tutel-a:
-am: Hc 52
tuto (adv; 2): E 577; Ht 973
tut-or (subs):
-orem: An 295
tut-or (verb; 5):
-andam: An 288; P 466
-ari: Hc 42
-atur: P 789
-or: Hc 735
tut-um (5):
-o (ab): Ad 267; Ht 689(4)
695 708; P 734
-um (ac): Ht 689(-o(ab)=4)
tut-us (3):
-issimum (n): Ad 552
-um (ac): Ht 327
-us: P 818
tuus: see **tuos**

U

ub-er:
-errimus: E 253
ubi (see also **ubinam**; 184): Ad
82 109 119 203 226 232 234 260
265 321 359 361 378 434 444
471 526 527 569 570 572 574
577 581 582 586 618 633 702
788 924; An 52(F) 173 338 343
356 598 607 631 637 638 638
684 684 742 837 848; E 52 55
116 132 140 163(numcubi=4)
165 255 260 294 294 295 295
312 321 322 351 394 405 406 414
440 460 464 472 484 484 485
512 517 537 555 576 596 600
608 610 612 628 630 635 643
643 675 719 738 747 754 776
780 813 813 814 835 844 954
973 1006 1015 1042 1042 1050
1080 1088; Hc 20 84 130(D)
155 183 185 189 217 242 378(F)
522 608(DTU) 677 789 790 791
800 813 867; Ht 99 121 128
150 154(ibi=FT) 208 220 275
276 281 303 304 308 316 376
390 392 578(DTU) 616 754 813
820 821 829 891 906 916 962
965 972 1059; P 47 48 49 61 143
154 192 254 280 306 308 343
413 573 597 715 718 727 749
862 866 892 907 970 989 993
1010 1054

ubicumque: see ubiquomque
ubinam (sep=DTU; 5): An 965 (sep=F); Ht 256(sep=4) 430; P 484 827
ubiquomque (3): Hc 130(sep= D) 608(sep=DTU); Ht 578 (sep=DTU)
ubivis (2): An 203; Hc 284
ulcisc-or (8):
 -ar (ind): E 942
 -ar (subj): Ad 313(om=F); P 989
 -i: An 624; E 762; Hc 72; P 963
ultus (essem): P 189
ulcus (ac): P 690
ull-us: (26):
 -a (ab): Ht 149
 -a (n): Ad 716; An 971; Hc 470 587; Ht 395 583(D)
 -ae (n): Hc 180
 -am: Ad 86 349; An 257(om= F); E 807; Hc 127 200 239 662; Ht 1006(F)
 -o (ab): Hc 266 303 724
 -um (ac): Ad 135(D); An 256 573; E 58; Hc 361 374
 -um (n): Hc 326; Ht 1024
 -us: Hc 204
ult-er (3):
 -erior (n): P 600
 -ima (ab): P 215
 -imis (ab): Ht 902
ultro (14): Ad 472 595 596; An 100; E 47 53 69 70 250 812 813 860; Hc 609(FT); P 360 769
umer-us (2):
 -is (ab): E 314
 -um: P 844
umquam (22): Ad 159 164 223 (F); An 444; E [699](om=F) 853 960 972 1064; Hc 281 389 435 525 641 880; Ht 217 261 559(quicquam(ac)=F) 1006 1024 1031; P 245(F) 505(numquam =F) 1018
una (45): Ad 16 356 494 495 496 598 747 753 843 851 973; An 63 81 107 108 851 924; E 211 229 367 373 422 495 522 574 614 702; Hc 131 138 207 236 273 322 326 433 725 798; Ht 191 241 294 651 684 907; P 556 809
unciatim: P 43
unct-us (pa):
 -um (ac): P 339

unde (45): Ad 106 122 302 413 981; An 511 748 750 754 843; E 11 12 13 115 305 306 321 555 695 700; Hc 81 305 351 362 825 831; Ht 246 253 534 654 658 823 978; P 333 418 534 540 574 580 604 729 748 952 967 1018
unguent-um:
 -a (ac): Ad 117
ungu-is:
 -ibus (ab): E 648
unic-us (7):
 -am: An 100 540; P 646
 -um (ac): Hc 118; Ht 93 131
 -us: Ht 540
univors-us (3):
 -is (d): Ad 19
 -um (ac): E 224; P 45
un-us (77):
 -a (ab): E 69; Hc 462 601; Ht 252
 -a (ns): An 904; E 295 594 1038; Hc 371 462; Ht 293 334 461 583(ulla=D); P 831 983
 -am: Ad 258 909 926; An 118; E 852; Hc 420; Ht 455; P 98 483 514 754 1007 1041
 -is (ab): An 674; E 367
 -ius: Ht 205
 -o: An 45 96; E 119 122 178 284 740; Hc 201; Ht 392; P 417 470 602 625
 -um (ac): Ad 135(illum=D) 138 239 293 332 436 590 833; An 281 300 411 454(F) 506 753; E 877 1047 1084; Hc 313 766; Ht 129 895; P 137 265 304 904
 -um (n): Hc 570; P 170 304
 -us: An 77 940; E 412; Hc 861(om=F); Ht 717
urban-us:
 -am: Ad 42
ur-bs (6):
 -be: Ad 949; Hc 589; P 517 (-bem=F)
 -bem: Hc 175; Ht 191; P 517 (F)
 -bis: E 972
ur-o (2):
 -at: E 438
 -o: E 274
uspiam (2): Ad 28 37
usquam (9): Ad 161 223 (umquam=F) 337(4) 626; An 420 878; E 293 1092; Hc 293 563

usque (32): Ad 90 182 213 215 559 631 655 715 718 859 962; An 199 262 303 662; E 220 278 471 741; Hc 125 423 442 544; Ht 136 138 183 684 983; P 249 (FTU) 327 395 589 1030
us-us (17):
-u: E 1077; Hc 548 616; Ht 210 221; P 73(-us(ns)=4)
-us (ns): Ad 429 856 895; Hc 327 878; Ht 80 81 553 556 557; P 73(4) 505
ut (671):
ut (as; 131): Ad 79 139 161 226(F) 246 298 389 399 431 480 491 513 522 587 648 682 706 749 787 827; An 77 80 148 179 213(F) 245 303 310 418 421 445 459 522 618 623 738(4) 795 805 805 898 949 ae17; E 19 93 98 174 207 385 525(uti=DT) 600 630 750(FU) 814 831 870 870 1074; Hc 150 158 218 264 272 312 379 380 511 544 567 579(uti=FT) 598 603 604 604(F) 607 612 688 719 764 780(DT) 866; Ht 63 80 100 168 195 212 219 402 417 463 500 524 529 552 598 649 666 686 702 738 749 869 949 1030 1036 1053; P 55 155 169 281 347 396 402 409 413 476 479 480(om=F) 483 537 555 611 638 651 700 752 759 774 776 784 795 808 814 888 1020 1043
ut (how; 37): Ad 229 248 (DTU) 248(DTU) 559 630(4) 630(U); An 35 263 378 618; E 128 274 648 670 800 919 970; Hc 145 406 468 567 785; Ht 189 200(w ut=F) 200 (w ut=F) 284 406 436 482 569 578(DTU) 664 844 850 870(om=FTU) 1040 1063; P 224 368(om=F) 468 (4) 468(4) 531(DTU) 531 (DTU) 644 715 820(DTU) 945
ut (that; 480): Ad 50 159 234 238 273 275 277 280 298 312 317 334 350 354 446 491 510 514 516 520 530 539 598 611 626 627 630 632 636 653 654 699 706 741 750 772 776 823 826 845 848 851 857 858 868 874 933 986; An 3 17 22 23(F) 25 30 37 56 61 65 81 101 120 135 157 160 162 163 166 168 182 (U) 188 190 200 226(om=F) 235 243 259 277 279 280 281 313 316 327 339 349 355 386 390 394 402 408(om=F) 413 431 456 [483] 487 494 508 515 516 524 542 546 548 550 553 554 556 577 583 588 592 594 603 615 623 626 627 628 654 661 687 699 701 705 712 [712] 729 731 735 741 775 793 818 824 828 830 831 834 879 888 899 904 914 917 967 ae10 14; E 21 45 63 74 93 146 157 182 192 220 220 226 240 249 262 264 266 281 309 314 340 361 362 364 375 386 394 396 438 439 466 499 502 502 503 512 528 533 537 540 544 562 572 573 579 582 618 619 625 627 690 735 739 771 787 801 808 815 841 869 871 881 885 909 921 926 933 942 945 956 969 1005 1026 1045 1055 1058 1059 1076 1084; Hc 3 7 10 12 18 20 26 36 38 47 56 56 61(4) 68 80 92 99 101 105 107 (4) 107 108 116 121 128 131 135 139 211 221 225 236 243 245 248 257 259 262(DTU) 268 275 280 296 300 324 374 384 390(4) 396 420 427 435 439 447 490 498 501 509 532 545 548 558 559 571 580 584 590 595 596(F) 637 670 674 683 686 694 724 737 757 760 764 769 774 786 787 795 796 809 827 835 841 857 859(uti=U) 861; Ht 36 42 51 58 76 79 79 81 84 98 104 129 170 185 186 211 269 307 328 330 340 342 358 360 367 368 382 395 397 411 436 449 457 468 470 493 496(4) 504 508 511(F) 552 572(DT) 605(F) 617 646 651 662 665 667 681 689 695 698 705 706 711 711 721 725 756 780 781 782 784 789 810 854 867 881 893 895 899 925 934 935 945 946 948 951 954 964 964 980 1026 1027 1046 1050 1054 1056; P 8 38 42 59 66 107 113 125 151 153 154 165 168 176 201 204 212 240 245(om=F) 261 270 304 314 379 404 415 417 431 443 463 489 498 500 505 512 512 533 547 586 592 619 622 625 634 648 654 669 671 675 719 733 734 734 760 766 770 772 773 776(om= F) 777 784 785 794 827 830

832 835(uti=F) 836 836 845 881
898 899 904 925 933 955 957
965 975 980 992 1043
ut (when; 14): Ad 406 590 618;
An 736(w quomque=F); E 782;
Hc 115 251 343 365 378(ubi=
F) 752 802; P 617 859
ut (would that; 9): Ad 713
973; An 409; E 302 339; Ht
868; P 687 711 773
utcumque: see utquomque
ut-er (5):
-ram: Ht 326
-rum (ac): Ad 195; Hc 465
618; Ht 1058
uterque (17):
uterque: Ad 130; E 840 1022;
P 501 800 880
utraeque: An 287
utramque: Ht 47 440
utrique (d): An 546 548 ae10;
P 800
utrique (n): Ht 394
utrisque (ab): Ht 394
utrumque (ac): An 416
utrumque (n): E 121
utervis (3):
utramvis: An 10; Ht 342
utrumvis (n): Hc 525
uti (34):
uti (as; 17): Ad 635 755 894;
An 542; E 117(ut[i]=KL) 364
(ut[i]=KL) 525(DT) 748 750
(ut=FU [1010a](ut[i]=KL;
om=4); Hc 164 579(FT) 604
(ut=F); Ht 288 296 490 524;
P 905(ut[i]=KL) 908
uti (how; 5): Hc 199; Ht 870;
P 181 507 835(F) 874
uti (that; 12): Hc 61(ut=4)
66 78 107(ut=4) 387 390(ut=4)
859(U); Ht 304 496(ut=4) 605
(ut=F) 640 640; P 322
utibil-is:
-e (n): P 690
util-is (7):
-e (ac): An 61 572
-e (n): Ad 341; An 811 835;
Hc 151; Ht (199)
-es (n): An 287(T)
utilit-as:
-atem: E 309
utinam (17): Ad 453 507 518
972; An 463 606 807 931; E
91 175 210 655 (1028); Hc 354
536; Ht 161; P 157
utiquam (4): An 330(w ne=U);

Hc 125 403; Ht 357
ut-or (27):
usa (sum): Hc 837
usi (sumus): Hc 423; P 31
usum (sc esse): Ad 250; An 14
usus (es): An 202
usus (est): Ad 21
usus (sum): Hc 11
-amur: P 31
-antur: Ad 815
-ar (ind): P 533
-atur: Ad 981
-enda (ac): Ht 133
-ere (imp): Hc 764; P 527
-etur: Ht 217
-i: E 35; Hc 10 37 80; Ht 132
196; P 79
-ier: P 603
-itor (2): Ht 972
-itur: Ht 196
-untur: E 168
utquomque (2): An 736(F); Ht
578(sep=DTU)
utrum (3): Ad 382; E 721; P
659
utut (5): Ad 248(sep=DTU) 630
(sep=4); Ht 200(F); P 468
(sep=4) 531(sep=DTU) 820 (ut
=DTU)
ux-or (132):
-or (n): Ad 30 32 759; An 216
254 581 891; Hc 522 666 695
709 774 779(falso=F) 781; P
585 693 700 746
-or (v): Hc 607; Ht 622 879
-ore: An 146 273 423 446 949;
Hc 614 632; Ht 98; P 425
-orem: Ad 44 46 151 334 696
699 700 811 867 904 973; An
101 155 172 177 191 238 242
321 352 353 372 376 388 395
418 446 452 520 528 560 657
781 898 971 ae21; E 888; Hc
62 100 116 135 147 174 241 294
299 320 341 366 501 514 558
577 602 644 654 678 686 698
744(hic=F) 745 752 819 862; Ht
604 703 774 847 854 948 999
1056; P 40 115 169 231 651 658
691 719 744 776 797 860 907
924 936 941 959 1005
-ores (ac): P 754 1010 1041
-ori: Ad 929; Hc 302; P 665
681 872
-oris: Hc 167; Ht 104; P 244
680

uxori-us:
-a (ab): An 829

V

vacivus: see vocivus
vacu-os:
-om (ac): An 706(vocivom=DFT)
vad-um:
-o (ab): An 845
vae (9): Ad 301 327 383; An 302 743; E 709; Hc 605; Ht 250 917
vag-io:
-ientis: Hc 517
vah (20): Ad 38 187 315 405 (ah=DU) 439(vaha=KL) 445 ([v]ah=KL; ah=FTU; om=D) 532 578 613a(om=F) 615(F); An 589 688; E 730; Ht 253 587 600 765 776 857([v]ah=KL; ah=4) 901 978
vaha: see vah
val-eo (23):
-e: An 374; E 190; Hc 197 197; Ht 167; P 533 883 883
-eant: An 695
-eas: Ad 622
-eat: An 889; E 881
-ebit: Ht 26
-emus: An 309
-eo: Ht 244
-ere: Ht 488
-es: Ht 406
-et: Ht 430; P 256 987
-ete: E 1094; Ht 1067; P 1055
valid-us:
-um (ac): Hc 457
vanit-as:
-atis: P 526
van-us:
-a (ns): Ht 997(4)
-um (n): E 104
vapul-o (5):
-a: P 850
-abit: E 742
-ando (g ab): Ad 213
-andum (sc esse): P 249
-et: Ad 159
vari-us:
-a (ab): E 683
vas (vessel; ac): Ht 141
-ve (10): An 748; E 82 304 558 (F) 967 995; Hc 596(ut(that)=F) 739; Ht 974; P 444 554
vecordia: An 626

vect-is:
-i (ab): E 774(sp=F)
vehem-ens (3):
-ens (ac): Ad 17
-ens (n): An 150; Ht 440
ehementer (3): Ad 682; E 1069; Hc 488(sp=DT)
veh-o (3):
vectus (est): Hc 433
-eres: Ad 225
vexerat: P 576
vel (26): An 266 489 652 652 680 905 905 905; E 223 319 319 319 397 479 1081; Hc 60; Ht 56 56 78 78 540(DFT) 568 640 640 806; P 143 989
vementer: see vehementer
vend-o (11):
-ere: Ad 192 745; Hc 7
-idi: Ht 144
-idisse: Ad 204
-idit: P 510 510 510 511
-it: E 134
-undam (sc esse): Ad 193
venefica (v): E 825
venefic-us (subs):
-o (d): E 648
veni-a (8):
-a (ab): P 378
-am: Ad 937 942; An 901; Hc 605; Ht 1049; P 119 1036
ven-io (134):
-eram: Ad 435 677
-erat: E 451 666; Hc 802
-ere: Ht 886; P 77
-eris (ind): Ad 574 582
-erit (ind): Ad 895; Ht 557
-erit (subj): Ht 764
-ero: Ad 378(rediero=4)
-i: An 758 818; E 512 635; Hc 251; Ht 3 364; P 592(F)
-iam (ind): An 713; E 530; Ht 274 728
-iam (subj): An 713; Ht 725
-iant: Hc 360
-ias: Ad 240 583; An 687 712; P 973
-iat: Ad 294; E 266 739; Hc 809; Ht 170 556; P 154(DFT) 161 314(adveniet=F)
-iebat: P 652(sp=4)
-iemus: P 129
-ient: Ad 23
-ientem: An 414
-ientis (ac): An 84
-ies: E 53

(180)

-iet: Ad 340 759; Hc 335 442; Ht 553 725
-imus (pres): An 128; P 103
-io: Ad 231 243; Hc 9; P 592 (veni=F) 906
-ire: An 735; E 910; Ht 1005; P 255 339 610
-irem: E 528
-iret: Ad 674; An 917; Ht 305 640
-is: Ad 233; An 909(F)
-isse: E 589; Hc 314 353 372 452; Ht 407(advenisse=F); P 575
-issent: Ht 231
-isti: E 692
-it (perf): Ad 561 653; An 100 144 855; E 137 233 693 696 733 1003; Hc 345 346 346 368(om=FT) 394; Ht 188 431 432 997; P 36 73 505 601
-it (pres): Ad 60 472; An 406; E 206 291 498 594 752 844 894 987; Hc 39 67 141 405 536 734 770; Ht 889; P 154(-iat=DFT) 183 762
-tum (est): Ht 275; P 135 283 1010
-turam (sc esse): Ht 726 735; P 777
-turum (sc esse): E 205
ven-or:
-andum (g): An 57
ven-ter:
-trem: P 988
ventul-us:
-um: E 595
Venus: E 732
venust-as (2):
-atem: Hc 858
-atis: Hc 848
venuste: E 457
venust-us:
-o (ab): An 120
verben-a:
-as: An 726
verb-er (2):
-era (n): Ht 356
-eribus (ab): An 199
verbero (subs; v; 2): P 684 850
verber-o (verb; 3):
-ando (g ab): Ad 213
-are: Ad 562
-avit: Ad 198
verb-um (72):
-a (ac): Ad 621 769; An 204 211 505 579 ae13(DT); E 67 568 741 833 950; Ht 372 682 735 892; P 61 639
-a (n): E 158 727 742; Ht 356 914; P 517 1015
-i: P 343
-is (ab): Ad 164; An 99 165 736 824 857; E 214 400 632; Hc 416 720; Ht 263 636; P 75 100 477 501(D) 632
-o (ab): Ad 11; An 45; E 178; Hc 347; P 197
-o (d): P 212
-orum: E 24; P 436 713
-um (ac): Ad 11 135 952; An 178 240 256 300 411 752 860; E 175; Hc 313; Ht 1031 1042; P 212 280
-um (n): Ad 803; An 426 885; E 88 732
ver-e (11):
-e: Ad 28 125 818 955; An 885; E 175 606(F); Hc 473 796; Ht 154 931(vero=DT)
-issime: P 772
verecund-us:
-os: P 1023
ver-eor (38):
-ear: An 276; P 738
-eare: Ht 175 939
-eatur: P 783
-ebamini: P 901(rebamini=DF)
-ebar: An 176
-entur: An 638a
-eor: Ad 269 684 698; An 73 234 323 705; E 81 644; Hc 101 412 575; Ht 198 231; P 325 491(om=F) 585 730 965
-ere (imp): Ht 85
-ere (ind): P 61
-eri: Ad 828; E 142
-itum (ac): P 315
-itus (es): An 496 (sc es): E 854
-itus (est): An 488 936
-itus (sis): P 971
-itus (sum): An 582
veritas: An 68 857(DT)
vero (adv; see also **enimvero**; 66): Ad 267 268(facile=F) 395 405 435 469 644 717 754 902 925 975; An 186 337 596 755 854 917 926; E 34 89 288 299 391 393 402(verum(adv)=F) 576 591 606(vere=F) 623 634 675 685 687 715 803 861 894 908 912(te oro=4) 930; Hc 250 306 335 403 461 626 726(hinc

=F) 877(om=F); Ht 244 394
520 538 591 612 638 692 766
931(DT) 944; P 110 175(U)
287 435 558 936(hercle=F) 1047
1054
vers-: see **vors-**
vert-: see **vort-**
verum (adv, often with conjunctive value; 65): Ad 129 145 174
201 206 221 255 431 508 543
561 570 904 946; An 4 719 929;
E 51 102 142 173 183 347 388
402(F) 412 484 526 666 742
1019 1071; Hc 484 542 579 618
713 766 835; Ht 153 208 242 361
413 598 647 735 754 782 789 795
958 1013; P 237 295 299 324
407 453 525 555 563 630 744
775 1034
ver-um (subs; 24):
-a (ac): E 103 106; Hc 736;
Ht 490 711; P 278
-i: Ad 627; An 225; Hc 140
399; Ht 237 802 990
-is (ab): P 501(verbis=D)
-um (ac): An 437 708; E 713;
Hc 140 864; Ht 319 344 766
993; P 545
ver-us (39):
-a (ab): Ad 987
-a (ac): An 465 922; E 828
-a (np): An 525 973; Ht 296
-a (ns): An 158; Ht 336 989
995(F) 997a(om=4)
-ae (n): An 47 103(om=DFT)
-am: E 925; Hc 306 (540)
-is (ab): An 478
-o (ab): An 839
-um (ac): Ad 698 862; An 958
958; Hc 843; P 493
-um (n): Ad 578 888; An 426
629 698 769 864 905; E 732;
Ht 348 582 995(-a(ns)=F); P
206
-us: An 423; E 318
vesp-er (3):
-eri (loc): An 768; Ht 67
-erum: Hc 442
vesperasc-o:
-it: Ht 248
vester: see **voster**
vestiment-um (2):
-is (ab): Ht 903
-um (ac): Ht 141
vest-io (2):
-iant: Ht 130(4)

-ient: Ht 130(-iant=4)
-itam: Ht 286
vest-is (20):
-e: E 683 820 907; Ht 286 452
-em: Ad 121; E 370 370 572
609 646 695 701(T) 707 1015;
Ht 248 252 778 855 893
-is (g): E 671
vestit-us (6):
-u (d): Ad 63
-um: E 556
-us (ns): E 242 558; Ht 968;
P 107
veterator (2): An 457; Ht 889
veter: see **vetus**
veternosus: E 608
vet-o (5):
-as: Hc 317; P 417
-itum (esse): P 864
-o: Ht 378
-uit: P 709
vet-us (10):
-ere: Hc 37
-erem: E 25
-eres (n): E 43
-eris: An 7
-us (ac): E 428
-us (n): Ad 803; E 688; Ht 22;
P 1 13
vi-a (34):
-a (ab): An 442 491 600 670;
E 245 322 495 906; Hc 73 569
828; Ht 31 101 329 706 789
850; P 192(-am=U) 310 566
-a (n): Ht 583; P 326
-am: Ad 317 921; An 190 776;
E 247 294; Hc 360 454; Ht
248 301; P 192(U) 964
-as: E 629
vicin-a (3):
-a (n): An 105
-am: E 359; Hc 720
vicini-a (2):
-ae (g): An 70(-am=DFT); P 95
-am: An 70(DFT)
vicinitas: Ht 56
vicinus (adj): P 98(cognatus=4)
vicin-us (subs; 6):
-i (g): Hc 124; Ht 411
-i (n): Ht 499
-um (ac): Ht 169 180 527
vic-is:
-em: Ht 749(used adv)
vicissim (4): E 815; Ht 310 688;
P 835
vicissitudo: E 276

(182)

victit-o:
-as: E (1074)
vict-us (4):
-um (ac): An 75; E 261; Ht 447
-us (ns): Ht 968
videlicet (3): Ad 450; Ht 263 514
vid-eo (335)
-e: Ad 195 228 239 343 550 559 766; An 350 385 399 569 588 736 825 878; E 224 380 670 836 838 919 964; Hc 223 420 484 841; Ht 212 315 326 352 369 374 459 600 871; P 111 346 358 553 711 762 803 840 986
-eam: Ad 973; An 329 750 818; E 676 (1028); Ht 211 413
-eamur: Hc 275
-eant: Ht 504; P 839
-ear: An 494; Ht 577
-eas: An 516 856; Ht 619 1023; P 368
-eat: An 819 919; E 907; Ht 235
-eatur: An 377; E 785
-ebar: E 728
-ebat: Ht 907
-ebimus: Ht 558
-ebit: Ad 526 668; E 367; Ht 754
-ebitur: Ht 801
-ebo: E 1009
-emur: An 757
-emus: P 104
-enda (est): Ht 689
-endae (g): Hc 372(F)
-endi (g): E 639; Hc 92 372 (-endae(g)=F)
-endum (est): Hc 729; Ht 694
-ens (n): E 73
-ent: Ht 643
-ente: Ht 913
-entur: Ad 660(-etur=DU); An 366; Hc 203; P 792
-eo: Ad 79 252 266 305 361 438 445 749 826 827 918; An 234 311 318 336 357 364 415 416 482 580 605(om=F) 800 801 906 963; E 236 267 271 289 464 509 557 603 714 724 788 836 848 913 919 967 1006; Hc 81 246 250 352 428 450 523 597 622 692 714 770 807 826 854; Ht 125(inde=F) 128 244(vivo= F) 256 337 405 418 426 659 670 869 1047 1053; P 50 177 215 253 464 607 736 795 797 (918) 919
-eor: Ad 384; An 493 702
-eram: E 1030; Hc 863
-ere (ind): Ad 850; E 731 900; Ht 59 490 759; P 173
-ere (inf): Ad 384 387; An 429(F) 688; E 561 597 687 937; Hc 183 345 651; Ht 497; P 7 482
-erem: E 574 945
-erent: E 842
-eri: An 429(-ere=F); Hc 141
-erier: Hc 759
-erim: P 367
-eris (ind): E 567
-erit (ind): An 773
-erit (subj): E 567
-ero: Ad 538 845; An 456; Hc 700; P 1045
-es: An 286 322 373 616 738; E 241 265 272 463 675 754 783 836; Hc 382 680; Ht 252 405 555 1013; P 621 958
-et: Ad 94; An 242 513; E 132 260; Hc 126 158; P 569
-ete: Hc 664
-etis: Ad 993; P 446
-etur: Ad 133 337 660(DU) 945; An 315 452 563 856; E 273 684 786 839 857 934; Hc 272 646 707; Ht 582 599 616; P 448 450 455 1033 1040
-i: Ad 211 329 366 527 542 618 867 922; An 428 768 769 838 844; E 350 376 615 844 958 1009; Ht 402 491 563 917 962; P 95 591 815
-isse: Ad 717; An 358; E 332 360; Hc 550; Ht 772; P 199
-issem: P 189
-isti: Ad 400; E 322 350 713
-it: E 678 679 960 1015
visa (erit): Ht 997(vana(ns)= 4)
visa (est): An 122; Hc 318 864; Ht 520 522; P 326 815
visa (sum): E 454
visum (sc esse): P 432
visum (est): An 647; E 1018; Hc 125 843; P 94 619
visurum (sc esse): Hc 366
visus (est): An 255 447; E 682; Hc 517
visus (forem): Hc 525
visus (sum): An 616

vidu-a (2):
-ae (d): Ht 953
-am: P 913(F)
vietus: E 688
vigilans (pa): An 972
vigilanti-a:
-am: Ad 398
vigil-o (2):
-abis: E 221
-es: E 278
viginti (7):
- (ab): Ad 191; E 984
- (ac): Ad (915): E 169
- (n): Ad 223 742; E 183
vil-is (3):
-ioribus (ab): P 791
-is (ns): P 558
-ius (ac): Ad 981
vilitas: P 1013
vill-a (5):
-a (ab): Ad 541
-am: Ad 517; E 633 641; Ht 731
vill-um:
-i: Ad 786
vincibil-is:
-em: P 226
vinc-io (4):
-to (ab): E 314
-tum (ac): An 865
-tus (est): An 954 955
vinc-o (18):
viceris (ind): An 892
vicit: Ad 567; E 727; P 275
victa (ns): Hc 589
victo (ab) Ht 438
victum (esse): E 55 (sc esse); P 630
victus: E 178(ictus=F); Hc 168 244
victus (est): Ht 114
-am (ind): P 132
-es: P 849
-i: Ad 482
-imur: P 135
-or: Ht 644; P 501
vinolentus: P 1017
vin-um (5):
-i: Hc 823; Ht 458
-o (ab): Ht 568
-um (n): Ad 470; E 727
viol-ens:
-entissimus: E 954
violenter: P 731
vir- (65):
- (n): Ad 476 705 723 961; An 915 915; E 66 154 307 578 660 785; Hc 276 524; P 324 638 790 941
- (v): Ad 556 557 983; An 616 846; E 850; Hc 235 523; Ht 622 645(F) 1005 1015 1048; P 991 1002
-i (g): Ad 464; Hc 166; P 139 787
-i (n): Hc 663
-is (d): Hc 202 274
-o (ab): Ad 657; Hc 491 789; Ht 392
-o (d): E 799; Hc 516; P 790 1053
-um: Ad 564; An 295 436 445 460 571 718 ae3; E 918; Hc 267 524 556; Ht 366 619; P 297 367 792 795
virg-o (69):
-ine: Ad 346(DTU); E 721 868; Hc 138
-inem: Ad 466 654 673 686 725 734 889; An 428; E 132 143 229 342 346 505 577 601 645 654 667 704 766 773 792 857 927 951; Hc 136; Ht 97(F) 1061; P 95 120 752
-ini (ab): Ad 346(-ine=DTU)
-ini: E 916; Hc 151 383 574
-inis: Ad 471 478 598; E 202 617 722 891; P 128 570
-inum: E 313
-o: Ad 474 479 650 650 728 731; An 924; E 293 313 321 565 583 592 659 820 829 908; Hc 145; P 100 104
viril-is:
-i (ab): P 957
virt-us (9):
-us: Ad 257; Ht 56; P 33
-ute: Ad 442
-utem: E 778; Ht 207
-utes (ac): Ad 536; E 1090
-utibus (ab): Ad 176
vi-s (24):
-: Ad 67 493; E 68 319 752 790 796; Hc 268 574 828; Ht 101; P 214
-m: Ad 308; An 277; E 616 768 778 807 963; Ht 710
-s (n): Ad 303 490(ius=DF) 943; P 107
vis-o (16):
-am (ind): An 708; E 545 1042; Hc 339; Ht 170; P 899
-am (subj): Hc 341

-as: Hc 342
-e: E 663; P 445
-endi (g): Hc 342
-entem: Hc 237
-ere: Hc 189; P 102
-o: Ad 549; An 535
vit-a (53):
-a (ab): Ad 944 987; An 61 ae4; Ht 315 1006; P 367
-a (n): Ad 340 739 989; An 62 347; E 552; Hc 405; Ht 265 972; P 164 202 363 734
-ae (d): An 142 210
-ae (g): An 95; Ht 283 636
-am: Ad 42 45 331 410 758 855 859 863 869; An 49 67 74 189 272 822 959; Hc 216 282 490 691; Ht 136 280 385 479 693; P 218 466
-as: Ad 415
viti-o (6):
-are: E 858
-asti: Ad 686
-atam (esse): E 704
-avit: Ad 467; E 654 953
vit-ium (17):
-i: Ad 833(F); Hc 154 270; Ht 1021
-ia (n): E 59
-iis (ab): Ht 30
-io (ab): E 722
-io (d): Ad 5 418; An 8
-ium (ac): Ad 308 833(-i=F); Hc 542
-ium (n): Ad 296 953; Hc 2 (112) 383
vituper-o (2):
-andus (es): P 465
-ant: An 15
viv-o (48):
victurum (sc esse): Ad 332
-am (ind): P 483
-am (subj): Hc 300(F); Ht 148(F)
-as: Ad 681; Hc 694
-at: Ad 477 874; An 889; E 757; Hc 861; Ht 641 951; P 770 1030
-endi (g): An 52
-endum (est): An 152
-ere: Ad 445 685; An 153; E 481 718; Hc 566; Ht 203 482 971 981
-eret: An 798
-imus: Ht 391

-is: E 1074
-it: E 410 526 1031; Ht 430 660; P 749
-itur: Ht 154
-o: Ad 261; An 866; E 990; Ht 244(F) 918 950
-ont: P 749 853
vixi: Ad 859
vixit: Ad 865; Hc 460 461 461
viv-os (7):
-a (ab): Hc 62 99
-o (ab): Ht 103; P 303
-om (ac): Hc 464; Ht 1051
-os (n): E 73
vix (20): Ad 145 310 774; An 451 470 592 937; E 68 472 599 859; Hc 15 297 298 615; Ht 254 400 909; P 43 234 594 (DTU)
vixdum: P 594(sep=DTU)
vocabul-um:
-a (ac): E 264
vociv-os:
-om (ac): An 706(DFT); Ht 90
voc-o (10):
-a: P 1053
-abo: An 453
-andi (g): P 702
-ant: E 259; P 25
-are (ind): Ad 891
-at: An 284
-entur: E 264
-o: P 1054
-or: Ad (911)
volgo (adv; 4): An 426; Ht 421 447 957
volg-us (3):
-us (ac): Hc 600; Ht 386
-us (n): An 583
voln-us:
-era (ac): E 779
vol-o (fly):
-a: Hc 438
vol-o (wish; 300):
velim: Ad 519 681; An 50 536; E 191 958 979 1069; Hc 471 473 783; P 24 432 449 855 855
velint: Hc 634
velis: Ad 372; An 34 45 306 537; E 813 1080; Hc 206(F) 259 563; Ht 622 721 1017; P 174 688 689(om=4) 925
velit: An 394; E 45 341; Hc 240 429 501 509 558 590 728; Ht 619; P 115 153

velle:, Ad 151 364 919; An 198 394 578 612; E 141 167 514 557; Hc 119 558; Ht 324 703 716 854; P 481 834 909
vellem: Ad 532; An 326; E 333 597 786 1002; Hc 464 487; Ht 185 815 978; P 257 792
vellent: An 668; P 79
velles: E 687
vellet: Hc 655
vis: Ad 138 184 186 195 247 279 (quamvis=U) 432 766(sis) 788 829(4) 906 969 970(4); An 195 305 708 762 856(F) 861 898 898(om=FT); E 106 186 191 217 283 460 464 559 798 799(sis) 804 814 891 894 904(F) 1007 (est=T) 1054 1088; Hc 252 272 306 436 604 613 613(om=F) 615 725 753(om=4) 787; Ht 61 87 322 322 322 323 331 349 369(sis) 374(sis) 585 588(F) 624 818 846 928(F) 936(malis=F) 941 948 1033 1051; P 59(sis) 151 322 448 458 561(FU) 633 807 810 811 924 946 1035 1052
-ebam: E 338; Ht 256; P 759 759
-ebat: E 405
-es: Ad 817; An 848 976; E 484 596; Hc 764; Ht 344 705 865 872; P 1043 1050
-et: E 889; Ht 484; P 582 1027
-o: Ad 139 154 169 172 555 (946); An 29 165 306 345 388 418 510 550 623 700 ae1; E 124 492 614 764 876; Hc 396 636 723 753; Ht 26 106 162 494 572(F) 659 789 803 872 959 1027 1065 1066; P 306 725 787 809 819 950 950
-t: Ad 187 399 437 554(om=U) 556 956 969; An 184 375 457 872 920 920; E 529; Hc 560; Ht 164 433 497 615 619 666 681 743 847 1058; P 656 820 843
-tis: Ad 504 945 970(tu vis=4) 992; P 102 907
-ueram: Ht 866
-ueris (subj): Hc 530 546
-uerit (subj): P 722
-ui: An 841 ae6 9(U); E 504; Hc 745; Ht 179 638(F) 1007; P 196 651
-uimus: An 793(-umus=DFT)
-uissem: An ae5; Hc 25
-uisses: Ht 635
-uisti: E 180; Ht 638(-ui=F); P 169 291
-uit: Ad (640); An 140 180 972; E 624 875; Hc 237 329 749; Ht 11; P 19
-umus: Ad 827; An 793(DFT) 805; E 467; P 641 671
-unt: An 697; E 248 655
volt-us (7):
-u: An 119 839 857
-um: Hc 369; P 210
-us (ac): Ht 887
-us (ns): P 890
volunt-as (7):
-as: P 29
-ate: Ad 490; An 658; Ht 1025; P 725 785
-atem: An 880
volup (2): Hc 857; P 610
volupt-as (11):
-ate: Ht 149
-atem: Hc 69; Ht 184
-ates (n): An 960
-ati: An 944; Hc 459 859; Ht 71 1024
-atis: Hc 593
-atum: E 1034
vor-o:
-ent: E 939
vors-o (2):
-aret: Ht 535(DF)
-er: An 649
-o: E 1085
vorsum (adv): Ad 575(vorsus =D)
vorsur-a:
-a (ab): P 780(FU)
-am: P 780(-a(ab)=FU)
vorsus: see vorsum
vort-o (9):
-am (ind): Hc 516
-ant: Ad 728; E 390; Hc 196; P 552
-at: Ad (191) Ht 946; P 678
-endo (g ab): E 7
vost-er (50):
-er: Ad 492; Ht 712
-ra (ab): Ht 1025; P 842 949
-ra (ac): Ad 165
-ra (ns): Hc 31 47; Ht 25; P 29 34 224
-rae (d): P 1049
-ram: Ad 374 381 489; An 716 744; E 418 790 924 1049; Hc 53 249 263; Ht 502; P 370 395 757 808
-rarum: Hc 216 240; Ht 386

-ri: (g): P 928
-ris (d): Hc 51; Ht [50]
-ro (ab): Hc 242 242; Ht 473
-ro (d): Ht 395
-ros: Hc 225
-rum (ac): An 739; E 1066 1084; Hc 744; Ht 12 706; P 148
-rum (n): Ht 25; P 934

vov-eo:
  -isse: Hc 434
vo-x (5):
  -ce: Hc 375; P 985
  -cem: E 454; Hc 517
  -x: Hc 318
vulg-: see volg-
vulnus: see volnus
vultus: see voltus

www.ingramcontent.com/pod-product-compliance
Lightning Source LLC
Chambersburg PA
CBHW030112010526
44116CB00005B/207